Die neue Elternschule

Die neue Elternschule

MARGOT SUNDERLAND

Kinder richtig verstehen –
ein praktischer Erziehungsratgeber

DORLING KINDERSLEY
London, New York, Melbourne, München und Delhi

Lektorat Esther Ripley
Bildredaktion Anne Fisher
Projektbetreuung Becky Alexander,
Ann Baggaley, Kesta Desmond
Gestaltung Jo Grey
DTP-Design Sonia Charbonnier
Herstellung Elizabeth Cherry
Cheflektorat Penny Warren
Chefbildlektorat Marianne Markham
Bildrecherche Myriam Megharbi
Umschlaggestaltung Adam Powley
Programmleitung Corinne Roberts

Für die deutsche Ausgabe:
Programmleitung Monika Schlitzer
Projektbetreuung Kerstin Uhl
Herstellungsleitung Dorothee Whittaker
Herstellung Verena Salm

Bibliografische Information Der Deutschen Bibliothek
Die Deutsche Bibliothek verzeichnet diese Publikation
in der Deutschen Nationalbibliografie;
detaillierte bibliografische Daten sind im Internet über
http://dnb.ddb.de abrufbar.

Titel der englischen Originalausgabe:
The Science of Parenting

© Dorling Kindersley Limited, London, 2006
Ein Unternehmen der Penguin-Gruppe
Text © Margot Sunderland, 2006

Copyright © der deutschsprachigen Ausgabe Dorling
Kindersley Verlag GmbH, München, 2007
Alle deutschsprachigen Rechte vorbehalten

Übersetzung Simone Blass, München
Redaktion Dr. Rainer Schöttle Verlagsservice, Neufinsing
Satz Roman Bold & Black, Köln

ISBN 978-3-8310-1001-1

Colour reproduction by Media Development Printing,
Great Britain
Printed and bound in Singapore by Star Standard

Besuchen Sie uns im Internet
www.dk.com

Hinweis
Die Informationen und Ratschläge in diesem Buch sind von den Autoren und
vom Verlag sorgfältig erwogen und geprüft, dennoch kann eine Garantie nicht
übernommen werden. Eine Haftung der Autoren bzw. des Verlags und seiner
Beauftragten für Personen-, Sach- und Vermögensschäden ist ausgeschlossen.

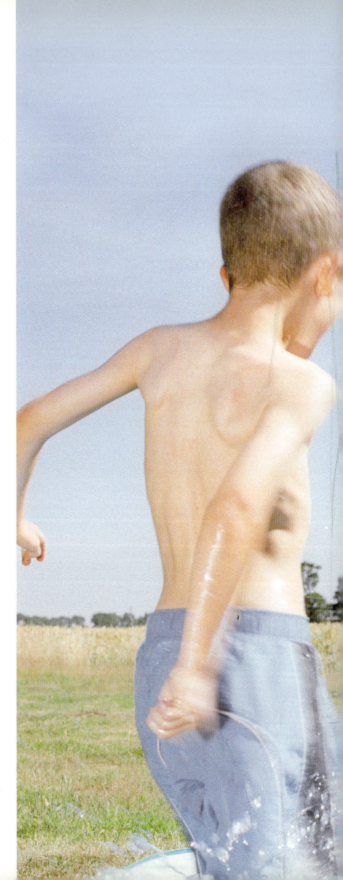

Inhalt

Vorwort 6
Geleitwort 7
Einleitung 8
Das Gehirn Ihres Kindes 14
Schreien und
 Alleingelassen-Werden 34
Schlaf und Schlafenszeit 64
Die Chemie des schönen Lebens 84
Schlechtes Benehmen 110

Anstrengende Situationen 134
Alles über Disziplin 158
Die Chemie der Liebe 182
Die soziale Intelligenz
 Ihres Kindes 216
Achten Sie auf sich selbst 244
Quellennachweis 270
Nützliche Adressen 281
Register 282
Dank 288

Vorwort

»Wenn wir bei der Kindererziehung nach wissenschaftlichen Erkenntnissen handeln, können wir eine bessere Gesellschaft schaffen.«

Ich war schockiert, als mir klar wurde, welchen Einfluss die alltäglichen Beziehungen zwischen Eltern und Kindern auf das sich entwickelnde Gehirn eines Kindes haben können. Der größte Teil der wissenschaftlichen Erkenntnisse zu diesem Thema war bis dahin kaum an die Öffentlichkeit gedrungen. Dieser Umstand spornte mich an, ein Buch zu schreiben, das Eltern die Erkenntnisse der einschlägigen Studien zum Wohle ihrer Kinder vermitteln soll.

Dieses Buch hätte nicht geschrieben werden können ohne die bahnbrechenden Arbeiten von Professor Jaak Panksepp, der seit mehr als 30 Jahren das emotionale Gehirn erforscht. Seine Erkenntnisse sind nicht nur auf dem Gebiet der Neurowissenschaft bedeutend, sondern haben entscheidende Auswirkungen für die Menschheit. Seine Arbeit und die seiner Kollegen lässt uns begreifen, warum so viele Kinder als Erwachsene unter Depression, Anspannung und eigener Aggressivität leiden.

Wenn wir bei der Kindererziehung nach wissenschaftlichen Erkenntnissen handeln, können wir zur Entwicklung einer Gesellschaft beitragen, die geprägt ist von mehr Mitgefühl, Reflexionsfähigkeit und Toleranz.

Margot Sunderland
Direktorin der Abteilung Erziehung und Ausbildung
am Centre for Child Mental Health, London

Geleitwort

Die Art, wie Kinder aufwachsen, hat lebenslange Auswirkungen auf ihre mentale Gesundheit. Kinder, deren Gefühle ernst genommen und respektiert werden, führen später ein glücklicheres Leben als die, deren frühe Leidenschaften auf Ablehnung stoßen. Großer Kummer wie liebevolle Fürsorge hinterlassen bleibende Merkmale im emotionalen Schaltkreis und in der Mentalität des sich entwickelnden Gehirns.

Die moderne Gehirnforschung hat aufgedeckt, wie neurologische Strukturen und biochemische Stoffe die Emotionalität bei Jungtieren entstehen lassen. Dadurch können wir auch die Natur der sozial-emotionalen Bedürfnisse in den Gehirnen unserer Kinder besser verstehen. Margot Sunderland hat das wissenschaftliche Material gesammelt und ausgewertet; sie hat herausgearbeitet, wie dieses Wissen zu besseren Alternativen für das Leben von Kindern führen kann.

Die ersten drei Jahre des Entdeckens und Annehmens der Welt sind entscheidend dafür, dass Kinder den richtigen Weg einschlagen, emotional wie intellektuell. Margot Sunderland hat uns eine wissenschaftlich untermauerte Grundlage für die Erziehungsmethoden des 21. Jahrhunderts beschert.

»Hier haben wir eine wissenschaftlich untermauerte Grundlage für die Erziehungsmethoden des 21. Jahrhunderts.«

Jaak Panksepp
Lehrstuhlinhaber an der Washington State University; Vorsitzender des Forschungsbereichs Affektive Neurowissenschaften am Chicago Institute for Neurosurgery und Neuroresearch

Einleitung

Welch ein Geschenk, auf der Welt zu sein! Die Tatsache, dass Sie nicht als eines der Millionen Spermien, die es nicht geschafft haben, oder als unbefruchtetes Ei Ihr Ende gefunden haben, gebietet Ehrfurcht. Wenn Sie in einem Land geboren wurden, das nicht von Kriegen und Gewalt gebeutelt ist, haben Sie großes Glück gehabt. Trotzdem gibt es für viele Menschen ein ABER. Was, wenn Sie durch Ihre Erziehung nicht befähigt wurden, das Leben zu genießen? Was, wenn Sie deswegen von Depressionen, Wut oder Ängsten geplagt sind? Was, wenn Sie niemals wirklich zur Ruhe kommen, keine echte Großzügigkeit, Freundlichkeit oder echtes Mitgefühl in Ihrem Herzen finden können oder niemals über ausreichend Antrieb, Motivation oder Spontaneität verfügen, um Ihr Leben so zu gestalten, wie Sie es wirklich möchten? Was, wenn Sie niemals erfahren, wie es ist, in Frieden zu lieben?

Jahrhundertelang haben wir unsere Kinder mit Erziehungsmethoden aufgezogen, deren mögliche Langzeitwirkungen uns gar nicht bewusst waren, weil wir die Auswirkungen unseres Handelns auf das sich entwickelnde Gehirn eines Kindes nicht sehen konnten. Doch dank der Fortschritte in der Neurologie, der Möglichkeit, Gehirne zu scannen, und der Gehirnforschung

»Wir wissen jetzt mehr über die Möglichkeiten, Kindern in ihrer Entwicklung zu helfen. Die Dinge können sich zum Besseren wenden, in der Familie und auch in der Gesellschaft.«

an Primaten und anderen Säugetieren können wir die Unschuld der Unwissenheit nicht mehr für uns geltend machen. Die Wissenschaft zeigt uns, dass emotionale Schlüsselsysteme im menschlichen Gehirn stark durch die Erfahrungen mit den Eltern geprägt sind. Wir können unsere Kinder zwar nicht vor zukünftiger Unzufriedenheit schützen, aber wir haben jetzt wissenschaftliche Informationen darüber, wie sich die unterschiedlichen Eltern-Kind-Beziehungen auf das kindliche Gehirn auswirken. Wir wissen nun, dass durch Millionen wichtiger Eltern-Kind-Momente in der Kindheit Systeme und chemische Vorgänge in Gang gesetzt werden

»Ob ein Kind die Welt im Kopf als schön erlebt, hängt sehr stark von den besonderen Momenten des unmittelbaren Elternkontakts ab.«

können, die es ermöglichen, ein sehr bereicherndes Leben zu führen. In der Vergangenheit wurde angenommen, dass das sich entwickelnde Gehirn eines Kindes jeder Art von Stress standhalten kann, jedoch zeigt uns die Forschung jetzt, dass es

»Viele Erwachsene können mit Stress nicht umgehen. Weil ihnen in der Kindheit niemand bei Kummer geholfen hat, haben sie keine wirksamen Stressregulationssysteme im Gehirn ausgebildet.«

in Wirklichkeit höchst verwundbar ist. Es ist sowohl faszinierend als auch ernüchternd zu erkennen, dass einige herkömmliche Erziehungstechniken direkte Auswirkungen auf die Vernetzungen und das langfristige chemische Gleichgewicht im Gehirn eines Kindes haben können. Es lässt einen erschaudern, dass manche etablierte Umgangsformen mit Kindern sie anfällig für Ängste, Depressionen oder Aggressionen machen können. Die Statistiken sind alarmierend: Die Zahl der Kinder, denen Antidepressiva verschrieben werden, steigt weltweit sprunghaft an, und die Weltgesundheitsorganisation berichtet, dass Depressionen bei Erwachsenen bald epidemische Ausmaße annehmen werden. Mehr als die Hälfte aller Kinder wurden schon einmal in der Schule tyrannisiert, und Tausende von Kindern werden jedes Jahr wegen schlechten Benehmens vom Unterricht ausgeschlossen. Auf der Suche nach den Ursachen haben wir Zurückweisung, Missbrauch und Armut dafür verantwortlich gemacht. In diesem Buch wird jedoch deutlich, wie der ganz alltägliche Umgang von Eltern mit ihren Kindern zu dieser verbreiteten Misere beitragen kann.

Das ist der ernüchternde Teil. Die gute Nachricht aber ist, dass wir uns dieses Wissen zunutze machen können, um unnötigem Leid vorzubeugen. Sie werden erfahren, wie bestimmte Erziehungsstile positive Auswirkungen auf die Stresssysteme in Gehirn und Körper Ihres Kindes haben können, damit Ihr Kind in jeder Lebenssituation gut mit Stress umgehen kann. Die richtige Art, auf Ihr Kind einzugehen, wird Pfade in seinem Gehirn anlegen, die es befähigen, mit Gefühlen umzugehen, unter Druck rational zu denken und sich zu beruhigen, statt sich in Zornausbrüche, Angstattacken oder später in Alkohol, Nikotin oder Drogen zu flüchten.

In den ersten Kapiteln werden wir unser Wissen über die Struktur des kindlichen Gehirns nutzen, um seine Formbarkeit zum Besseren oder Schlechteren zu erkennen. Es hängt nicht von den Genen ab, ob ein Kind höhere menschliche

»Eltern können die chemischen Vorgänge im Gehirn eines Kindes so weit beeinflussen, dass die Strömung seiner inneren Gedanken überwiegend von Selbstermutigung statt von Selbstzweifeln bestimmt wird.«

Fähigkeiten der Problemlösung, der Reaktion auf Stress, Selbstbewusstsein, Empathie, Freundlichkeit und Mitgefühl ausbildet. Es ist die Beziehung der Eltern zu ihrem Kind, die diese entscheidenden Entwicklungen beeinflussen kann.

Ebenso kann Erziehung die Kinder befähigen, zu einem erfüllten Leben zu finden und die Willenskraft zu erlangen, ein

»Gute Erziehung bedeutet auch, dass Ihr Kind das Staunen und die Ehrfurcht vor der Welt nicht verliert, wenn es erwachsen ist.«

Ziel von der Idee bis zur Realisierung zu verfolgen. So viele Menschen gehen ihr Leben lang nur kurzlebigen Freuden wie Essen, Sex und Warenkonsum nach, weil sie die Fähigkeit zu dauerhafter Zufriedenheit nicht entwickelt haben. Wir werden Wege der Erziehung erforschen, die Ihr Kind befähigen, von Menschen und Ereignissen berührt zu sein, bemerkenswerte Erfahrungen auf sich wirken zu lassen, statt ständig an die nächste oder übernächste Sache zu denken. So viele Menschen gehen durchs Leben, ohne es wirklich auszukosten. Wir werden herausfinden, wie wir helfen können, Schlüsselsysteme im Gehirn zu aktivieren, die Neugier und Antriebskraft fördern, damit Ihr Kind die nachhaltige Fähigkeit ausbildet, das Leben zu erkunden. Ebenso werden wir nach Wegen zur Erhaltung der Kreativität suchen. Viel zu oft verlieren Menschen im Erwachsenenalter ihre Kreativität und Fantasie, oder sie verlieren ihre für ein erfülltes Leben notwendigen Träume.

> »Manche Kinder spüren das Leiden der Menschheit, nicht nur in ihrer näheren Umgebung, sondern auch das anderer Kulturen und Glaubensrichtungen.«

Und wenn Kinder die Grenzen unserer Geduld austesten? Auch dazu hält die Wissenschaft Antworten bereit. Schwieriges Benehmen wird hier ausführlich diskutiert, jedoch immer unter Berücksichtigung der gewonnenen Einsichten über die Vorgänge im kindlichen Gehirn. Bewährte Disziplinarstrategien werden mit Blick auf ihre Vorteile für die Entwicklung des sozialen Gehirns und der emotionalen Intelligenz Ihres Kindes getroffen.

Das Gehirn Ihres Kindes

Eltern sind keine Zauberer. Sie können ihren Kindern kein glückliches Leben garantieren oder sie vor Verlust und Ablehnung bewahren. Aber sie können die Systeme in den Gehirnen ihrer Kinder, die der Schlüssel für ein erfülltes Leben sind, entscheidend beeinflussen. Das wird in diesem Buch gezeigt. Bevor wir zu dieser erstaunlichen Reise aufbrechen, ist es wichtig, einige Fakten über das menschliche Gehirn zu verstehen.

Die Evolution des Gehirns

Vor etwa 300 Millionen Jahren haben sich Reptilien auf der Erde entwickelt. Säugetiere und Menschen folgten viel später. Diese frühgeschichtliche Entwicklung ist in den Strukturen des menschlichen Gehirns noch verankert. Unser Gehirn besteht eigentlich aus drei Gehirnen, jedes mit besonderen Funktionen.

WISSENSWERTES

Der untere Teil unseres Gehirns ist dem anderer Säuger ähnlich, der Stirnlappen ist wesentlich größer. Deshalb können wir umfassender denken als jedes Tier.

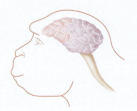

Ein Schimpanse hat kleine Stirnlappen (im Bild rosa); er denkt hauptsächlich in der Gegenwart.

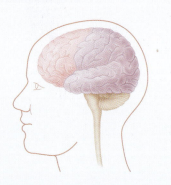

Unsere großen Stirnlappen ermöglichen uns Vorstellung und logisches Denken.

Unser Gehirn besteht aus dem Hirnstamm eines Reptils, dem unteren Hirnteil der Säuger und – die Krönung der Evolution – dem oberen menschlichen Teil des Gehirns. Jedes dieser drei »Gehirne« (oder jede »Gehirnregion«) ist mit den anderen durch ein Netzwerk von Nerven verbunden, und doch hat jedes seine eigenen besonderen Funktionen.

Manchmal arbeiten die drei Gehirne koordiniert zusammen und bringen durch die Aktivierung positiver emotionaler Botenstoffe gewissermaßen das Beste im Menschen hervor. Manchmal jedoch übernehmen bestimmte Teile des Gehirns oder bestimmte chemische Botenstoffe das Kommando. Dies kann dazu führen, das Menschen in einer Art und Weise handeln, die ihnen selbst und anderen alle Arten von Leid beschert. Als Elternteil können Sie die Aktivierung von Schlüsselfunktionen und Systemen im Gehirn Ihres Kindes und die Art der Zusammenarbeit der Gehirnregionen beeinflussen.

Urinstinkte

Wir fühlen uns anderen Säugern überlegen, weil wir das am weitesten entwickelte Großhirn haben. Doch in Bezug auf unsere alten Reptilien- und Säugetiergehirnregionen sind wir es nicht. Tatsächlich sind diese Teile unseres Gehirns in ihrem gesamten Aufbau (in Relation zur Körpergröße) denen einer Maus sehr ähnlich. Diese älteren Gehirnregionen haben sich seit Millionen von Jahren kaum verändert: »Es ist, als würden wir ein Museum von Altertümern in unseren Köpfen herumtragen.«[1] Zudem kann unser hoch entwickeltes rationales Gehirn von den unteren

Gehirnregionen »gekidnappt« werden. Wenn wir uns unsicher fühlen, unterdrücken die Reptilien- oder Säugetieranteile die höher entwickelten Funktionen unseres Gehirns. Wir erleben »Kampf oder Flucht«-Reaktionen, die uns vor Wut um uns schlagen oder in ängstliches Verhalten verfallen lassen. Sie können das Gehirn Ihres Kindes aber so beeinflussen, dass der rationale Gehirnbereich in den meisten Fällen fähig sein wird, diese Reaktionen der unteren Gehirnregionen wirksam zu bewältigen.

»Die Erde ist sehr alt, und die Menschen sind noch sehr jung.«[2]

Wie unser Gehirn wuchs

Vor mehr als drei Millionen Jahren hatten unsere ersten menschlichen Vorfahren (Hominiden) ein Gehirn, das ungefähr halb so groß war wie unser heutiges. Auch der erste aufrecht gehende Mensch, *Homo erectus* (vor ca. 1,5 Millionen Jahren), hatte noch ein kleines Gehirn. Erst vor etwa 200 000 Jahren entwickelte es sich bei unserem unmittelbaren Vorfahren, dem *Homo sapiens*, zur Größe des Gehirns heutiger Menschen und zeigte Vernetzungen, die eine höhere Vorstellungskraft vermuten lassen. Die Menschen vor ca. 50 000 Jahren fertigten Schmuck und praktizierten frühe religiöse Kulte, es dauerte aber noch lange, bis sie die Fähigkeit zu differenziertem Denken entwickelten.

Das Reptiliengehirn entwickelte sich vor rund 300 Millionen Jahren. Es steuert instinktiv Körperfunktionen wie Atmung und Verdauung und sichert so unser Überleben.

Das Säugergehirn entwickelte sich vor 200 Millionen Jahren, und mit ihm neue Anlagen für soziales Verhalten wie Fürsorge, Pflegeverhalten, Verspieltheit und Bindung.

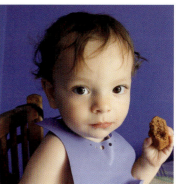

Seit 200 000 Jahren gibt es Menschen. Wir haben die Fähigkeit entwickelt, logisch zu denken, doch haben wir das Reptilien- und Säugergehirn noch immer in uns.

Die drei Gehirne Ihres Kindes

Vielleicht denken Sie, Ihr Kind hätte nur ein Gehirn – aber es hat drei! Manchmal arbeiten die drei Gehirne wunderbar koordiniert zusammen, aber oft ist ein Teil dominant. Die Art, wie Sie Ihr Kind erziehen und auf es reagieren, hat starken Einfluss darauf, welcher Teil des Gehirns am häufigsten aktiviert wird.

Der Umgang mit Ihrem Kind hat großen Einfluss darauf, wie die drei Gehirnbereiche das emotionale Leben Ihres Kindes auf lange Sicht steuern. Wird Ihr Kind von den Instinkten seines Reptiliengehirns geplagt werden, die immer wieder Impulse von Verteidigung und Angriff auslösen? Oder wird es sich so sehr verletzt fühlen, dass es sich von dem starken Empfinden seines Säugergehirns, von Liebe und Verlangen, loslöst und sein Leben in bloßer Rationalität verbringt, unfähig, enge Bindungen einzugehen? Oder wird sein rationales Gehirn im Einklang mit den Gefühlssystemen seines Säugergehirns stehen und ihm ermöglichen, die höchste Stufe sozialer Intelligenz, gepaart mit menschlichem Mitgefühl und starker Anteilnahme, zu erleben?

DAS RATIONALE GEHIRN

Der obere Teil des Gehirns, die »Stirnlappen« oder der Neokortex. Evolutionsgeschichtlich ist dies der jüngste Teil des Gehirns, der bis zu 85 % der gesamten Gehirnmasse ausmacht und die älteren Reptilien- und Säugeranteile umschließt. Eine emotional tiefe Eltern-Kind-Beziehung hat äußerst positiven Einfluss auf die Stirnlappen des kindlichen Gehirns.

Seine Funktionen und Fähigkeiten sind:
- Kreativität, Vorstellungsvermögen
- Problemlösung
- logisches Denken, Reflexion
- Selbstbewusstsein
- Freundlichkeit, Anteilnahme.

Dieser Teil des Gehirns ließ die größten Errungenschaften der Menschheit entstehen. Ist er aber losgelöst von den sozial-emotionalen Systemen des Säugergehirns, ist er auch verantwortlich für die entsetzlichsten Grausamkeiten.

WIE DAS GEHIRN ENTSTAND

Diese Darstellung zeigt, wie das moderne menschliche Gehirn Schicht für Schicht mit dem frühen Reptiliengehirn als Kern entstand.[3]

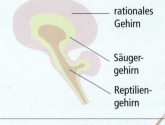

rationales Gehirn

Säugergehirn

Reptiliengehirn

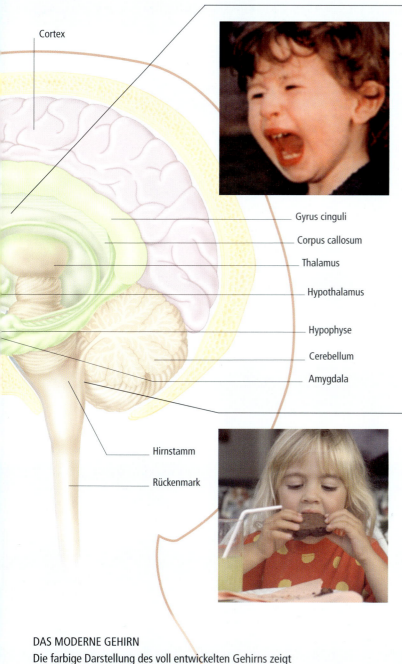

DAS SÄUGERGEHIRN

Auch bekannt als emotionales Gehirn oder limbisches System, verfügt diese untere Gehirnregion nahezu über die gleichen chemischen Systeme und Strukturen wie bei anderen Säugern, z. B. bei Schimpansen. Es löst starke Emotionen aus, die durch das rationale Gehirn gesteuert werden müssen. Es trägt auch zur Kontrolle primitiver Kampf- oder Fluchtreaktionen bei. Dieser Teil des Gehirns aktiviert

- Wut
- Furcht
- Trennungsangst
- Fürsorge, Pflegeverhalten
- soziale Bindungen
- Spieltrieb
- Entdeckerdrang
- Lust (bei Erwachsenen).

DAS REPTILIENGEHIRN

Dies ist der innerste und älteste Teil des menschlichen Gehirns. Er hat sich im Laufe der Evolution kaum verändert. Wir haben diesen Bereich des Gehirns mit allen Wirbeltieren gemeinsam. Das Reptiliengehirn aktiviert überlebenswichtige instinktive Verhaltensweisen und kontrolliert Körperfunktionen wie

- Hunger
- Verdauung, Ausscheidung
- Atmung
- Durchblutung
- Temperatur
- Bewegung, Haltung, Gleichgewicht
- territoriale Instinkte
- Kampf oder Flucht.

DAS MODERNE GEHIRN

Die farbige Darstellung des voll entwickelten Gehirns zeigt Cortex und Stirnlappen (lila), das limbische System (grün), Hirnstamm und Cerebellum (braun).

Erziehung des Gehirns

Seit Jahrhunderten erziehen wir unsere Kinder nach bestimmten Mustern, ohne uns über mögliche Langzeitwirkungen auf ihr sich entwickelndes Gehirn Gedanken zu machen. Wir konnten die Auswirkungen unseres Handelns auf die Vorgänge im kindlichen Gehirn bisher nicht sehen. Jetzt wissen wir jedoch, dass die Art des Umgangs der Eltern mit ihren Kindern sich langfristig auf die Gehirnfunktion und auf das chemische Gleichgewicht im Gehirn eines Kindes auswirken kann.

BEDENKEN SIE ...

Der Verlust von Gehirnzellen (Neuronen) ist Teil des natürlichen »Formungsprozesses« des Gehirns, der das ganze Leben lang anhält. Bei der Verankerung der Schlüsselverbindungen im Gehirn werden nicht oder selten benötigte Zellen »weggeschnitten«. Nach der Geburt haben wir 200 Milliarden Gehirnzellen, nach einem Jahr sind bereits 80 Milliarden verloren gegangen. Bis zum Teenager-Alter haben wir rund 90 Milliarden, im Alter von 35 Jahren rund 100 Milliarden Gehirnzellen verloren; bis wir 70 Jahre alt sind, werden es rund 105 Milliarden sein. Dieser Prozess wird auch als »Synaptic Pruning« bezeichnet.

Die Fortschritte der Neurologie, die Möglichkeit, Gehirne zu scannen, und die jahrelange Forschungsarbeit an Säugern und Primaten (deren emotionale Gehirnregionen praktisch den gleichen strukturellen und chemischen Aufbau aufweisen wie unsere) haben uns wichtige Informationen über den Einfluss verschiedener Erziehungsmethoden auf das Gehirn eines Kindes geliefert. Die Art, wie Sie mit Ihrem Kind umgehen, hat erheblichen Einfluss darauf, ob Systeme und Stoffe im Gehirn Ihres Kindes so aktiviert werden, dass es in der Lage sein wird, ein erfülltes Leben zu führen.

Das unfertige Gehirn ihres Kindes

Das kindliche Gehirn entwickelt sich größtenteils nach der Geburt und kann deshalb sowohl durch positive als auch durch negative Eltern-Kind-Beziehungen geformt werden. Besonders das Großhirn ist bei einem Neugeborenen noch sehr unfertig, sodass man auch von einem »externen Fötus« spricht (s. S. 36). Neugeborene haben etwa 200 Milliarden Gehirnzellen, aber sehr wenige Verbindungen zwischen diesen Zellen im Großhirn. Diese Verbindungen sind zu einem Großteil verantwortlich für die emotionale und soziale Intelligenz Ihres Kindes.

»Einige Erwachsene sind emotional nach wie vor wie ein Kleinkind entwickelt.«

Diese Unreife des Gehirns Ihres Kindes resultiert aus einem evolutionären Ereignis. Der erste Vorfahr des modernen Menschen, der auf zwei Beinen stand, war der *Homo erectus*. Die Freiheit der Hände führte zu einem intellektuellen Forschritt, begleitet von einer Vergrößerung des Kopfumfangs. Zugleich bewirkte die aufrechte Haltung eine Verengung des Beckens und des Geburtskanals bei unseren Vorfahrinnen. Aufgrund des größeren Kopfes und des schmaleren Beckens werden unsere Kinder unfertig geboren, mit einem Gehirn, das nur 25 Prozent – bei Schimpansen sind es ca. 45 Prozent – seiner endgültigen Größe hat.[4]

> »Der größte Teil des kindlichen Gehirns entwickelt sich nach der Geburt … Besonders das Großhirn ist sehr unfertig.«

■ **Sie haben so großen Einfluss auf die Entwicklung des emotionalen Gehirns Ihres Kindes, weil wichtige Wachstumsprozesse des Gehirns in den ersten Lebensjahren stattfinden.**

Während dieser Zeit ist die Rate der Vernetzungsvorgänge sehr hoch. 90 Prozent des gesamten Wachstums des menschlichen Gehirns finden in den ersten fünf Lebensjahren statt. Während dieser Zeit werden die Gehirnzellen durch den Einfluss der Lebenserfahrungen Ihres Kindes und seine emotionalen Erfahrungen mit Ihnen millionenfach vernetzt, gelöst und neu vernetzt.

Dieser gewaltige Formungsprozess verlangsamt sich ungefähr im Alter von sieben Jahren, weil immer mehr Gehirnzellen von einer Myelinschicht (Schichten aus Fett und Protein, die sich um die Nervenzellen als eine Art Isolierung legen) umgeben sind. Dies ermöglicht eine bessere Kommunikation zwischen den Gehirnzellen und verstärkt und fixiert die Nervenpfade. Deshalb ist ein Sprichwort der Jesuiten wissenschaftlich gesehen gar nicht so abwegig: »Gib mir dein Kind die ersten sieben Jahre, und ich gebe dir den Menschen.«

WISSENSWERTES

Vernetzung von Geburt an. Diese Darstellungen zeigen, wie in den ersten Lebensjahren im Großhirn eines Kindes sehr schnell Verknüpfungen entstehen, während es durch Erfahrungen geformt wird. Bei der Geburt sind die Nerven dagegen noch kaum verbunden.

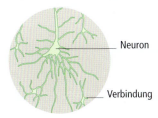

Ein Neugeborenes hat 200 Milliarden Gehirnzellen, aber kaum Verknüpfungen.

Bei einem einjährigen Kind haben sich mehr Verknüpfungen zwischen den Zellen des oberen Gehirnbereichs gebildet.

Bei einem zweijährigen Kind ist die Vernetzung bereits komplexer und das »Synaptic Pruning« hat begonnen.

WISSENSWERTES

Verschiedene Teile des Stirnlappens (farbig dargestellt) können sich mit emotional verantwortungsbewussten Eltern hervorragend entwickeln, anderenfalls jedoch auch unterentwickelt bleiben.

• Der orbitofrontale Bereich (rosa) spielt eine Schlüsselrolle in der Steuerung starker Gefühle und in der Hemmung primitiver Impulse aus den unteren Gehirnregionen. Er trägt auch zu Gefühlsreaktionen auf andere Menschen bei und ermöglicht es, deren emotionale und soziale Signale zu deuten.

• Der dorsolateral-präfrontale Bereich (gelb) wirkt auf unsere Fähigkeit, nachzudenken, zu planen und auszuwählen.

• Der ventromediale Bereich (blau) steht in Zusammenhang mit der Fähigkeit, emotionale Erfahrungen zu reflektieren, und beruhigt die Säuger- und Reptilienanteile des Gehirns, wenn sie in Alarmzustand geraten.

• Der anterior-zinguläre Bereich (grün) hilft uns bei unserer Konzentrationsfähigkeit und beim Bewusstmachen unserer eigenen Gedanken.

Die beiden Hemisphären des Gehirns sind getrennt dargestellt, um den Blick auf das Säugergehirn freizugeben.

Die Eltern-Kind-Verbindung

Alles, was Ihr Kind mit Ihnen als Bezugsperson erlebt, bewirkt Vernetzungen zwischen den Gehirnzellen seines Großhirns. Das menschliche Gehirn ist so gestaltet, damit es entsprechend seiner speziellen Umgebung vernetzt und angepasst werden kann. Diese Anpassungsfähigkeit arbeitet für und gegen das Wohlbefinden eines Kindes. Wenn ein Kind eine tyrannische Bezugsperson hat, beginnt es sich an eine tyrannisierende Umwelt anzupassen, mit all den entsprechenden Veränderungen von Strukturen und chemischen Systemen des Gehirns. Dies kann in übermäßiger Wachsamkeit, erhöhten Aggressions- oder Angstreaktionen oder vermehrten Angriffs-/Verteidigungsimpulsen seines Reptiliengehirns zum Ausdruck kommen.

Deshalb ist die Art, wie Sie Ihrem Kind zuhören, mit ihm spielen, es in den Arm nehmen und trösten und wie Sie es behandeln, wenn es unartig ist, so wichtig. Es sind diese Momente mit Ihnen, die darüber entscheiden können, ob Ihr Kind sich gut entwickeln wird. Aufgrund Ihrer emotionalen Reaktionen knüpfen sich im Gehirn Ihres Kindes Verbindungen, die es befähigen, später im Leben mit Stress fertig zu werden, erfüllte Beziehungen einzugehen, mit Wut umzugehen, freundlich und mitfühlend zu sein, den Antrieb zu haben, Träume zu verwirklichen und Ambitionen zu verfolgen und tiefe Ruhe zu empfinden.

■ **Wir müssen lernen, die Säuger- und Reptilienanteile am Gehirn eines Kindes zu verstehen.**

In den ersten Lebensjahren übernimmt der instinktive Teil des Gehirns Ihres Kindes die Führung, weil der rationale Teil noch kaum entwickelt ist. In der Praxis bedeutet das: Die emotionalen Systeme und primitiven Impulse des instinktiven Gehirns überwältigen Ihr Kind manchmal. Daher seine Wutausbrüche, seine Traurigkeit, sein Schreien und sein Sich-auf-den-Boden-Werfen. Das ist nicht Unartigkeit, sondern eine Äußerung der Unreife des kindlichen Gehirns. Das rationale Gehirn Ihres Kindes ist noch nicht weit genug entwickelt, um diese massiven Gefühlsausbrüche auf natürliche Weise im Zaum zu halten.

»Ich habe meine Mama lieb.«

Es gibt einen ganz erstaunlichen Energie- und Informationsfluss von Ihrem Gehirn zum Gehirn Ihres Kindes und von Ihrem Körper zum Körper Ihres Kindes. Dies gilt übrigens auch für andere Erwachsene, die eine wichtige Rolle im Leben Ihres Kindes spielen. Ihr Gemütszustand und die Vorgänge in Ihren Stirnlappen haben direkten und starken Einfluss auf die emotionalen Schlüsselsysteme im Gehirn Ihres Kindes und auf die wichtigsten Erregungssysteme in seinem Körper.

WISSENSWERTES

Wenn wir Gefühle der Angst, Wut oder Trauer erleben, zeigen Gehirnscans große aktivierte Bereiche in den unteren Gehirnteilen (rot), aber kaum Aktivität in den meisten oberen Gehirnregionen (lila).

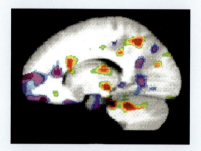

Furcht erzeugt Aktivität im unteren und mittleren Bereich des Gehirns.

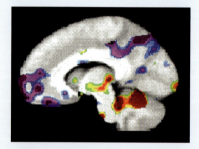

Wut bewirkt Aktivität tief im Gehirnstamm.

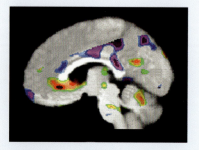

Trauer aktiviert Teile des Fürsorgesystems (s. S. 191) im unteren Teil des Gehirns.

Es gibt verschiedene emotionale Anlagen, die sich in den älteren Teilen des Gehirns befinden, und deren Kenntnis der Schlüssel zu einer guten Erziehung ist. Diese Anlagen sind WUT, FURCHT, TRENNUNGSANGST, ENTDECKERDRANG, FÜRSORGE und LUST (die bei Kindern noch nicht entwickelt ist). Neurologen haben nachgewiesen, dass diese Anlagen und die damit verbundenen Verhaltensweisen bei allen Säugern existieren und durch die Stimulation bestimmter Gehirnbereiche aktiviert werden können.[5]

■ **WUT, FURCHT und TRENNUNGSANGST sind bereits bei der Geburt angelegt, um das Überleben des Babys zu sichern.**

Diese Anlagen sollten früher verhindern, dass die Kinder von Raubtieren gefressen wurden oder sich von den Eltern entfernten. Die Gefahren der modernen Welt haben sich zwar gewandelt, dennoch können alltägliche Ereignisse eine oder mehrere dieser Emotionen im Gehirn Ihres Kindes auslösen. So können Sie z. B. mit einer zufallenden Tür sein FURCHT-SYSTEM auslösen, seine WUT, wenn Sie versuchen, es anzuziehen, oder seine TRENNUNGSANGST, wenn Sie den Raum verlassen. Ein Kind wird regelmäßig vom Auslösen dieser Emotionen überwältigt, weil noch sehr wenige der Funktionen seinen rationalen Gehirns »online« sind, die ihm helfen, sich selbst zu beruhigen.

Es ist wichtig, diesen Prozess zu verstehen, wenn Sie mit einem schreienden Kleinkind konfrontiert sind. Es benötigt Ihre Hilfe, um sich zu beruhigen. Durch ständige emotionale Zuwendung werden die Stirnlappen beginnen, wichtige Pfade anzulegen, die das Kind mit der Zeit befähigen, diese Alarmzustände in seinen unteren Gehirnteilen im Zaum zu halten.

■ **Manche Kinder erhalten nicht genug emotionale Zuwendung von ihren Eltern.**

Wird einem Kind mit seinen intensiven Gefühlen und primitiven Impulsen aus dem unteren Gehirnbereich nicht geholfen, entwickelt sein Gehirn die Pfade, mit deren Hilfe es diese Stress-

DAS GEHIRN IHRES KINDES 25

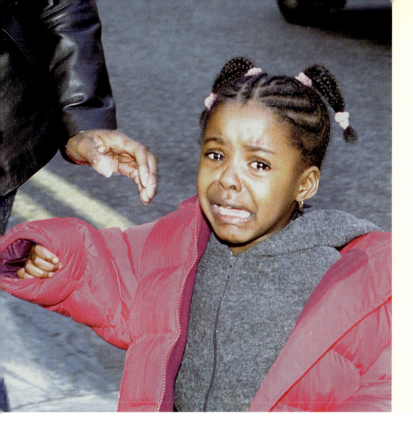

»Jemand muss mich beruhigen!«

Ein leidendes, aufgewühltes Kind braucht Mitgefühl, Beruhigung und körperlich spürbaren Trost, um seine außer Kontrolle geratenen Gehirn- und Körpersysteme wieder ins Gleichgewicht zu bringen.

situationen wirksam steuern kann, nicht. Höhere menschliche Fähigkeiten, wie das Empfinden von Betroffenheit, oder die Möglichkeit, sich eigene Gefühle bewusst zu machen, entwickeln sich nicht. Gehirnscans zeigen, dass viele gewalttätige Menschen noch wie Kleinkinder von den frühgeschichtlichen Mechanismen aus den Säuger- und Reptilienanteilen des Gehirns gelenkt werden. Diese Scans weisen eine zu geringe Aktivität in den rationalen Teilen des Gehirns nach, die diese Gefühle normalerweise regulieren.[6] Genau wie Kleinkinder, werden solche Erwachsene häufig von starken Gefühlen überwältigt.

»Weil das Großhirn Ihres Kindes noch unfertig ist, übernimmt der untere Gehirnbereich die Führung.«

■ **Auch die chemischen Vorgänge im Gehirn Ihres Kindes können durch die Erziehung beeinflusst werden.**
Die Zellen und Pfade im Gehirn werden durch biochemische Stoffe und Hormone aktiviert. Zu den vielen Stoffen, die in der Eltern-Kind-Beziehung wichtig sind, gehören Oxytocin und Opioide (s. a. S. 87). Oxytocin wird bei der Geburt freigesetzt und unterstützt die Mutter-Kind-Bindung. Opioide sind Hormone, die in uns ein Gefühl des Wohlbefindens bewirken. Sie werden ausgeschüttet, wenn ein Kind von einem Elternteil oder einer

»Das sich entwickelnde Gehirn kann in den ersten Lebensjahren durch Stress verletzt werden.«

anderen Bezugsperson liebkost oder in den Arm genommen wird. Herzliche Eltern aktivieren die Ausschüttung dieser Hormone immer wieder und schaffen so eine enge Bindung zu ihrem Kind. Erkennen die Eltern das Verlangen ihres Kindes nach Nähe nicht – oder schlimmer, reagieren sie auf das Kind regelmäßig ablehnend –, ist die Ausschüttung von Opioiden und Oxytocin blockiert. Stattdessen leidet das Kind durch dauerhaften Stress unter einer »hormonellen Hölle«, die bleibende Veränderungen in seinem Gehirn verursachen kann.

»Freu dich mit mir!«

Um Ihr Kind bei der Anlage wirksamer Stressregulationssysteme in seinem Gehirn zu unterstützen, ist es notwendig, sowohl im Zustand freudiger Erregung als auch bei emotionalem Schmerz auf es einzugehen. Auch Freude ist ein stressreicher Zustand höchster Erregung. Teilen Sie den Überschwang mit Ihrem Kind. Werden Kinder mit dem »Stress« der Freude allein gelassen, können sie im späteren Leben auf derartige körperliche Erregungszustände mit Furcht reagieren.[7]

Was uns die Wissenschaft über Stress sagen kann

Einer der größten Irrtümer in der Vergangenheit war die Annahme, dass das Gehirn eines Kindes jede Art von Stress aushalten könne. Neurowissenschaftliche Forschungen entlarven diese Annahme als Trugschluss. So wie Kinder nur über ein gewisses Maß an Widerstandskraft verfügen, ist auch das sich entwickelnde Gehirn in den wichtigen ersten Lebensjahren äußerst stressanfällig. Es ist so sensibel, dass viele der üblichen Erziehungsmethoden das empfindliche Gleichgewicht von »Gefühlschemikalien« und Stressreaktionssystemen in Körper und Gehirn verändern und manchmal sogar zum Zelltod in bestimmten Gehirnstrukturen führen können.[8]

■ **Erhält ein Kind nicht genügend Beistand beim Durchleben seiner intensiven Gefühle, kann daraus im späteren Leben eine Überaktivität der Alarmsysteme seines unteren Gehirns entstehen.**

Das kann bedeuten, dass es später auf geringe Stressoren überreagiert, »sich bei jeder Kleinigkeit aufregt«, sein Leben in ständiger Sorge verbringt und/oder die meiste Zeit ärgerlich oder aufbrausend ist. Als Bezugsperson können Sie Ihr Kind davor bewahren, ein solches Leben führen zu müssen. Sie können es zwar nicht vor unvermeidbarem Leid im Leben schützen, aber Sie können seine Lebensqualität beeinflussen, indem Sie es so erziehen, dass effektive Stressregulationssysteme und chemische Antifurchtsysteme in seinem Gehirn angelegt werden. Es gibt viele Studien, die zeigen, dass die Lebensqualität in hohem Maße davon abhängt, ob in der Kindheit gute Stressregulationssysteme im Gehirn ausgebildet wurden oder nicht.[9]

Das Alarmsystem des Gehirns

Ein Alarmsystem im instinktiven Teil des Gehirns ist die Amygdala. Eine ihrer Hauptfunktionen liegt darin, jedes erlebte Ereignis emotional umzusetzen. Wird etwas als bedrohlich empfunden, bewirkt sie im Hypothalamus die Ausschüttung von Stresshormonen, die uns auf »Kampf oder Flucht« vorbereiten.

AUS DER TIERWELT

Alle Säugetiere haben Alarmsysteme, die sie vor Gefahr schützen. Auch heute noch ist das untere menschliche Gehirn in Struktur und Chemie dem anderer Säuger sehr ähnlich. In der Frühgeschichte waren diese Alarmsysteme sehr nützlich und schützten die Menschen vor Raubtieren. Heute wird psychischer Stress von diesen Systemen als Alarm wahrgenommen. Wir können uns auf irrationale Weise ängstlich oder angespannt fühlen, obwohl keine echte physische oder psychische Gefahr besteht.

»Sie können entscheidenden Einfluss auf die Lebensqualität Ihres Kindes ausüben.«

»Ich lerne so schnell.«

In den ersten beiden Lebensjahren kommt es zu einem gewaltigen Wachstumsschub in den Stirnlappen eines Kindes. Während dieser Zeit sind noch alle Möglichkeiten offen, um Nervenpfade einzurichten, die die Basis für Lernen und Sprachentwicklung bilden, und um chemische Antifurchtsysteme im Gehirn anzulegen.

»Funktionen des rationalen Gehirns können Antifurchtchemikalien freisetzen … Man wird wieder ruhig.«

Die Freisetzung einiger positiver Botenstoffe im Gehirn wird blockiert, um die Aufmerksamkeit nicht von der augenblicklichen Bedrohung abzulenken. Zu diesem Zeitpunkt können wir uns schrecklich fühlen. Erhielten wir jedoch in der Kindheit ausreichend Beistand zur Bewältigung intensiver Gefühle wie Wut, Frustration und Leid, greift unser rationales Gehirn an diesem Punkt wirksam ein. Es kann uns helfen, die Situation richtig einzuschätzen und die bestmögliche Vorgehensweise zu wählen. Es hilft uns auch, Überreaktionen als solche zu erkennen und die Situation als zu bewältigend einzustufen.

Diese Funktionen des oberen rationalen Gehirns beruhigen die Amygdala und setzen Antifurchtchemikalien im Gehirn frei, die den Körper entspannen. Wurden wir jedoch in der Kindheit mit der Bewältigung dieser schmerzlichen Gefühle allein gelassen und haben später keine Beratung oder Therapie erhalten, hat unser rationales Gehirn die notwendige Vernetzung für diese Funktionen der Stressbewältigung nicht entwickelt. Als Folge davon fühlen wir uns über Stunden gestresst, manchmal sogar tage- oder wochenlang. Dieser Zustand kann schließlich in einer klinischen Depression enden.[10]

Einem Kind bei seinen »großen« Gefühlen nicht beizustehen, erhöht die Gefahr, dass seine Schlüsselreaktionssysteme dauerhaft als »überreaktiv« vernetzt werden. Das bedeutet, dass es echte Schwierigkeiten haben kann, seine überempfindlichen Alarmsysteme des instinktiven Gehirnbereichs abzuschalten, und seine Wahrnehmung von Ereignissen wird mit Gefühlen von Bedrohung oder großen Schwierigkeiten gefärbt sein.[11]

»Wenn Sie Ihrem Kind mit seinen großen Gefühlen beistehen, beginnen Zellen in seinem rationalen Gehirn Pfade zu bilden ...«

Kindern bei ihren großen Gefühlen beistehen

Wenn Sie Ihrem Kind mit seinen großen Gefühlen beistehen, beginnt eine Vielzahl von Zellen, in seinem rationalen Gehirn Pfade zu bilden, die sich mit denen seiner instinktiven Gehirnteile verbinden. Diese werden Top-down-Netzwerke oder -Pfade genannt. Mit der Zeit beginnen diese Netzwerke von selbst, die primitiven Impulse der Wut, Furcht oder Sorge seines instinktiven Gehirns zu kontrollieren, und befähigen das Kind, über seine Gefühle nachzudenken, statt sie auf primitive Art zu entladen (z. B. durch Beißen, Schlagen oder Weglaufen).

■ **Nehmen Sie die Nöte Ihres Kindes ernst.** Erkennen Sie an, wie Ihr Kind ein Ereignis erlebt, auch wenn Sie selbst es völlig anders erleben. Finden Sie altersentsprechende Worte für den Kummer Ihres Kindes, und erklären Sie ihm, dass Sie die Art seines Kummers genau verstanden haben, zum Beispiel: »Du bist jetzt so böse auf mich, weil du das kleine rote Auto

BEDENKEN SIE ...

Wenn Sie ein Kind, das einen in seinem Gehirn ausgelösten Amygdala-Alarm erlebt, nicht beruhigen, kann das zu dauerhaften Veränderungen in seinem Gehirn führen, einschließlich ernsthafter Störungen des empfindlichen chemischen Gleichgewichts in seinen Stirnlappen und Stressreaktionssystemen in Körper und Gehirn.

Wird eines der Alarmsysteme – Wut, Furcht oder Trennungsangst – in den instinktiven Teilen des Gehirns eines Kindes ausgelöst, befindet es sich so lange in einem Zustand emotionaler Not und intensiver körperlicher Erregung, bis ein Erwachsener ihm hilft, sich zu beruhigen. Ist eines dieser Alarmsysteme einmal ausgelöst, werden neurochemische und hormonelle Kräfte aktiviert, die sich in Körper und Geist wie ein Lauffeuer ausbreiten.

Fallstudie

Ein wütender junger Mann

Carl wuchs zu einem angespannten und wütenden Mann heran. Seine Lebensqualität ist eingeschränkt, weil seine Mutter nicht wusste, dass Carl viel Beruhigung gebraucht hätte, damit sich seine Stirnlappen entwickeln, um ihm bei der Kontrolle der emotionalen Systeme seines unteren Gehirns, WUT, FURCHT und TRENNUNGSANGST, zu helfen. Die Folge ist, dass bei Carl die wichtigen Vernetzungen in den Stirnlappen, die ihn zu sozialer und emotionaler Intelligenz befähigt hätten, nicht angelegt wurden, und er sich unter Stress nun nicht selbst beruhigen kann.

Als Carl ein Baby war, wurde er oft schreiend allein gelassen. Wenn er unartig war, schrie oder weinte, gab ihm seine Mutter einen Klaps. Sein Vater verließ die Familie, als Carl fünf war. Seine Mutter sprach nicht darüber und versuchte, weiter zu leben wie zuvor. Carl erfuhr keine Hilfe mit den WUT- oder TRENNUNGSANGST-REAKTIONEN seines Gehirns. Als Ergebnis seiner Erziehung wurde er zu einem unglücklichen, angespannten Erwachsenen.

Carls Mutter hatte keine Ahnung von den Langzeitwirkungen ihres Handelns und ihrer Unterlassungen bei der Erziehung.

im Spielwarenladen nicht bekommen hast«, statt: »Haben, haben, haben! Du willst immer nur haben!«

Jack (18 Monate) z. B. ist außer sich, weil sein Papa ihm verbietet, ein Bonbon zu lutschen, dass er auf dem Boden gefunden hatte. Jacks Vater gelingt es, sich von seinem ursprünglichen Gedanken, »natürlich kannst du das schmutzige Bonbon nicht essen«, zu lösen und sich in die Situation seines Sohnes hineinzuversetzen. Er versucht, sich die Welt so vorzustellen, wie sie Jack in diesem Moment sieht, und respektiert Jacks Gefühle. Er sagt: »Jack, ich kann hören, wie böse du auf mich bist wegen des

> »Das Kind muss spüren, dass Sie eine emotional starke Bezugsperson sind.«

Bonbons – sehr böse, weil ich es dir weggenommen habe. Du hättest es so gerne gegessen.« Jack beginnt sich zu beruhigen, sein Vater nimmt ihn in den Arm und beruhigt ihn so weiter.

Selbst ein sehr kleines Kind wird Vorteile aus dieser Art von Verständnis ziehen. Auch wenn es nicht jedes Wort versteht, dringt doch die Tonlage zu ihm durch. Das hilft ihm, die essenziellen Top-down-Pfade zu entwickeln, die es ihm mit dem Heranwachsen ermöglichen, die Intensität seine Gefühle erfolgreich zu steuern und unter Stress ausgeglichen zu bleiben.[12]

■ **Begegnen Sie den Gefühlen Ihres Kindes mit der richtigen Tonlage und der richtigen Energie.** Sprechen Sie mit der richtigen Betonung. Wenn beispielsweise Ihr Kind Ihnen mit Freude und Begeisterung eine Muschel bringt, danken Sie ihm mit der gleichen freudigen Energie. Wenn es wütend ist, zeigen Sie ihm durch Stimme und Worte, dass Sie seinen Zustand anerkennen: »Ich sehe, dass du sehr ärgerlich bist.«

■ **Bleiben Sie ruhig, und machen Sie Grenzen klar.** Der Schlüssel zum richtigen Umgang mit den intensiven Erregungszuständen Ihres Kindes ist der richtige Umgang mit Ihren eigenen. Nehmen Sie sich Zeit, um mit einem Menschen, der Sie versteht, über Ihre Gefühle zu sprechen. Seien Sie für die Gefühle Ihres Kindes da, statt ihm Ihre eigenen aufzubürden (z. B.: »Ich kann mich jetzt nicht darum kümmern. Siehst du nicht, wie müde ich bin?«). Setzen Sie, wenn nötig, durch ein ruhiges, aber bestimmtes Nein klare Grenzen. Schwanken, Überzeugungsversuche oder Betteln, dass es beispielsweise seine Schuhe anzieht, wird es emotional verunsichern. Es muss spüren, dass Sie eine emotional starke Bezugsperson sind, die in der Verantwortung steht.

▪ **Beruhigen Sie körperlich.** Reagieren Sie mit ruhigem körperlichem Trost auf Ihr aufgewühltes Kind. Wie wir später sehen werden, bewirkt körperliche Zuwendung die Ausschüttung beruhigender Botenstoffe im Gehirn Ihres Kindes. Wenn Sie in diesem Moment alles andere als ruhig sind, lassen Sie Ihr Kind von einer anderen Bezugsperson trösten oder nehmen sich einen Moment Zeit, um sich zu beruhigen.

Die Langzeitwirkungen mangelnden Beistands in der Kindheit

Eine Vielzahl von Studien zeigt, dass die Lebensqualität stark davon abhängt, ob in der Kindheit gute Stressregulationssysteme im Gehirn angelegt wurden oder nicht.[13] Die Forschung weist auch nach, dass es sehr schwer sein kann, ein überreaktives Stressreaktionssystem im Gehirn umzukehren. Dennoch ist es möglich – durch wirkungsvolle, heilende Beziehungen im späteren Leben wie mit Beratung oder Therapie. Leider nehmen viel zu wenige Menschen diese Gelegenheit wahr.

▪ **Das Leben wird zum ständigen Kampf, wenn wir nicht fähig sind, Stress zu bewältigen, und es gibt so viele Menschen, die nicht dazu in der Lage sind.**
Wir brauchen nur die steigende Zahl der Kinder, Jugendlichen und Erwachsenen zu betrachten, die an Depressionen, Angststörungen oder Aggressionen leiden, um festzustellen, dass dieses Problem weit verbreitet ist. Wenn wir Stress nicht gut bewältigen können, werden wir vor der Welt zurückschrecken oder gegen sie kämpfen.[14] Menschen, die mit Stress umgehen können, unter Druck nicht den Kopf verlieren und auch in schwierigen Situa-

BEDENKEN SIE …

Die Forschung zeigt, dass Ihr Kind eher dafür anfällig ist, durch Schicksalsschläge im späteren Leben an Depressionen zu leiden, wenn es ein überaktives Stressreaktionssystem hat. Allein in Deutschland hat sich in dem Jahrzehnt zwischen 1993 und 2002 die Zahl der Patienten, denen Antidepressiva verschrieben wurden, mehr als verdoppelt.

Eine Beratung oder Therapie im späteren Leben kann eine zweite Chance sein, um effektive Stressregulationssysteme im Gehirn zu entwickeln – auch wenn es lange Zeit dauert. Es ist einfacher, Probleme durch eine entsprechende Erziehung in der Kindheit zu vermeiden.

tionen die Ruhe bewahren, weil sie effektive Stressregulationssysteme in ihrem Gehirn entwickelt haben, können sich glücklich schätzen. Sind diese Systeme vorhanden, lernt man eher aus den schmerzvollen Erfahrungen des Lebens, als dass man von ihnen zerstört wird.

■ **Menschen, die keine effektiven Stressreaktionssysteme in ihrem Gehirn angelegt haben, können unter den verschiedensten Problemen leiden.**

Ein überaktives Stressreaktionssystem im Gehirn, das seinen Ursprung in der Kindheit hat, kann mit einer Vielzahl mentaler Störungen und körperlicher Leiden in Verbindung stehen:[15]
- Depressionen
- andauernde Angstzustände
- Phobien und Zwänge
- körperliche Symptome/Krankheiten
- Emotionslosigkeit
- Lethargie und Antriebslosigkeit
- Mangel an Verlangen und Erregung
- Mangel an Spontaneität.

Zusätzlich werden viele Erfahrungen durch die fortwährende Unzufriedenheit getrübt. Wichtige Lebenskraft wird benötigt, um schmerzhafte Empfindungen zu bekämpfen, statt in kreative, erfüllende Beziehungen und Unternehmungen einzufließen, und man wird sich täglich vom Leben erschöpft fühlen.

Ich möchte in diesem Buch zeigen, dass Eltern das Gehirn ihres Kindes formen und es auf diese Weise vor einem solchen Leben bewahren können. Sie können Ihr Kind nicht vor dem Schmerz unvermeidlicher Schwierigkeiten schützen, aber es liegt in Ihrer Hand, wie Ihr Kind darauf reagieren wird.

»Menschen, die gut mit Stress umgehen können, unter Druck nicht den Kopf verlieren, … können sich glücklich schätzen.«

Merksätze

- **Das menschliche Gehirn** enthält tief in seinen instinktiven Regionen primitive emotionale Alarmsysteme. Ohne eine emotional aufgeschlossene Erziehung kann unser rationales Gehirn leicht von diesen Systemen überwältigt werden.

- **Manche Erwachsene** bleiben als Ergebnis bestimmter Erziehungsmethoden auf dem emotionalen Entwicklungsstand eines Kleinkindes stehen.

- **Alles**, was ein Kind mit seinen Eltern erlebt, bewirkt Verbindungen zwischen den Zellen des Großhirns.

- **Um zukünftige Probleme** mit Stress und Überreaktionen zu vermeiden, ist es sehr wichtig, einem Kind bei seinen »großen« Gefühlen beizustehen.

- **Ihr Kind** muss spüren, dass Sie eine emotional starke Bezugsperson sind, von der es lernen kann, sich selbst zu beruhigen.

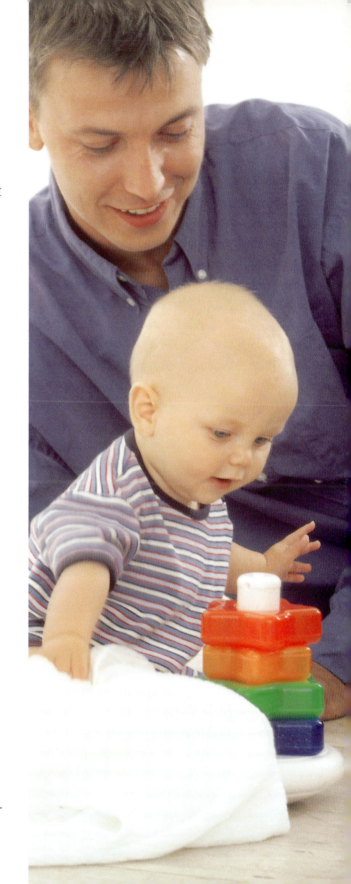

Schreien & Alleingelassen-Werden

Oft wird empfohlen, Babys und Kleinkinder einfach schreien zu lassen. Müttern wurde gesagt, dass ständiges In-den-Arm-Nehmen ein schreiendes Kind »verziehen« würde. Es ist üblich geworden, Babys ins Bett zu legen und schreien zu lassen, um sie an die tägliche Schlafenszeit zu gewöhnen. Es ist nicht zu leugnen, dass diese Technik funktioniert! Ein ungetröstetes Kind wird aufhören zu schreien, wenn es keine Reaktion erhält – jedoch zu einem hohen Preis. In diesem Kapitel werden wir uns mit Forschungen beschäftigen, die zeigen, wie der Stress durch langes Schreien und Alleingelassen-Werden das sich entwickelnde Gehirn eines Kindes beeinflusst. Wir werden auch die wunderbare Investition in den Blick nehmen, die Sie für die Zukunft tätigen, wenn Sie Ihr schreiendes Kind konsequent beruhigen.

Alles über das Schreien

Babys sind genetisch darauf programmiert, nach Trost zu rufen, wenn sie Kummer haben. Das Schreien Ihres Babys ist die Bitte an Sie, ihm bei seinen überwältigenden Gefühlen und Furcht erregenden Empfindungen beizustehen, weil sein Gehirn noch nicht entwickelt genug ist, um selbst damit umgehen zu können. Babys schreien nicht, weil sie ihre Lungen trainieren möchten, um Kontrolle über Sie auszuüben oder aus purer Lust und Laune. Sie weinen, wenn sie unglücklich sind, um Sie zu alarmieren, weil sie etwas stört, entweder körperlich oder emotional.

AUS DER TIERWELT

Alle Jungen von Säugern, nicht nur die der Gattung Mensch, sind genetisch darauf programmiert, durch Schreien auszudrücken, dass sie unter unerträglichem Trennungsschmerz leiden. Forschungen zeigen, dass ein Hundewelpe 700-mal in 15 Minuten schreien kann, wenn man ihn von seiner Mutter trennt.[1]

Warum Babys schreien

Vor vier Millionen Jahren konnten die Menschen sich zum ersten Mal auf zwei Beinen fortbewegen. Dank der gewonnenen Freiheit der Arme konnten sie komplexe Aufgaben erfüllen, und mit der Zeit wuchs ihre Intelligenz. Durch den aufrechten Gang wurde das menschliche Becken enger. Mit wachsender Intelligenz wuchs auch das Gehirn. Die Evolution löste dieses Problem durch einen Geburtszeitpunkt, an dem der Kopf noch durch das verengte Becken der Mutter passte. Das führte dazu, dass das menschliche Junge von allen Säugern bei seiner Geburt am wenigsten entwickelt ist. Sigmund Freud hatte Recht, als er sagte, dass die Menschenkinder »nicht ganz fertig« auf die Welt kämen. Sie müssen sich Ihr Neugeborenes als externen Fötus vorstellen.

■ **Ja, es ist unfertig. Ja, es ist so empfindlich. Ja, es kann durch Stress geschädigt werden.**

Ihr Baby schreit aus vielerlei Gründen. Es schreit, weil es müde oder hungrig ist oder weil die Erwachsenen zu viel Aufhebens um es machen. Es empfindet leicht Furcht vor etwaigen Bedrohungen oder Schock – der Schock von zu hell, zu hart, zu kalt, zu plötzlich. Die Amygdala im unteren Gehirnbereich, die als Detektor möglicher Gefahren fungiert, funktioniert von Geburt an hervorragend. Versetzen Sie sich in die Welt des Babys. Wie soll es wissen, das die laute Küchenmaschine kein Raubtier ist, das es angreifen möchte? Wie soll es mit dem Schock umgehen, ins Wasser getaucht zu werden, wenn Sie es baden möchten?

■ **Anfangs kann es schwierig sein herausfinden, was das Schreien Ihres Babys bedeutet.**
Aber mit der Zeit können Sie das Schreien immer besser zuordnen. Sie werden z. B. lernen, das Schreien eines hungrigen von dem eines müden Babys zu unterscheiden. Es gibt auch Situationen, in denen Sie nicht wissen, warum Ihr Baby schreit. Das ist aber nicht tragisch. Wichtig ist, dass Sie sich seine Panik und seinen Schmerz bewusst machen und sie ernst nehmen.

■ **Wie lange wird das ständige Schreien anhalten?**
Die ersten drei Monate sind in den meisten Fällen die schlimmsten. Ein Baby schreit oft am häufigsten im Alter zwischen drei und sechs Wochen, zwischen zwölf und 16 Wochen lässt es wieder nach. Sheila Kitzinger zufolge wird das Schreien dann deshalb weniger, weil Babys mobiler werden,

> »Mit der Zeit können Sie das Schreien immer besser zuordnen.«

greifen lernen und zu spielen beginnen und nicht länger aus Langeweile oder Frustration schreien.²

Ältere Babys und Kleinkinder schreien zwar bei Kälte, Hunger oder Krankheit immer noch, aber der Schock durch die Umwelt ist bedeutend geringer geworden. Stattdessen werden sie aber von neuen Gefühlen überrollt. Sie leiden unter panischer Trennungsangst und können immer klarer unterscheiden, was sie mögen und was nicht, was sie erschreckt oder unglücklich macht. Bei einem Kind, das noch nicht sprechen kann, bedeutet schreien oft »nein«. »Nein, ich möchte nicht, dass du mich hinlegst, da bekomme ich Panik.« »Nein, ich möchte nicht auf den Schoß eines Fremden, ich fühlte mich so wohl in deinen Armen.« ³

> »Hilf mir, in dieser Welt zurechtzukommen!«

Wenn Sie Ihr schreiendes Kind konsequent beruhigen und seine Ängste ernst nehmen, können hochwirksame Stressregulationssysteme in seinem Gehirn angelegt werden, die ihm im späteren Leben helfen, mit Stress gut zurechtzukommen.⁴

BEDENKEN SIE ...

Wenn ein weinendes Baby allein gelassen wird,

- wird sein Gehirn von einer Welle toxischer Stresshormone überrollt,

- werden keine Opioide in seinem Gehirn freigesetzt,⁶

- können die Stressreaktionssysteme des Gehirns und des Körpers auf Überempfindlichkeit programmiert werden,

- werden Schmerzschaltkreise im Gehirn aktiviert, die denen durch körperliche Schmerzen ähnlich sind.⁷

■ **All diese Panikreaktionen bedeuten für das Baby, dass sein Gehirn von einer Welle von Stresshormonen überrollt wird.**

Diese Stresshormone an sich sind nicht toxisch. Anders verhält es sich jedoch, wenn diese Stoffe im Gehirn Ihres Kindes lange Zeit bei anhaltendem Schreien umherschwirren, ohne dass seine Panik ernst genommen wird und es Trost erhält. Sich vom Leid des Kindes zu distanzieren (was auch immer in manchen Büchern über »Schlaftraining« steht) oder, schlimmer noch, ärgerlich auf das Schreien zu reagieren (auch wenn Sie dies manchmal am liebsten tun würden) ist niemals richtig.

Anhaltendes Schreien

Lassen Sie uns eines klarstellen: Es ist nicht das Schreien selbst, das das sich entwickelnde Gehirn eines Kindes beeinflusst. Nein, es ist anhaltender, ungetrösteter Kummer. Sie müssen nicht beim kleinsten Zittern der Unterlippe Ihres Kindes oder bei kurzem Protestgeschrei (weil es seine Lieblingsschokolade nicht bekommt) sofort zu ihm laufen. Anhaltendes Schreien ist die Art von Schreien, die alle sensiblen Eltern (und alle, die für die Verzweiflung anderer empfänglich sind) als verzweifelten Hilferuf erkennen. Es ist dieses Schreien, das so lange nicht aufhört, bis das Baby entweder völlig erschöpft einschläft oder in hoffnungslosem Zustand erkennt, dass keine Hilfe zu erwarten ist.

■ **Lässt man ein Baby zu oft auf diese Art schreien, kann ein Stressreaktionssystem in seinem Gehirn für immer in Mitleidenschaft gezogen werden.**

Es gibt eine Fülle von Studien aus der ganzen Welt, die zeigen, wie frühkindlicher Stress dauerhafte negative Veränderungen im Gehirn eines Kindes hervorrufen kann. Wie wir im Folgenden sehen werden, kann ein Kind, das man über längere Zeit anhaltend schreien lässt, ein überempfindliches Stressreaktionssystem entwickeln. Dies kann bedeuten, dass sein Weltbild und seine Erfahrungen überwiegend völlig grundlos von einem Gefühl der Bedrohung und Anspannung gefärbt sind.⁵

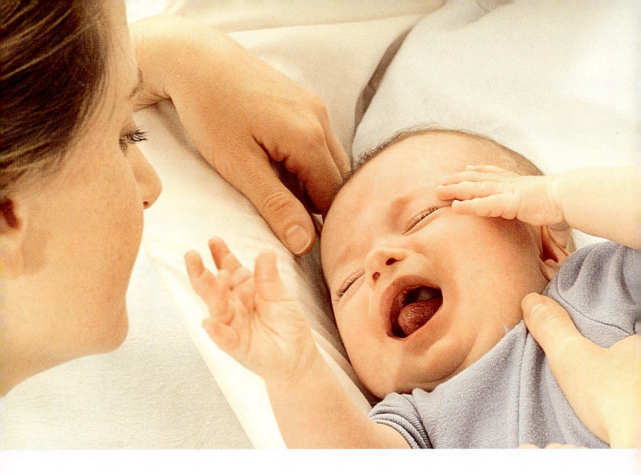

F Kann ein Baby seine Eltern durch Schreien manipulieren oder erpressen?

▪ Eltern fragen sich vielleicht, ob ihr Baby schreit, um sie zu manipulieren, besonders wenn sie gut gemeinte Kommentare von ihren Freunden hören wie: »Lass es schreien, es versucht dich nur zu erpressen. Wenn du jetzt nachgibst, wirst du es später bereuen.« Wir wissen mittlerweile, dass dies neurobiologisch nicht richtig ist.

▪ Um einen Erwachsenen zu erpressen, müsste das Baby in der Lage sein, klar zu denken. Das würde voraussetzen, dass der Neurotransmitter Glutamat in seinen Stirnlappen (S. 18) aktiv ist. Aber das »Glutamatsystem« ist im Gehirn eines Säuglings noch nicht richtig eingerichtet, was bedeutet, dass Babys kaum fähig sind, überhaupt nachzudenken, geschweige denn darüber, wie sie ihre Eltern manipulieren können.

▪ Manche Eltern betrachten den Kummer ihres Kindes als »bloßes Schreien« – möglicherweise das Ergebnis ihrer eigenen Erziehung: Weil niemand darauf reagierte, als sie selbst Babys waren, sind sie jetzt unfähig, das Leid ihres Kindes wahrzunehmen.

Was geschieht im Gehirn Ihres Kindes?

Eltern würden nicht im Traum daran denken, ihr Baby in einem Raum giftiger Dämpfe zurückzulassen, die sein Gehirn schädigen könnten. Dennoch lassen manche Eltern ihr Baby in einem anhaltenden Zustand ungetrösteten Leids allein, ohne zu wissen, dass sie es so einer toxischen Menge von Stresshormonen aussetzen.

Frühere Elterngenerationen ließen ihre Babys schreien, ohne eine Vorstellung davon zu haben, wie sehr Stress das kindliche Gehirn verletzen kann. Beim Schreien wird das Stresshormon Kortison in den Nebennieren freigesetzt. Wird das Baby beruhigt und getröstet, sinkt der Kortisonspiegel wieder, lässt man es aber weiter schreien, bleibt der Kortisonspiegel hoch. Der Kortisonspiegel kann mit der Zeit eine toxische Höhe erreichen und möglicherweise Schlüsselstrukturen und -systeme im sich entwickelnden Gehirn zerstören. Kortison ist ein langsam wirkender biochemischer Stoff, der über Stunden in hoher Konzentration im Gehirn verbleiben kann, bei klinisch depressiven Menschen sogar über Tage und Wochen.

Unter dem Mikroskop erkennt man die Struktur des Kortisons, eines Hormons, das bei Stress freigesetzt wird.

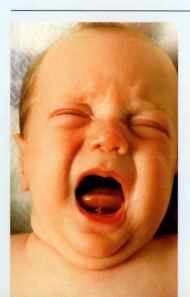

STRESSAUFBAU

Durch den zunehmenden Kummer wird in einem schreienden Baby eine hormonelle Kettenreaktion in Gang gesetzt. Sie beginnt in einem Teil des unteren Gehirns, dem Hypothalamus, der allgemeinen hormonellen Steuerungszentrale. Der Hypothalamus produziert ein Hormon, das die nahe gelegene Hypophyse zur Freisetzung eines weiteren Hormons, des ACTH, veranlasst. Dieses wiederum stimuliert die Nebennierenrinde, das Stresshormon Kortison freizusetzen, das dann Gehirn und Körper überschwemmt. Dieses Zusammenspiel nennt man Stressreaktionssystem.

Bei einem leidenden Baby ist dieses System höchst aktiv und setzt große Mengen an Kortison frei – vergleichbar mit einer Zentralheizung, die nicht abgeschaltet werden kann.[8] Das Beruhigen des Babys deaktiviert dieses System. Gehirnscans zeigen, dass frühkindlicher Stress das Stressreaktionssystem auf dauerhafte Überempfindlichkeit programmieren kann.

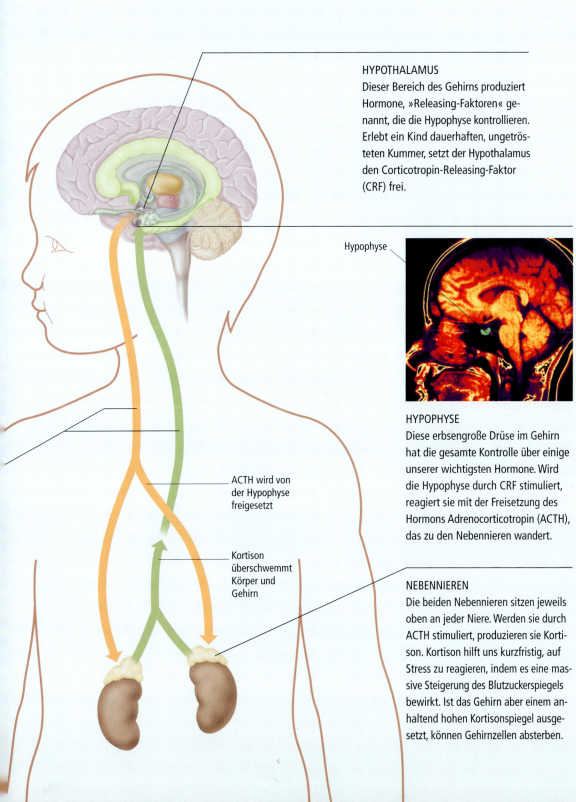

Problemspeicherung

Wissenschaftler verbinden Stress im Säuglings- und Kindesalter zunehmend mit der rapide ansteigenden Zahl derer, die bereits als Heranwachsende an Angststörungen und Depressionen leiden. Ein Bestandteil dieser Störungen ist ein überempfindliches Stresssystem im Gehirn. Forschungen haben gezeigt, wie frühkindlicher Stress dauerhafte Veränderungen im Stressreaktionssystem im Gehirn eines Kindes bewirken können.

BEDENKEN SIE ...

Im späteren Leben führt ein überempfindliches Stresssystem möglicherweise zu

- Angst vor dem Alleinsein
- Trennungsangst
- Panikattacken
- Nikotinabhängigkeit.

Auf Stress programmiert

Was bedeutet ein überempfindliches Stressreaktionssystem für ein heranwachsendes Kind? Es ist ein wenig, als ob es eine fehlerhafte Alarmanlage im Kopf hätte, die bei der kleinsten Kleinigkeit losgeht. Sein Gehirn kann auf leichte Stressoren, die andere mühelos wegstecken, so reagieren, als wären sie sehr bedrohlich. Diese Stressprogrammierung in der frühen Kindheit kann ein Kind anfällig machen für Depressionen, Angststörungen, stressbedingte körperliche Erkrankungen und Alkoholmissbrauch im späteren Leben.[9] Dies trifft vor allem auf Kinder zu, die man als Baby schreien ließ, die eine von strenger Disziplin geprägte Kindheit hatten und wenig körperliche Zuneigung erlebten.

■ **Früher Stress kann Zelltod in einer sehr wichtigen Gehirnstruktur verursachen.**

Der Hippocampus befindet sich tief im Innern des Säugergehirns und spielt für das Langzeitgedächtnis eine Rolle. In den Gehirnscans von Kindern, die sehr unter ungetröstetem Kummer litten, erscheint der Hippocampus leicht geschrumpft. Wir wissen nicht genau, in wie weit dieser Zelltod die Gedächtnisleistung eines Kindes beeinflusst, jedoch schneiden Erwachsene mit einem geschrumpften Hippocampus bei Ge-

»Ein überempfindliches Stressreaktionssystem ähnelt einer defekten Alarmanlage.«

dächtnisaufgaben und verbalen Denkaufgaben schlechter ab.[10] Gehirnscans haben gezeigt, dass der Hippocampus eines sehr gestressten Kindes dem eines alten Menschen ähnlich ist. Einige Wissenschaftler betrachten frühkindlichen Stress als Risikofaktor für einen vorzeitigen Alterungsprozess dieses Teils des Gehirns.

■ Sind alle Kinder gleich betroffen?

Weil jedes Kind einzigartig ist, können die Auswirkungen von anhaltendem Schreien nicht mit Bestimmtheit vorhergesagt werden. Manche Kinder kommen vielleicht mit einer leichten Neurose im späteren Leben davon, weil frühkindlicher Stress Schlüsselsysteme in ihrem Gehirn verändert hat, während andere durch höhere genetische Empfindlichkeit und zusätzliche Belastungen, wie Verlusterlebnisse oder Unterdrückung, eine voll ausgebildete Angststörung oder Depression entwickeln. Studien

> »Der Stress durch ständiges Schreien kann das Gehirn eines Säuglings schädigen.«

an Säugern, deren Strukturen und chemische Systeme im unteren Gehirnteil den unseren ähnlich sind, zeigen, dass früher Stress das Gehirn eines Säuglings in einem gestörten biochemischen Zustand hinterlassen kann. Wichtige Systeme, die mit den biochemischen »Gefühlsstoffen« (wie Opioide, Noradrenalin, Dopamin und Serotonin) zusammenhängen und sich noch im Aufbau befinden, können schwer geschädigt werden, was wiederum ein chemisches Ungleichgewicht im Gehirn verursacht.[11]

Niedrige Dopamin- und Noradrenalinspiegel können bei Kindern zu Konzentrationsschwierigkeiten und in deren Folge zu Lernstörungen führen. Niedrige Serotoninwerte sind hauptverantwortlich für viele Formen von Depressionen und gewalttätigem Verhalten. Opioide sind wichtig zur Verringerung von Angst- und Stressempfindungen. Deshalb kann die Deaktivierung der Opioide in Teilen des Gehirns zu einer Verstärkung negativer und einer Verringerung positiver Gefühle führen.[12]

Fallstudie

Der »schlaftrainierte« Billy

Schlafengehen war von Anfang an ein Problem für Billy. Als er zehn Monate alt war, versuchte es seine Mutter mit Schlaftraining.

Sie legte Billy ins Bett und verließ den Raum. Jedes Mal schrie er verzweifelt nach ihr, aber sie entschloss sich, ein oder zwei Wochen durchzuhalten. Nach einer Weile hörte Billy auf zu schreien, wenn sie ihn ins Bett legte, und seine Mutter wertete dies als Erfolg. »Jetzt schreit er nicht mehr, wenn ich den Raum verlasse«, sagte sie. Billy war die meiste Zeit des Tages von seiner Mutter getrennt, da sie arbeiten musste. Auch in der Kinderkrippe hatte er sehr wenig Körperkontakt, da die Aufsichtspersonen die Kinder selten in den Arm nahmen. Billy machte sich mit der Zeit auch während des Tages immer weniger bemerkbar. Mittlerweile machen sich Verwandte Sorgen wegen seines ruhigen Verhaltens. Ein Familienangehöriger bemerkte: »Es ist, als ob er nicht wirklich da wäre.« Manche Menschen glauben, dass Babys und Kleinkinder noch keine Depressionen haben können, doch das können sie sehr wohl.

Die Wissenschaft des Tröstens

Der Stress durch intensives Schreien wirft das autonome Nervensystem aus dem Gleichgewicht, das die wichtigsten Körperfunktionen Ihres Babys steuert. Das Ergebnis ist körperliche und emotionale Aufgewühltheit. Ein kleines Kind kann seine körperliche Erregung nicht kontrollieren – aber Ihre Liebe und Ihr Trost können es.

WISSENSWERTES

GABA (Gammaaminobuttersäure) ist ein wichtiger Neurotransmitter im Gehirn, der einem hohen Kortisonspiegel (s. S. 40) entgegenwirkt und den »Bedrohungsdetektor«, die Amygdala, im instinktiven Bereich des Gehirns beruhigt. Werden junge Säugetiere im Zustand anhaltenden Kummers allein gelassen, kann das, Forschungen zufolge, die Wirkung von GABA beeinflussen. Dies kann die Stressempfindlichkeit des Gehirns verändern und in einer überwiegend angespannten Lebenseinstellung resultieren. Auf lange Sicht kann ein verändertes GABA-System zu Angststörungen und Depressionen führen. Ohne ein effektives chemisches Entspannungssystem können beim Menschen Faktoren zum Tragen kommen wie
- psychische Zerbrechlichkeit
- Neigung zu Furcht oder Wut
- geringere Fähigkeit, sich selbst zu beruhigen
- durch geringe Stressoren aus der Bahn geworfen zu werden.

Ein verändertes GABA-System kann Erwachsene anfällig dafür machen, bei Stress Alkohol zu trinken, weil Alkohol das GABA-System im Gehirn künstlich reguliert.[15]

Was passiert, wenn Ihr Kind schreit?

Wenn Ihr Kind auf durchdringende, verzweifelte Weise schreit, ist sein körperliches Erregungssystem, das autonome Nervensystem, aus dem Gleichgewicht. Dann ist der erregte (oder »sympathische«) Zweig dieses Systems überaktiv, und der ruhige, ausgeglichene (oder »parasympathische«) Zweig ist unteraktiv. Der Körper Ihres Kindes ist auf Aktion, auf »Kampf oder Flucht« vorbereitet, weil eine große Menge Adrenalin freigesetzt wird. Ihr Baby hat eine erhöhte Herzfrequenz, einen erhöhten Blutdruck, es schwitzt, hat angespannte Muskeln, atmet schneller, und sein Hunger wird unterdrückt (weil Blut und Energie des Verdauungssystems für eine erhöhte Muskelaktivität zur Verfügung gestellt werden.)[13]

Es ist an Ihnen, das System wieder ins Gleichgewicht zu bringen. Ihr Trost aktiviert den Vagusnerv (s. rechte Seite), der zum beruhigenden und entspannenden parasympathischen Zweig des autonomen Nervensystems gehört. Je häufiger Sie reagieren, je besser Sie das körperliche Erregungssystem Ihres Kindes regulieren, desto länger anhaltend ist die Wirkung.[14]

Die Gefahren der Übererregung

Wenn Sie Ihr leidendes Kind trösten, regulieren Sie sein autonomes Nervensystem. Wird das Bedürfnis eines Kindes nach Trost nicht mit emotionalen Reaktionen und Beruhigung gestillt, kann dieses System, wie Studien zeigen, mit der Zeit auf körperliche Übererregung programmiert werden.[16] Das kann das Leben zu einer stressreichen Angelegenheit machen. Daraus können auch alle Arten physischer Leiden entstehen: z. B. Probleme mit der Atmung, wie Asthma, Herzkrankheit, Ess- und Verdauungsstörungen, Schlaflosigkeit, Bluthochdruck, Panikattacken, Muskelverspannungen, Kopfschmerzen und chronische Erschöpfung.[17] Es gibt eine Fülle von Forschungsmaterial (bekannt als Gehirn-Darm-Studien) über den Zusammenhang von frühkindlichem Stress und dem Reizdarmsyndrom. In einer kürzlich durchgeführten Umfrage wurde festgestellt, dass weniger als 50 Prozent der befragten Männer und kaum 30 Prozent der befragten Frauen regelmäßigen Stuhlgang haben.[18]

Das Baby liegen zu lassen, »damit es sich von selbst beruhigt«, kann gegenteilige Langzeitkonsequenzen für Körper und Gehirn des Kindes haben. Ihr Kind ist nicht in der Lage, sein autonomes Nervensystem wieder ins Gleichgewicht zu bringen. Das können nur Sie.

> »Viele Eltern sind sich nicht bewusst, dass sich das körperliche Erregungssystem eines Kindes nach seiner Geburt noch in der Entwicklung befindet ...«

WISSENSWERTES – DER VAGUSNERV

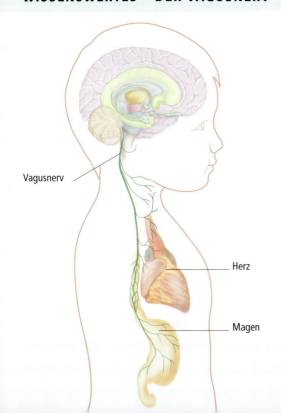

Vagusnerv

Herz

Magen

Das Beruhigen eines schreienden Kindes aktiviert seinen Vagusnerv, der sich im Gehirnstamm befindet. Dieser Nerv, der auch »umherschweifender Nerv« genannt wird, reguliert die Funktion der wichtigsten Körperorgane. Wenn Ihre Beruhigung zu wirken beginnt, stellt der Vagusnerv die Ordnung der Körpersysteme, die durch Stress durcheinander geraten ist, in kürzester Zeit wieder her. Er reguliert Verdauungssystem, Herzfrequenz, Atmung und die Funktion des Immunsystems.

Eines der größten Geschenke, das Sie Ihrem Kind machen können, ist, ihm zu helfen, einen ausreichenden Vagotonus auszubilden. Das bedeutet, dass der Vagusnerv in seiner gesamten beruhigenden, regulierenden Funktion gut arbeitet. Die Forschung zeigt, dass ein guter Vagotonus mit emotionaler Ausgeglichenheit, klarerem Denken, besserer Aufmerksamkeit und einem effizienteren Immunsystem zusammenhängt. Menschen mit einem guten Vagotonus hat man meist gerne um sich.

Wie Sie Ihr Baby beruhigen

Um den ruhigen und ausgeglichenen Zweig im autonomen Nervensystem Ihres Kindes zu aktivieren, müssen Sie sich selbst erst einmal beruhigen. Atemtechniken sind gut geeignet. Sobald Sie tief atmen, beruhigt sich Ihr gesamtes System, und Ihr Körper signalisiert Ihrem Gehirn, die hohe Produktion und Freisetzung von Stresshormonen einzustellen. Wenn Sie Schwierigkeiten damit haben, können Sie in einem Meditationskurs wirksame Atemtechniken erlernen.

Versuchen Sie nicht, Ihr Kind zu beruhigen, während Sie gleichzeitig noch mit etwas anderem beschäftigt sind. Damit die körperliche und emotionale Regulation stattfinden kann, muss Ihr Kind fühlen, dass sein Kummer Ihr wichtigster Gedanke ist.

Wenn der Grund für das Schreien Ihres Babys nicht Hunger oder eine volle Windel ist, wird die Nähe zu Ihrem ruhigen Körper es trösten. Die beruhigende Wirkung kann sofort eintreten, aber auch eine Weile auf sich warten lassen. Im Endeffekt ist es Ihr ausgereiftes körperliches Erregungssystem, das Sie einsetzen, um das unreife Ihres Kindes zu beruhigen.

■ **Tun Sie Dinge, die das chemische Anti-Stress-System im Gehirn Ihres Kindes aktivieren.**

Drei Haupttechniken des Tröstens setzen die beruhigenden Botenstoff Oxytocin im Gehirn eines Babys frei, der den Spiegel der Stresshormone wieder sinken lässt:

■ **Berührung und Massage.** Die meisten Babys hören auf zu schreien, wenn sie in den Arm genommen werden. Enger Körperkontakt reguliert ihr körperliches Erregungssystem, aktiviert den ausgeglichenen Zweig und die Oxytocinfreisetzung.[19]

Besuchen Sie einen Kurs, um die Babymassage zu erlernen. Eine falsch ausgeführte Massage wirkt gegenläufig, überstimulierend und bewirkt, dass Ihr Baby noch mehr weint.

■ **Saugen.** Lassen Sie Ihr Kind an seiner Faust oder seinem Daumen lutschen. Sie können ihm auch Ihre Finger anbieten. Lässt sich Ihr Kind absolut nicht beruhigen, können Sie ihm einen Schnuller geben. Verwenden Sie diesen aber nicht, wenn es Ihrem Kind gut geht. Der Mund ist wichtig für die Kommunikation und um die zur Sprachentwicklung notwendigen Laute zu formen. Er ist auch für die orale Erforschung (wie das In-den-Mund-Nehmen von Spielzeug) wichtig. Gewöhnt sich Ihr Kind an den Schnuller, wird es ohne ihn nirgends hingehen.[20]

▪ **Wärme setzt Oxytocin frei.** Die Raumtemperatur sollte ungefähr 21 °C betragen. Halten Sie Ihr Baby dicht an Ihrem Körper oder in ein Flanelltuch gewickelt. Mit einem gestressten Neugeborenen können Sie auch ein warmes Bad nehmen.

▪ **Weitere Strategien, die Sie versuchen können.**
▪ **Bewegung und Schaukeln.** Babys lieben rhythmische Bewegungen. Gerne werden sie herumgetragen, in der Wiege geschaukelt oder im Auto herumgefahren. Man nimmt an, dass die Bewegung die Assoziation auslöst, in der sicheren Gebärmutter herumgetragen zu werden. Schaukeln Sie Ihr Baby aber nicht zu stark; dabei können Blutgefäße im Gehirn platzen.[21]

> »Die meisten Babys hören auf zu schreien, wenn sie in den Arm genommen werden. Enger Körperkontakt reguliert ihr körperliches Erregungssystem.«

»Deine Berührung hilft mir, mich zu beruhigen.«

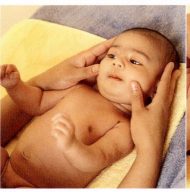

Sie können Ihr Baby ab einem Alter von zwei Wochen massieren. Das ist eine gute Methode, es zu trösten und zu beruhigen, und es stärkt auch die Bindung zu Ihnen. Wählen Sie eine Zeit, in der es wach und aufmerksam ist.

Legen Sie Ihr Baby auf ein weiches Handtuch, und achten Sie darauf, dass es weich und bequem liegt. Beginnen Sie oben am Kopf, und massieren Sie sehr sanft an beiden Seiten die Wangen bis zu den Schultern hinab.

Massieren Sie seinen Körper mit einer sanften Abwärtsbewegung. Sprechen Sie mit ihm, und halten Sie Augenkontakt. Wenn Ihr Baby das Interesse verliert, versuchen Sie es an einem anderen Tag nochmals.

■ **Leise Geräusche.** Lassen Sie Ihr Baby der Waschmaschine oder dem Wäschetrockner zuhören, das Geräusch erinnert es an die Geborgenheit in der Gebärmutter. Sie können ihm auch eine Aufnahme Ihrer Herztöne vorspielen.
■ **Lenken Sie es ab.** Dadurch wird Dopamin im Gehirn aktiviert. Wenn Ihr Baby aus purer Langeweile schreit, denken Sie sich Ablenkungsmöglichkeiten aus.
■ **Vermeiden Sie Überstimulation.** Wenn Sie bemerken, dass Ihr Kind überstimuliert ist, gehen Sie mit ihm in einen ruhigen, abgedunkelten Raum.

Schwer zu beruhigende Babys

Ungefähr eines von fünf gesunden Babys ist in den ersten Wochen höchst empfindlich. Das kann durch genetische Disposition, Stress im Mutterleib oder eine schwere Geburt bedingt sein. Ist die Mutter während der letzten drei Schwangerschaftsmonate wiederholt gestresst, können große Mengen des Stresshormons Kortison und Glutamat über die Gebärmutter in das Gehirn des Kindes übertragen werden. Deshalb ist es so wichtig, während der Schwangerschaft viel Entlastung und Zuwendung zu erhalten. Auch wenn Sie nach der Geburt ein stressiges Leben haben, kann das dazu führen, dass Ihr Baby häufiger schreit. Wenn sich Ihr Baby nur schwer beruhigen lässt, benötigt es viel Trost und Zuwendung. Um dem gerecht zu werden, brauchen auch Sie viel Trost und Zuwendung von Familie und Freunden.

■ **Stellen Sie sicher, dass Sie mit einem schreienden Baby nicht allein sind.**

Legen Sie Ihr Baby in den Kinderwagen, und gehen Sie in den Park, in ein Café, oder treffen Sie sich mit anderen Eltern und Kindern. Isolation kann zu einem dramatischen Abfall des Serotoninspiegels (ein wichtiger Stimmungsstabilisator) und in der Folge zu Aggressivitätsimpulsen führen. Sie kann auch den Dopaminspiegel (sorgt für positive Erregung) senken, sodass Sie sich obendrein noch wegen Ihrer Gefühle dem schreienden Baby gegenüber schlecht fühlen.[22]

SCHREIEN UND ALLEINGELASSEN-WERDEN **49**

F Ich habe alles versucht, fühle mich demoralisiert – was soll ich tun?

Niemand bezweifelt, dass es entkräftend ist, ein verzweifeltes Kind, das nicht aufhören will zu schreien, zu trösten. Wenn Sie alles vergeblich versucht haben, fühlen Sie sich demoralisiert und würden am liebsten in Tränen ausbrechen. Folgendes kann helfen:

■ Denken Sie daran: Diese Phase dauert für gewöhnlich nur die ersten drei Monate an, auch wenn viele Eltern den Eindruck haben, ein Leben lang damit gestraft zu sein.

■ Denken Sie daran, dass Sie Ihrem Kind durch Ihren Trost ein Geschenk machen. All die Zeit, die Sie für die Beruhigung Ihres Kindes aufwenden, ist eine Investition in seine Zukunft: Sie regulieren seine emotionalen und körperlichen Systeme, und so erlangt es die Fähigkeit, später mit Stress umzugehen.

F Warum könnte ich schreien, wenn mein Baby schreit?

Die emotionalen Zustände Ihres Kindes sind so ursprünglich, dass sie leicht eines oder mehrere der drei Alarmsysteme Ihres Gehirns auslösen können: WUT, FURCHT oder TRENNUNGSANGST. Gleichzeitig kann der hohe Spiegel Ihrer Stresshormone die Freisetzung von Opioiden und Dopamin, die für Wohlbefinden sorgen, blockieren. Sprechen Sie Ihren Arzt darauf an, treten Sie einer Elterngruppe bei, weinen Sie sich in den Armen Ihres Partners aus, oder holen Sie sich zusätzlich professionelle Hilfe (s. a. S. 269).

Getrennt werden

Im Alter von sechs bis acht Monaten stellt sich bei Ihrem Baby die Trennungsangst ein, die auf die eine oder andere Weise anhalten kann, bis Ihr Kind fünf Jahre und älter ist. Schon frühzeitig bekommt Ihr Baby Panik, wenn Sie außer Sichtweite sind. Nehmen Sie diese intensiven Gefühle ernst. Denken Sie daran, Sie sind seine Welt, sein Ein und Alles, Sie stellen seine Sicherheit dar.

AUS DER TIERWELT

Der achtjährige Flint, einer der Schimpansen, die die Biologin Jane Goodall in freier Wildbahn studierte, wurde nach dem Tod seiner Mutter depressiv und lethargisch, bis auch er nach drei Wochen starb. Jane Goodall beobachtete, dass ein Schimpansenjunges nach dem Tod seiner Mutter, obwohl es sich bereits selbst ernähren kann, unfähig ist, sich von seiner Trauer zu erholen, und schließlich daran sterben kann. Das TRENNUNGSANGST-System im unteren Gehirn eines Schimpansen funktioniert chemisch und neurologisch praktisch wie das des menschlichen Gehirns.

Ein kleiner Beitrag zum Verständnis

Ihr Baby ist nicht verwöhnt oder anhänglich. Das TRENNUNGSANGST-System im unteren Teil des Gehirns (s. S. 24) ist genetisch auf Überempfindlichkeit programmiert. In frühen Evolutionsstadien war es für ein Junges gefährlich, von seiner Mutter getrennt zu sein. Hätte es nicht geschrien, um seinen Eltern seinen Aufenthaltsort zu signalisieren, hätte es nicht überlebt. Die Entwicklung der Stirnlappen (rationales Gehirn) hemmt dieses System auf natürliche Weise. Als Erwachsene lernen wir, es durch Ablenkung wie Lesen oder Fernsehen unter Kontrolle zu halten.

▪ Wenn Sie nicht da sind – woher weiß Ihr Kind, dass Sie nicht für immer gegangen sind?

Sie können ihm nicht sagen, dass Sie gleich wiederkommen, weil sein Sprachzentrum noch nicht aktiv ist. Wenn es krabbelt und laufen lernt, lassen Sie es Ihnen folgen – auch auf die Toilette.

Ihr Kind von sich wegzuschieben und in den Laufstall einzuschließen kann negative Langzeitwirkungen haben. Panik kann aufkommen, was einen gefährlichen Anstieg der Stresshormone in seinem Gehirn zur Folge hat. Daraus kann ein dauerhaft überaktives FURCHT-System entstehen mit Spätfolgen wie Phobien, Obsessionen oder Vermeidungsverhalten. Ihr Kind wird mit der Zeit sicherer im täglichen Umgang mit Ihnen, besonders, wenn es zu verstehen und sprechen beginnt. Es wird lernen, wie unwahrscheinlich es ist, dass Sie nicht mehr zurückkommen, wenn Sie allein auf die Toilette gehen.

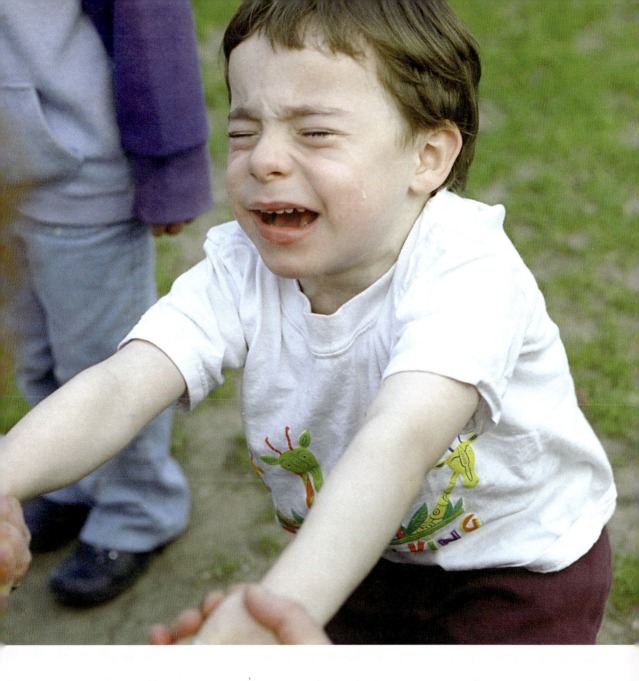

»Es tut so weh, wenn du mich verlässt.«

Wenn eine geliebte Person nicht da ist und ein Kind noch zu klein ist, um zu verstehen, warum, kann es das als sehr schmerzhaft empfinden. Sie können einem Kind, das seine Mutter vermisst, nicht einfach sagen: »Du brauchst keine Angst zu haben.« Dennoch versuchen Erwachsene kleine Kinder oft auf diese oder ähnliche Weise zu beschwichtigen. Wenn wir ein verzweifeltes Kind von seinen Eltern mit den Worten wegziehen: »Sei doch nicht dumm«, unterschätzen wir die Kraft der massiven hormonellen Reaktionen in Gehirn und Körper dieses Kindes.

WISSENSWERTES

Dieser Gehirnscan eines Kindes aus einem rumänischen Waisenhaus zeigt, was geschehen kann, wenn ein Kind zwar die Grundversorgung erhält, aber Liebe, Zuwendung und Trost entbehren muss.

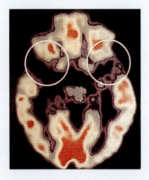

Die schwarzen Bereiche sind inaktive Bereiche in den Schläfenlappen, dem Bereich des Gehirns, der für die Verarbeitung und Regulierung von Emotionen zentral ist. Geringe soziale und emotionale Intelligenz kann die Folge sein.

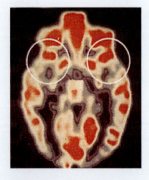

Der Gehirnscan eines Kindes, das eine liebevolle Erziehung erhalten hat. Hier finden sich nur sehr wenige schwarze Bereiche, d. h. die Schläfenlappen sind vollständig aktiv.[25]

■ Trennung tut Kindern fast auf die gleiche Weise weh wie körperlicher Schmerz.

Wenn ein Kind leidet, weil ein Elternteil abwesend ist, ist derselbe Bereich des Gehirns aktiv wie bei körperlichen Schmerzen.[23] So ist auch die Art des Ausdrucks der des körperlichen Schmerzes sehr ähnlich. Deshalb macht es keinen Sinn, ein Kind bei körperlichen Schmerzen (z. B. von einem aufgeschlagenen Knie) zu trösten, es aber nicht für notwendig zu befinden, den gleichen Trost bei emotionalen Schmerzen, z. B. bei Trennungsangst, zu spenden. Leider machen viele Eltern aber genau das. Sie akzeptieren nur widerwillig die Tatsache, dass der emotionale Schmerz Ihres Kindes genauso real ist wie sein körperlicher. Dies ist aber eine neurobiologische Tatsache.

■ Manchmal drängen wir unsere Kinder zur Unabhängigkeit, obwohl sie noch nicht bereit dafür sind.

Getrieben durch die Furcht vor unserer eigenen Abhängigkeit, erzwingen unsere traditionellen Erziehungsmethoden frühe Trennungen. Sehr junge Kinder in ein Internat zu schicken ist ein Beispiel dafür. Ein achtjähriges Kind kann immer noch unter so großer Trennungsangst leiden, dass es Schwierigkeiten hat, lange Zeit von den Eltern getrennt zu sein. Der emotionale Schmerz eines Kindes sollte bei wichtigen Entscheidungen über Länge und Häufigkeit einer Trennung sowie den Verbleib des Kindes immer ernst genommen werden. Das GABA-System des Gehirns (s. S. 44) nimmt sehr feine Veränderungen der Umwelt wahr, wie etwa die Trennung von einem Elternteil. Studien zufolge gibt es eine Verbindung zwischen Trennungen in früher Kindheit und Veränderungen dieses Anti-Furcht-Systems.[24]

■ Auch kurzzeitige Trennungen können Schaden anrichten.

In einigen Studien wurden sogar bei kurzzeitigen Trennungen dauerhafte Veränderungen des Stresssystems (s. S. 40) im Gehirn eines Kindes festgestellt, wenn das Kind bei einer ihm unbekannten Aufsichtsperson gelassen wurde. Dieses Stressreaktionssystem trägt zu der Art und Weise bei, wie wir im späteren Leben mit Stress zurechtkommen. Es kann durch frühkindlichen Stress leicht negativ beeinflusst werden.[26] Weitere Studien bringen Trennungen im frühen Kindesalter mit Depressionen in Verbindung. In Studien mit höher entwickelten Säugetieren wurde herausgefunden, dass Junge, die von ihrer Mutter getrennt wurden, aufhörten zu schreien, aber in eine Depression verfielen. Sie hörten auf, mit Artgenossen zu spielen, und ignorierten im Raum befindliche Objekte. Zur Schlafenszeit vermehrten sich Schreien und Erregung. Bei fortdauernder Trennung zogen sich diese Tiere weiter zurück, bis hin zu Lethargie und tiefen Depressionen.

In den 1960er-Jahren zeigte eine Studie mit Kindern, die einige Tage bei ihnen fremden Betreuern gelassen wurden, dass sie unter dem Verlust ihrer Bezugspersonen so stark litten, dass sie Jahre später noch mit diesem Trauma zu kämpfen hatten. Die Kinder in dieser Studie wurden von wohlwollenden Erwachsenen oder in Betreuungseinrichtungen beaufsichtigt, während ihre Mütter im Krankenhaus lagen. Ihre Väter besuchten sie zwar, jedoch wurden sie von ihnen fremden Personen betreut.

Ein kleiner Junge, der elf Tage lang von seiner Mutter getrennt war, aß nicht mehr, schrie endlos und warf sich wiederholt in größter Verzweiflung auf den Boden. Sechs Jahre danach war er immer noch wütend auf seine Mutter. Die Forscher beobachteten auch zahlreiche andere Kinder, die für einige Tage zurückgelassen wurden. Viele starrten stundenlang auf die Tür, durch die ihre Mütter gegangen waren. Sie wollten nicht einmal spielen, sie wollten nur die Tür beobachten. Diese Studie – vieles davon wurde gefilmt – änderte weltweit die Einstellung zu Elternbesuchen im Krankenhaus.[27]

■ Ist denn Stress nicht gut?

Manche Menschen rechtfertigen das Alleinlassen eines schreienden Kindes als »Stress-Inokulation«. Stress-Inokulation bedeutet, ein Kind mit einer wenig stressreichen Situation zu konfrontieren, damit es lernt, mit Stress umzugehen. Dennoch ist und bleibt es Stress – mit allen schädlichen Wirkungen.

»Ich bin süchtig nach Papa.«

Die biochemischen Stoffe, die durch eine liebevolle Beziehung im Gehirn ausgeschüttet werden, machen auf natürliche Weise süchtig. Wenn Sie Ihr Kind berühren, es lieben, es tröstend in den Armen schaukeln, es von Zeit zu Zeit erfreuen, entwickelt sich eine starke Bindung zwischen Ihnen und Ihrem Kind. Jeder liebevolle Kontakt mit Ihnen setzt natürliche Opioide und Oxytocin in seinem Gehirn frei. Jedes Mal wenn das geschieht, fühlt sich Ihr Kind ausgeglichen und zufrieden.

Die Betreuungsfrage

Einer Vielzahl neuerer Untersuchungen zufolge zeigen jene Kinder eine bessere kognitive Leistung (IQ), die vor dem Alter von fünf Jahren einen Kindergarten besuchten. Leider gelten diese positiven Ergebnisse nicht für die emotionale Gesundheit und Intelligenz (EQ). Hier trifft eher das Gegenteil zu.

BEDENKEN SIE ...

In Kindertagesstätten sollten »emotionale Betreuer« arbeiten, die nach ihrer Ausgeglichenheit und emotionalen Wärme ausgesucht wurden: Menschen, deren Gehirn von Opioiden und Oxytocin dominiert wird, weil sie selbst von warmherzigen Eltern erzogen wurden oder weil sie im späteren Leben eine psychologische Beratung oder Psychotherapie genossen.

Die nahezu phobische Einstellung zu Körperkontakt an Schulen (aus Angst vor Anschuldigungen des sexuellen Missbrauchs) ist ein Nachteil für die Kinder. Wir brauchen eine gut durchdachte Verfahrensweise für Berührungen, die es Erwachsenen erlaubt Kinder auf sichere Weise zu trösten.

Ein Problem mit Stress

Der Kortisonspiegel im Körper hat natürliche Höhen und Tiefen. Er ist morgens hoch und fällt im Laufe des Tages ab. Jedoch zeigen Studien mit Kindern unter fünf Jahren, die Tagesstätten besuchten, einen im Tagesverlauf eher steigenden statt fallenden Kortisonspiegel. Der Stresslevel fiel drastisch ab, sobald die Kinder wieder bei ihren Eltern waren. In einer Studie stieg der Kortisonspiegel bei 91 Prozent der Kinder im Kindergarten und sank bei 75 Prozent von ihnen, sobald sie wieder zu Hause waren.[28] Diese Ergebnisse sind deshalb besorgniserregend, weil ein wichtiges Stressreaktionssystem im Gehirn auf diese Weise bereits sehr früh auf Hypersensibilität programmiert werden kann. Wissenschaftler fanden heraus, dass Kleinkinder, die in der Tagesstätte mit anderen Kindern zusammen spielten, einen niedrigeren Kortisonspiegel hatten als Kinder, die allein spielten.

▪ **Viele Eltern glauben, dass sich ihre Kinder in der Tagesstätte wohl fühlen; dennoch kann der Spiegel der Stresshormone hoch sein.**

Eine bekannte Studie zeigte, dass Einjährige, die nicht nach ihrer Mutter schrien, wenn diese den Raum verließ, genauso hohe Stresshormonwerte hatten wie die Kinder, die schrien. Mit anderen Worten, die Einjährigen hatten bereits gelernt,

»Der Kortisonspiegel ist morgens hoch und fällt im Laufe des Tages ab ...«

»Ich will nicht hier sein.«

Auch ein Vierjähriger kann in der Tagesstätte noch mit hohen Kortisonwerten kämpfen. Denken Sie daran, wenn Sie entscheiden, wie viel Zeit Ihr Kind dort verbringen soll. Idealerweise sollte die Zeit nicht zu lang sein, solange Ihr Kind den Zeitrahmen Ihrer Abwesenheit nicht einschätzen und nicht sicher sein kann, dass Sie es wieder abholen werden. Für Babys und Kleinkinder sind Aufenthalte in der Tagesstätte besonders schwierig, weil sie noch kein Zeitgefühl haben und nicht wissen, wann und ob Sie überhaupt zurückkehren.

ihre Gefühle zu unterdrücken. Diese Tatsache ist besorgniserregend, weil man es den Kindern nicht ansieht, dass sie Kummer haben, und es deshalb unwahrscheinlich ist, dass sie den Trost erhalten, den sie benötigen.[29]

■ **Vorschulkinder können in der späteren Kindheit schwierig im Umgang werden.**
Es gibt Grund zu der Annahme, dass die dauerhafte Unterbringung in Kinderkrippen und Tagesstätten von frühester Kindheit an mit einer schwierigen Eltern-Kind-Beziehung, aggressivem Verhalten und Ungehorsam bei Kindern in Verbindung gebracht werden kann.[30] Dies zeigt sich im Alter ab zwei Jahren. Die Er-

»Kleinkinder, die mit anderen Kindern spielten, hatten niedrigere Kortisonwerte.«

F Manchmal muss ich für ungefähr eine Woche auf Geschäftsreise. Welche Auswirkungen kann das langfristig für mein Kind haben?

Es hängt alles davon ab, wo Sie Ihr Kind unterbringen. Wenn Sie Ihr Kind bei einer vertrauten Bezugsperson, z. B. Ihrem Partner oder einem Familienmitglied, zurücklassen, wird es ihm gut gehen. Ist dies nicht möglich, könnte es Probleme geben. Forschungen haben ergeben, dass ein Kind sehr schlecht auf eine Aufsichtsperson reagiert, die ihm keine emotionale Unterstützung entgegenbringt.

gebnisse waren besonders gravierend bei Kindern, die in den ersten zwölf Monaten 20 oder mehr Stunden wöchentlich in einer Kinderkrippe verbrachten.

Die liebevolle Tagesmutter

Gegen eine Betreuung durch eine Tagesmutter oder Kinderfrau tagsüber ist nichts einzuwenden, wenn diese fähig ist, eine liebevolle, warme Eins-zu-eins-Beziehung zu Ihrem Kind einzugehen. Es reicht nicht aus, sich nur dann um ein Kind zu kümmern, wenn es offensichtlichen Kummer hat. Forscher fanden heraus, dass der Kortisonspiegel der Kinder in die Höhe schnellte, wenn sich die Kinderfrau, weil das Kind nicht schrie, mit etwas anderem beschäftigte.[31] Suchen Sie sich eine Tagesmutter oder Kinderfrau, die kleine Kinder über alles liebt und gleichermaßen gut auf Freud und Leid Ihres Kindes reagiert. Halten Sie sich bei den Vorstellungsgesprächen eher im Hintergrund, und beobachten

»Suchen Sie sich eine Tagesmutter, die Kinder über alles liebt und gleichermaßen gut auf Freud und Leid Ihres Kindes reagiert.«

»Ich muss getröstet werden«.

Anna hasst es, wenn ihre Mutter sie verlässt. Sie weint trotz aller Versicherungen, die die Mutter ihr gegeben hat, dass sie am Abend wieder zu ihr zurückkehren wird.

Annas Tagesmutter Joanne hilft ihr, sich von ihrem Kummer zu erholen. Sie nimmt Anna auf den Arm und lässt ihr die nötige Zeit, um sich auszuweinen.

Als Anna sich wieder sicher fühlt, fällt ihr Kortisonspiegel. Joanne beschäftigt sich mit ihr, um sicherzugehen, dass Anna auch die nächste Zeit glücklich und zufrieden ist.

AUS DER TIERWELT

Körperkontakt ist sehr wichtig, wenn ein Junges von seiner Mutter getrennt wurde. In einer Studie mit Affen klammerten sich die Affenjungen bei Abwesenheit der Mutter zum Trost lieber an eine Stoffpuppe, als Futter anzunehmen.³²

Sie mindestens 30 Minuten lang, wie sich die Bewerberin im Kontakt mit Ihrem Kind verhält. Ihre persönlichen Beobachtungen sind mehr wert als alle Referenzen. Ist die Atmosphäre zwischen der zukünftigen Aufsichtsperson und Ihrem Kind von Lachen, Freude und Wärme bestimmt? Wenn ja, kann sie wahrscheinlich Dopamin und Opioide im Gehirn Ihres Kindes aktivieren, die für die Entwicklung seines sozialen und emotionalen Gehirns wichtig sind.

Ihr Kind muss von einer ihm vertrauten Person betreut werden, wenn Sie nicht anwesend sind.

Es ist ein großer Unterschied, ob Sie Ihr Kind einer ihm fremden Aufsichtsperson überlassen oder ob es sich in den Armen einer warmen, liebenden Person, bei der es sich sicher fühlt, über die »weggegangene Mama« ausweinen darf. Ohne eine solche Bezugsperson riskieren Sie die Freisetzung großer Mengen Stresshormone im Gehirn Ihres Kindes. Diese Hormone deaktivieren positive »Wohlfühlhormone«, und Ihr Kind wird sich furchtbar fühlen. Wenn Ihr Kind immer noch weint, wenn Sie das Haus verlassen, entlassen Sie es in die Arme der Kinderfrau. Eine fähige Tagesmutter sollte in der Lage sein, die schmerzlichen Gefühle zu vertreiben. Der zärtliche Trost wird seinen Kortisonspiegel senken und positive Botenstoffe in seinem Gehirn aktivieren.

Frühe Trennungen und Depression können zusammenhängen.

Die Alarmreaktion im Gehirn eines durch die Trennung von seiner Mutter gestressten Kindes ist dieselbe, wie sie bei Erwachsenen zu finden ist, die unter einer klinischen Depression leiden – eine Krankheit, die epidemische Ausmaße erreicht.³³

Man hat Studien über die Biochemie des Gehirns mit Affenbabys durchgeführt, die von ihren Eltern getrennt wurden. Der Forscher Harry Harlow fand heraus, dass von der Mutter vernachlässigte Affenbabys sehr gestresst waren und depressiv wurden. Viele zeigten sich, als sie selbst Mütter wurden, gehässig und abweisend. Im schlimmsten Fall lehnten sie ihre Jungen ab.

»Mama ist gegangen, aber ich bin sicher.«

Dieses kleine Mädchen fühlt sich sicher, weil die Erwachsenen, die auf sie achten, wissen, dass sie Hilfe braucht, um mit der Trennung von ihren Eltern zurechtzukommen. Ihre Betreuer schenken ihr Beachtung, egal ob sie glücklich ist und spielt oder weint und verstört ist. Denn sie wissen, dass eine emotionale Beziehung und Körperkontakt verhindern, dass ihr Kortisonspiegel steigt, wenn sie von den Menschen, die sie liebt, getrennt ist.

Fester Halt

Junge Säuger, tierische wie menschliche, halten sich an einem Erwachsenen fest, wenn sie sich unsicher fühlen. Manche Eltern werden ärgerlich, wenn sich ihr Kind an sie klammert. Bei den Tieren ist das anders: Sie stellen sich nicht die Frage, ob sie ihr Junges davon abhalten sollen oder nicht.

Wenn sich ein Kind an Sie klammert, versucht es, seine körperliche Erregung einzudämmen und den hohen Spiegel der Stresshormone zu senken. Gleichzeitig versucht es dadurch die positiven Botenstoffe im Gehirn zu aktivieren, die für Wohlbefinden sorgen (s. S. 86). All das kann es nicht ohne Sie tun, Sie sind seine sichere neurochemische Basis. Ein Kind ist nicht unartig oder versucht die Aufmerksamkeit auf sich zu ziehen, wenn es sich an Sie klammert; es ist unsicher und braucht Ihre Unterstützung. Indem es sich an Sie klammert, versucht es, das Gleichgewicht der Gefühlshormone in seinem Gehirn wiederherzustellen.

Was uns die Forschung sagt

Studien haben gezeigt, dass die Kinder von Müttern, die sich sofort um ihr schreiendes Baby gekümmert hatten, am Ende ihres ersten Lebensjahres wesentlich weniger schrien als die Kinder, deren Mütter sie schreien ließen.[34] Obwohl manche Menschen glauben, dass ein Kind durch zu häufiges In-den-Arm-Nehmen anhänglich wird, gibt es keine Nachweise, die die Theorie bestätigen, dass ängstliches Klammern das Ergebnis zu großer elterlicher Liebe oder Aufmerksamkeit ist.

Zu häufiges Klammern ist vielmehr ein Zeichen dafür, dass Eltern mit den Bedürfnissen ihres Kindes nach Nähe nicht rich-

»Ein Kind ist nicht unartig, wenn es sich an Sie klammert – es ist unsicher.«

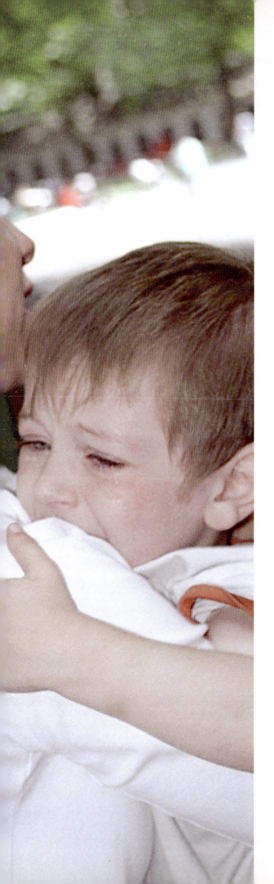

SCHREIEN UND ALLEINGELASSEN-WERDEN

F Was tun, wenn sich mein Kind vor dem Schultor an mich klammert?

Sie sollten auf keinen Fall sofort weggehen, wenn das Kind nach Ihnen schreit. Das würde die Sache nur verschlimmern, weil die Stresshormone Ihres Kindes in dieser Situation in ungeahnte Höhen schnellen.

■ Widmen Sie sich Ihrem Kind, ehe Sie gehen. Halten Sie es fest im Arm. Das aktiviert Oxytocin und Opioide in seinem Gehirn, und es wird ruhiger. Es bedeutet auch, dass es Sie »findet«, bevor es Sie »verliert«. Wenn Sie dann weggehen, wird Ihr Kind das Bild einer ruhigen, tröstenden Mutter im Gedächtnis haben und nicht das einer Mutter, die es im Stich lässt.

■ Aktivieren Sie seinen ENTDECKERDRANG (s. S. 94). Zeigen Sie ihm beispielsweise den Sandkasten und ermutigen es, ihn zu erkunden. Fördern Sie Bekanntschaften mit anderen Kindern.

■ Treffen Sie eine Vereinbarung mit einer freundlichen Lehrkraft, die Ihrem Kind vertraut ist, von der es sich gerne in die Arme nehmen lässt und die es versteht, durch Ablenkung, z. B. durch das Betrachten eines Schmetterlings, seine Stirnlappen zu aktivieren. Ziehen sie sich still zurück, in dem Bewusstsein, ihm den wichtigen Opioidschub gegeben zu haben, bevor Sie gehen.

■ Wenn Ihr Kind häufig verzweifelt ist, wenn Sie es verlassen, geben Sie ihm etwas, das es an Sie erinnert, einen Schal, der nach Ihnen riecht, oder ein Diktiergerät mit einer liebevollen Nachricht, damit es Ihre Stimme hören kann, wann immer es möchte.

»Fühlen sich Kinder in ihrer Umwelt sicher, bewegen sie sich ganz natürlich in ihr.«

BEDENKEN SIE ...

Wenn Sie mit Geduld und Mitgefühl auf das Klammern Ihres Kindes eingehen, ist das eine große Investition in seine Fähigkeit, im späteren Leben unabhängig zu sein. Wenn Sie Ihr Kind jedes Mal in den Arm nehmen, wenn es das Bedürfnis nach Nähe verspürt, fühlt es sich bald sicher in seinem »Auf-der-Welt-Sein«. Im Laufe seiner Entwicklung löst es sich ganz von selbst von Ihnen, um mehr und mehr die Welt zu entdecken. Es fühlt sich wohl dabei, auch längere Zeit ohne Sie mit seinen Freunden zusammen zu sein, wohl wissend, dass Sie immer da sind, eine sichere Basis, zu der es immer zurückkehren wird, um vor seinem nächsten Ausflug emotional aufzutanken.

tig umgegangen sind. Möglicherweise haben die Eltern ihr Kind zu größerer Unabhängigkeit gedrängt (durch Wegschieben des Kindes, wenn es körperliche Nähe brauchte), obwohl es sich in seiner Entwicklung noch im genetisch programmierten Abhängigkeitsstadium befand.

Wann das Klammern aufhört

Eltern machen sich oft Sorgen, dass das Klammern Ihres Kindes niemals enden könnte. Aber wer hat je von einen Teenager gehört, der in Tränen ausbrach, weil die Eltern ins Kino gehen wollten? Mit dem Heranwachsen wird das TRENNUNGSANGST-System im unteren Gehirn Ihres Kindes auf natürliche Weise unempfindlicher. Das liegt vor allem daran, dass die Entwicklung des oberen rationalen Gehirns dieses System auf natürliche Weise hemmt. Später in der Pubertät unterdrückt der Anstieg der Hormone Testosteron und Östrogen dieses System noch mehr. Aufgrund der Entwicklung des Körpers und des Gehirns eines Kindes ist es deshalb unrichtig, wenn Eltern sagen: »Wenn ich das Klammern meines Kindes jetzt zulasse, wird es nie aufhören.«

Manche Kinder, auf deren Bedürfnis nach Nähe nicht liebevoll reagiert wird, werden auf die falsche Art unabhängig. Es ist beschämend für ein Kind, im Zustand der Verzweiflung zurückgestoßen zu werden. Um mit dem Schmerz umgehen zu können weichen manche Kinder auf eine Haltung aus, die signalisiert, »ich brauche meine Mama nicht!«, und stumpfen gefühlsmäßig für jedes Anlehnungsbedürfnis ab. Das kann gestörte Liebesfähigkeit und Angst vor Nähe verursachen (s. S. 182–215).

Denken Sie daran, wenn Sie ein klammerndes Kind haben, welche Investition Sie für seine langfristige mentale Gesundheit tätigen, wenn Sie mit Empathie und Trost reagieren. Denken Sie an den Langzeit-Anti-Stress-Effekt der wiederholten Aktivierung von Oxytocin im Gehirn durch körperliche Zuneigung. Denken Sie an die Studien, die zeigten, dass Säugetiere, die als Babys viel liebevollen Körperkontakt erhalten hatten, besser mit Stress umgehen konnten, dem Leben furchtloser gegenübertraten, psychisch stärker waren und länger lebten!

Merksätze

- **Eltern kann man** den Instinkt abtrainieren, ihr Kind zu trösten, und einem Kind kann man den Instinkt abtrainieren, zu weinen – doch heute zeigt uns die Wissenschaft, zu welchem Preis.

- **Anhaltendes ungetröstetes** Weinen kann Schlüsselsysteme in Körper und Gehirn negativ beeinflussen, zu Anfälligkeit für Depressionen, Angststörungen und weiteren physischen und mentalen Störungen im späteren Leben führen.

- **Durch das Schreien-Lassen** lernt ein Kind, dass es gerade dann verstoßen wird, wenn es Hilfe braucht.

- **Die Trennung** von einer Bezugsperson muss bei kleinen Kindern gut überlegt werden. Ist es notwendig, sollten Eltern ihr Kind immer bei einem liebevollen, warmherzigen Erwachsenen unterbringen.

Schlaf & Schlafenszeit

Schlaftraining oder Co-Sleeping (das Baby schläft im Bett der Eltern mit)? Diese Frage wird seit Jahrzehnten leidenschaftlich diskutiert und kann die Gemüter zum Kochen bringen. Vielleicht trägt das Schreien eines Kindes, wenn sich die Schlafzimmertür schließt, mehr als wir ahnen dazu bei, dass manche Menschen nicht mehr fähig sind, ruhig über ihre Ansichten nachzudenken. Dieses Kapitel stellt die neuesten wissenschaftlichen Ansichten darüber vor, wo und wie Ihr Kind schlafen sollte, und betrachtet auch die gegenwärtigen Forschungen über den plötzlichen Kindstod. Ich hoffe, diese Informationen werden Ihnen helfen, die richtige Entscheidung zu treffen.

In den Schlaf begleiten

Zur Schlafenszeit sollten Sie ein klares Ziel haben: Ihr Kind muss fühlen, dass in seiner Welt alles in Ordnung ist. Sie sind erfolgreich, wenn Sie verhindern, dass Stresshormone in seinem Gehirn aktiviert werden, und wenn Sie dazu beitragen, dass es mit dem Gefühl, beschützt und geliebt zu werden, einschläft. Es gibt Methoden, die Ihnen helfen, dieses Ziel zu erreichen.

BEDENKEN SIE …

Wenn Ihr Baby Schwierigkeiten beim Einschlafen hat, wird ihm der Körperkontakt mit Ihnen helfen zu entspannen. Idealerweise sollten Sie ruhig neben ihm liegen, bis es eingeschlafen ist. Schläft Ihr Baby in der Wiege, bleiben Sie bei ihm und legen Ihre beruhigende Hand auf seinen Körper.

Fakten über Kinder und Schlaf

Babys sind schlechte Schläfer. Wenn wir das akzeptieren, hören wir auf, ein schlafloses Baby als Versagen der Eltern zu betrachten. Die Untersuchung der Schlafmuster von Säuglingen und Kleinkindern hat gezeigt:

- **Babys neigen weit mehr zum Aufwachen als Erwachsene**, weil ihr durchschnittlicher Schlafzyklus nur 50 Minuten dauert (im Vergleich zum 90-minütigen eines Erwachsenen).
- **Dauerhafte oder wiederkehrende Schlafprobleme** bei Kindern im Vorschulalter sind nicht ungewöhnlich.
- **Ungefähr 25 Prozent der Kinder** unter fünf Jahren haben ein Schlafproblem.
- **Bis zu 20 Prozent der Eltern** berichten über Probleme mit Weinen oder Reizbarkeit in den ersten drei Lebensmonaten Ihres Säuglings.[1]

Das Gehirn zur Schlafenszeit beruhigen

Ihr vordringliches Ziel zur Schlafenszeit ist, Ihr Kind durch die Aktivierung des beruhigenden Botenstoffes Oxytocin und des Schlafhormons Melatonin zu beruhigen. Der vermutlich beste Weg ist das Einführen eines Rituals. Bei jeder Wiederholung werden dieselben beruhigenden Botenstoffe aktiviert.

»Babys sind schlechte Schläfer. Sie neigen eher zum Aufwachen als Erwachsene.«

■ Was immer Sie tun, bleiben Sie ruhig.

Wenn Ihre eigenen Stresshormone stark aktiviert sind, können Sie nicht erwarten, Ihr Kind von einem Erregungszustand herunterzubringen. Alles hängt von Ihrem Ton ab – wenn Sie angespannt, nervös, gereizt oder verärgert sind, werden Ihre Versuche, ruhig zu sein, nicht ehrlich wirken. Nur zu leicht kann Ihr Ärger und Stress die Alarmsysteme im Gehirn Ihres Kindes aktivieren, dann fühlt es sich zu unsicher, um zu schlafen. Wenn in Ihrem Gehirn aber eine große Menge Opioide aktiviert sind, ist Ihre Stimme sanft, leise und beruhigend. Dies wiederum kann sehr beruhigend auf Ihr Kind wirken, und es wird ausgezeichnet auf Sie reagieren.

> »Zur Schlafenszeit muss es Ihr Ziel sein, Ihr Kind von seinem hellwachen Zustand herunterzubringen.«

■ Kuscheln Sie, und lesen Sie eine Geschichte vor.

Während Sie lesen, aktiviert der Körperkontakt Oxytocin im Gehirn Ihres Kindes, wodurch es müde wird. Das Zuhören nimmt seine Stirnlappen in Anspruch, den Teil, der auf natürliche Weise motorische Impulse hemmt. Schaffen Sie eine angenehme Atmosphäre. Dämpfen Sie das Licht (Dunkelheit aktiviert Melatonin), oder benutzen Sie Kerzen. Sie können beruhigende Musik laufen lassen, um die körperliche Erregung zu senken.

■ Vermeiden Sie Nahrung, die wach hält.

Geben Sie Ihrem Kind zwei Stunden vor der Schlafenszeit keine eiweißreiche Nahrung, wie Fleisch oder Fisch, da Eiweiß das gehirnstimulierende Dopamin aktiviert. Sie sollten wegen des Koffeingehalts auch auf Schokolade verzichten. Wenn Ihr Kind hungrig ist, bieten Sie ihm kohlenhydratreiche Nahrungsmittel wie Bananen an, die Serotonin im Gehirn aktivieren und das Kind schläfrig machen.

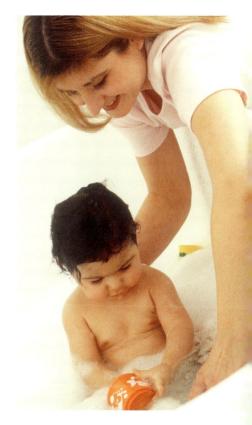

> »Ich weiß, die Schlafenszeit rückt näher.«

Ein beruhigendes Ritual vor dem Schlafengehen, beispielsweise das Vorlesen einer Geschichte nach dem Baden, wird dazu beitragen, dass das körperliche Erregungssystem Ihres Kindes herunterfährt. Ihr Kind braucht diese Routine, um die Botenstoffe in seinem Gehirn auf Schlaf einzustellen.

»Sind seine Gefühle einmal ausgesprochen, können Sie Wege finden, es zu beruhigen.«

■ **Versuchen Sie, das FURCHT-System im unteren Teil des Gehirns Ihres Kindes nicht zu aktivieren.**

Wenn Ihr Kind Angst im Dunkeln hat, lassen Sie ein Nachtlicht brennen. Sie können es die »gute Fee« nennen, die über Ihr Kind wachen soll wenn es schläft.[2] Nehmen Sie die Ängste Ihres Kindes ernst, und beruhigen Sie es. Wenn Sie das nicht tun, kann sein Gehirn große Mengen Glutamat, Noradrenalin und CRF (Corticotropin releasing Factor) freisetzen und seinen Körper in einen Zustand der Übererregung bringen. In diesem Zustand kann kein Mensch schlafen.

■ **Sie können sich auch zu Ihrem Kind legen, bis es eingeschlafen ist.**

Wenn Sie sich für diese Variante entscheiden, sprechen Sie nicht mehr mit Ihrem Kind. Geben Sie vor zu schlafen, und atmen Sie tief ein und aus. Der Körperkontakt reguliert das körperliche Erregungssystem Ihres Kindes und festigt die Bindung zwischen Ihnen und Ihrem Kind. Je ruhiger Sie sind, desto ruhiger wird Ihr Kind. Denken Sie an die Botenstoffe: Körperkontakt aktiviert die Freisetzung von Oxytocin und Opioiden. Oxytocin fördert die Müdigkeit. Wenn Ihr Kind eingeschlafen ist, können Sie den Raum verlassen.

■ **Wenn Ihr Kind zu ängstlich ist, Sie gehen zu lassen, lohnt es sich, es nach den Gründen zu fragen.**

Ein ängstliches dreijähriges Kind, das unter der Aktivierung seines FURCHT- oder TRENNUNGSANGST-Systems leidet, wird Sie vielleicht bitten, etwas trinken zu dürfen, muss noch einmal auf die Toilette oder möchte ein bestimmtes Stofftier haben, wenn es in Wirklichkeit sagen will, dass es Angst hat. Fragen Sie es, wovor es sich fürchtet und was seiner Vorstellung nach passieren würde, wenn Sie den Raum verließen. Sind seine Gefühle ausgesprochen und diskutiert, können Sie Wege finden, das Kind zu beruhigen. Geben Sie ihm ein Kleidungsstück von Ihnen, das es mit ins Bett nehmen darf, legen Sie das Kind auf besondere Art ins Bett oder beruhigen Sie es mit Worten und Umarmungen.

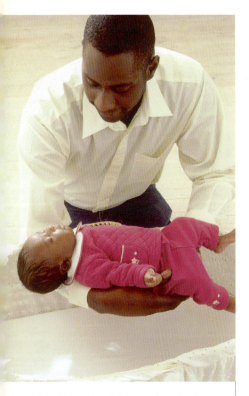

Ein Baby mit all seinen unberechenbaren Schlafmustern bedeutet harte Arbeit für die Eltern, aber es stimmt nicht, dass Sie keinen Abend mehr für sich haben können. Lassen Sie das Baby in Ihren Armen einschlafen, und legen Sie es dann ins Bett.

F Ich muss mein Kind jede Nacht beruhigen – was mache ich falsch?

Wenn es Ihnen Abend für Abend Schwierigkeiten bereitet, Ihr Kind ins Bett zu bringen, sollten Sie sich ein paar Fragen stellen. Sind Sie ruhig und leise genug? Das menschliche Gehirn reagiert sehr sensibel auf Stimmungen und nimmt starke Emotionen wahr, die Sie zu verbergen versuchen.

Ist die Atmosphäre im Kinderzimmer friedlich und sicher, mit gedämpfter Beleuchtung? Ist Ihr Kind müde? Hat es vor dem Schlafengehen proteinreiche Speisen, Schokolade oder ein kohlensäurehaltiges Getränk zu sich genommen, die es wieder wach machen? Bewegt es sich tagsüber ausreichend? Wenn immer möglich, sollte Ihr Kind nachmittags draußen spielen; je mehr Tageslicht es bekommt, desto besser schläft es nachts.³

Hat es zu Hause oder in der Schule Probleme, sodass es sich nicht sicher genug fühlt, um zu schlafen? Schimpfen Sie oft mit ihm? Schreit es Sie oft an? Wenn es das Gefühl hat, dass seine Bindung zu Ihnen auf wackligen Beinen steht, hat es Angst, Sie gehen zu lassen.

Schlafen mit dem Baby

Das Schlafen in engem Körperkontakt zu einem Elternteil versorgt ein Baby mit einer sensorisch reichen Umwelt voller Bewegung, Berührung, Gerüche und Geräusche. Es hat sich gezeigt, dass der Hautkontakt während der Nacht die unreifen Systeme von Körper und Gehirn eines Babys reguliert und auf lange Sicht eine wichtige Rolle für sein körperliches und geistiges Wohlbefinden spielen kann.

AUS DER TIERWELT

Alle Primaten schlafen ganz selbstverständlich bei ihren Babys. Schließlich sind kleine Säuger leckere Happen für Raubtiere, wenn sie im Dunkeln allein ohne Schutz ihrer Eltern sind. Ein Baby allein schlafen zu lassen ist eine sehr junge Einrichtung der Menschheit. Die meiste Zeit während der zwei Millionen Jahre ihrer Evolution schliefen die Menschen nicht getrennt von ihren Babys.

Umfassende wissenschaftliche Untersuchungen zeigen, dass das sichere Schlafen im gemeinsamen Bett eine echte Investition in die zukünftige körperliche und emotionale Gesundheit Ihres Kindes ist. Co-Sleeping kann seine Physiologie positiv beeinflussen, und die zusätzlichen Stunden des Körperkontakts bringen Sie einander noch näher, da die Bindung, die Sie tagsüber haben, nachts nicht unterbrochen wird.[4]

▮ **Der enge Körperkontakt zu Ihnen reguliert die Körpersysteme Ihres Kindes.**

Hautkontakt zur Mutter ist die genetisch programmierte natürliche Umgebung für einen Säugling. In dem Moment, in dem ein Neugeborenes auf die Brust seiner Mutter gelegt wird, passiert etwas Wunderbares: Wenn das Baby ein wenig zu kalt ist, steigt die Körpertemperatur der Mutter um zwei Grad, um es zu wärmen; ist das Baby ein wenig zu warm, sinkt die Körpertemperatur der Mutter um ein Grad, um es zu kühlen. Dieser Vorgang heißt »thermale Synchronisation« und ist nur ein Beispiel der außergewöhnlichen Phänomene, die durch den engen Körperkontakt zwischen Mutter und Kind entstehen. Die Nähe zu Ihrem Körper synchronisiert auch das Schlafmuster Ihres Kindes mit dem Ihren und reguliert Folgendes:
▪ seine Erregungsmuster
▪ seine Körpertemperatur
▪ seinen Stoffwechsel
▪ seinen Hormonspiegel

»Ich fühle mich so ruhig und geborgen.«

Neben Ihrem Baby zu schlafen kann helfen, seine Atmung zu regulieren. Studien haben gezeigt, das sensorische Stimulation (wie das Schaukeln des Körpers der Mutter beim Gehen und die Geräusche, die sie macht) das ungeborene Baby rhythmisch »atmen« lässt, schon beim Üben der Atembewegungen, mit dem es bereits bis zu drei Monaten vor seiner Geburt beginnt. Man glaubt, dass die Stimulation durch das Schlafen neben einem Elternteil zur regelmäßigen Atmung des Babys während der Nacht beiträgt.

- seine Enzymproduktion (stärkt die Antikörper und dadurch seine Fähigkeit, Krankheiten zu bekämpfen)[5]
- seine Herzfrequenz
- seine Atmung
- sein Immunsystem (der Anti-Stress-Effekt von engem Körperkontakt setzt Oxytocin frei, das sein Immunsystem ankurbelt). Babys, die mit Hautkontakt zu ihren Eltern schlafen, scheinen während der ersten sechs Monate nach der Geburt seltener ernsthaft zu erkranken.[6]

■ Co-Sleeping bedeutet zusätzlichen Körperkontakt

Je mehr Berührung ein Kind in der Kindheit erhält, desto ruhiger und weniger ängstlich wird es vermutlich als Erwachsener sein – dafür gibt es viele wissenschaftliche Nachweise. Das ist deshalb so, weil Körperkontakt die Regulation des Stressreaktions-

»Je mehr Berührung ein Kind bekommt, desto ruhiger wird es vermutlich als Erwachsener sein.«

BEDENKEN SIE ...

Zusätzliche Stunden Körperkontakt jede Nacht können die Bindung zwischen Mutter und Kind verstärken. Müttern, die diesen häufigeren Körperkontakt pflegen, fällt es außerdem leichter, über einen längeren Zeitraum Milch zu produzieren.

»Sogar im Schlaf scheinen sich Mütter des Babys neben ihnen bewusst zu sein.«

systems im Gehirn unterstützt – das ohne diese Regulation dauerhaft auf Überempfindlichkeit programmiert werden kann. Wenn das der Fall ist, kann es für ein heranwachsendes Kind schwierig sein, sich bei Stress selbst zu beruhigen.[7] Mit einem Kind im frühen Kindesalter im selben Bett zu schlafen bedeutet acht zusätzliche Stunden stresslindernden Hautkontakt.

■ **Einige Studien zeigen, dass Kinder, die nie im Bett ihrer Eltern schliefen, schwieriger im Umgang sind.**
Diese Kinder kommen weniger gut damit zurecht, allein gelassen zu werden, und es ist wahrscheinlich, dass sie schneller Wutanfälle bekommen oder ängstlich sind. Das ist die Folge davon, dass sie weniger Körperkontakt und emotionale Regulation erhalten, wodurch weniger Oxitocin und Opioide im Gehirn freigesetzt werden. (Optimale Werte dieser Botenstoffe sind stark mit psychischer Stabilität verbunden.)[8]

■ **Das Co-Sleeping mit Ihrem Baby hat auch einige ganz praktische Vorteile.**
Nachts aufzustehen, um nach einem schreienden Baby im Nachbarzimmer zu sehen, kann furchtbar sein. Liegt Ihr Kind neben Ihnen, können Sie es sofort trösten, wenn es unruhig wird, ohne dass Sie hellwach werden. Studien zufolge schläft man schnell wieder ein, wenn man weniger als 15 Sekunden wach ist.[9] Sie werden mit Sicherheit hellwach, wenn Sie aufstehen und zu Ihrem Baby gehen müssen – und Sie werden bald erschöpft sein, wenn Sie dies mehrere Male während der Nacht tun.

Birgt das Co-Sleeping keine Risiken?
Manche Eltern machen sich Sorgen, dass sie ihr Kind ersticken könnten, wenn es neben ihnen liegt und sie sich im Schlaf darauf legen. Untersuchungen zufolge sind diese Befürchtungen unbegründet, solange niemand im Haus raucht oder die Eltern nicht so tief schlafen – weil sie Alkohol getrunken haben, Medikamente nehmen oder einfach erschöpft sind –, dass ihre natürliche Wachsamkeit gestört ist.

Co-Sleeping scheint die Wachsamkeit der Mutter eher zu erhöhen. Eine Studie von rund 800 Stunden Videomaterial über Mütter und Babys zeigte, dass sich Mütter sogar im Schlaf des Babys neben ihnen bewusst zu sein scheinen. Keine Mutter rollte sich auf ihren Säugling, so nahe sie sich auch waren.[10]

Untersuchungen haben auch gezeigt, dass sich Eltern und Baby beim Co-Sleeping häufig gegenüberliegen. Vergessen Sie nicht, dass Babys sich nicht ohne Gegenwehr ersticken lassen. Selbst ein Neugeborenes strampelt und schreit, wenn etwas seine Atmung behindert.

Wenn bei Ihrem Baby schlafen möchten, sollten Sie über den plötzlichen Kindstod informiert sein.

Der plötzliche Kindstod (oder auch Krippentod) tritt während des Schlafes ein und hängt mit der Unreife von Herzschlag, Atmung oder Blutdruck zusammen. Das Herz-Lungen-System eines Säuglings reift erst nach seiner Geburt. Bis dahin ist das Atmungssystem noch instabil. Tatsächlich kann der Herzschlag eines völlig gesunden Säuglings sehr unregelmäßig sein. Dadurch ist ein Baby besonders während der Nacht dem Risiko von Atemproblemen ausgesetzt.[11] In Deutschland sterben fast 400 Kinder jährlich am plötzlichen Kindstod, das ist jeder tausendste Säugling. Untersuchungen machen deutlich, dass bestimmte Schlafumstände Risiken bergen, besonders in den ersten drei Lebensmonaten (s. rechts).

Der plötzliche Kindstod tritt am seltensten in Ländern auf, in denen Co-Sleeping üblich ist.

Wie und wo ein Kind schläft, ist nur in manchen Teilen der Welt Gegenstand heftiger Diskussionen. In vielen Regionen ist es eine Selbstverständlichkeit, dass Kinder bei ihren Eltern schlafen, häufig schon deshalb, weil viele Familien gar nicht die Möglichkeit haben, ihr Kind in einem separaten Raum unterzubringen. Eigene Zimmer für Kinder sind hauptsächlich ein Phänomen der westlichen Mittelschicht, in Asien schlafen nur vier Prozent aller Babys allein, wie eine Studie zeigt.[12]

SCHLÜSSELFAKTOREN

Um das Risiko des plötzlichen Kindstods zu minimieren, sollten Sie folgende Sicherheitsregeln befolgen:

- Ein Baby sollte zum Schlafen nicht auf den Bauch gelegt werden (ob in der Wiege oder im Bett der Eltern).
- Der Kopf des Babys sollte während des Schlafes nicht bedeckt sein (weder in der Wiege noch im Bett der Eltern).
- Ein Baby unter elf Monaten sollte nicht allein in einem Zimmer schlafen.
- Wenn Sie Alkohol getrunken haben, sollten Sie mit Ihrem Baby nicht im selben Bett schlafen.
- Wenn Sie oder andere Familienmitglieder rauchen, sollten Sie nicht mit Ihrem Baby in einem Bett schlafen.
- Wenn Ihr Baby in Ihrem Bett schläft, decken Sie es nicht mit einem Federbett zu.
- Lassen Sie Ihr Baby nicht auf einem Kissen oder in unmittelbarer Nähe eines Kissens schlafen.
- Ein Baby sollte nicht zwischen zwei Menschen schlafen.
- Ihr Baby sollte nicht auf einem Sofa oder Wasserbett schlafen.
- Schlafen Sie nicht in einem Bett mit Ihrem Kind, wenn Sie so erschöpft sind, dass Ihre Aufmerksamkeit gestört ist.
- Lassen Sie Ihr Baby nie unbeaufsichtigt in oder auf dem Bett eines Erwachsenen.

Studien haben gezeigt, dass die Mehrheit der Kinder in südostasiatischen Familien bei ihren Eltern schlafen. Einige Wissenschaftler sind der Meinung, dass das geringe Auftreten des plötzlichen Kindstods in der dortigen Bevölkerung damit zusammenhängt.

In China, wo Co-Sleeping gang und gäbe ist, ist der plötzliche Kindstod so selten, dass es keine Bezeichnung dafür gibt. Ein Forscher berichtet, dass niemand in China wusste, wovon er sprach, wenn er dieses Thema anschnitt. Man verstand seine Schilderungen über Babys, die ohne ersichtlichen Grund starben, einfach nicht.[13]

In Hongkong, wo Co-Sleeping durch die hohe Bevölkerungsdichte die Norm ist, gehört die Rate des plötzlichen Kindstodes zu den niedrigsten der Welt.[14] Während einer fünfjährigen Studie gab es nur fünf Fälle von plötzlichem Kindstod. In den westlichen Industrieländern könnte man über diesen Zeitraum bei der gleichen Anzahl von Säuglingen von 800 bis 1200 Fällen ausgehen. Untersuchungen in Japan haben den Zusammenhang zwischen steigendem Co-Sleeping und fallender Anzahl der Fälle plötzlichen Kindstodes gezeigt.[15]

Eine kürzlich erfolgte Umfrage einer internationalen Arbeitsgruppe ergab, dass »Kulturen, die Co-Sleeping und Bed-Sharing am häufigsten praktizieren, bisher ... die wenigsten Fälle plötzlichen Kindstodes überhaupt aufwiesen«.[16] Aufgrund solcher Studien sind viele Wissenschaftler der Ansicht, dass die Häufigkeit des plötzlichen Kindstodes in der westlichen Bevölkerung das Ergebnis langer Perioden des Alleinschlafens sein kann.

▪ Die Debatte um den plötzlichen Kindstod bleibt weiterhin kontrovers.

Die Frage nach den besten Schlafmodalitäten für Säuglinge und Kleinkinder ist weiter Gegenstand der Forschung und hitziger Debatten. Ja nach Auslegung bestimmter Forschungsergebnisse hat es den Anschein, dass eine Studie der anderen widerspricht.

Einer 2005 veröffentlichten Studie der Abteilung für Kindesgesundheit der Universität Glasgow zufolge bestehen keine Risiken beim Co-Sleeping mit Kindern über elf Wochen. Bei jüngeren Kindern wurde ein Risiko für plötzlichen Kindstod festgestellt, sowohl beim Co-Sleeping als auch beim Schlafen des Babys in einem separaten Raum, jedoch widerspricht die Schlussfolgerung, dass das Co-Sleeping mit sehr kleinen Kindern Risiken birgt, den Untersuchungen, die in anderen Teilen der Welt durchgeführt wurden (s. o.). Zudem haben die Forscher aus Glasgow folgende Faktoren in ihrer Studie nicht berücksichtigt:

■ **Bettdecken und Co-Sleeping.** In ihrer vorhergehenden Studie zum plötzlichen Kindstod fanden sie heraus, dass über 80 Prozent der Säuglinge, die beim Co-Sleeping starben, von einem Federbett zugedeckt waren.

■ **Erschöpfung der Eltern** (und daher verminderte Wachsamkeit). Durch den Mangel an Definitionen, was sicheres Co-Sleeping ausmacht, wird die Studie irreführend. Grundsätzlich sollte jede Untersuchung Details zu den Modalitäten des Co-Sleepings enthalten, sodass zwischen dem generellen Thema und besonderen Umständen unterschieden werden kann.

■ **Doch zurück zur wissenschaftlichen Seite des plötzlichen Kindstods.**

Wie wir gesehen haben, wird der plötzliche Kindstod hauptsächlich durch instabile Atmung und ein unreifes Herz-Kreislauf-System verursacht. Aus wissenschaftlichen Studien ist bekannt, dass ein Baby durch die körperliche Trennung von der Mutter in einen primitiven Verteidigungsmodus fällt, der in stark unregelmäßiger Atmung und unregelmäßigem Herzschlag resultieren kann. Nach sechs Stunden hat ein Baby, dass von der Mutter getrennt ist, bereits doppelt so hohe Werte von Stresshormonen wie ein Baby, das sich in der Nähe seiner Mutter befindet. Im Gegensatz dazu stabilisiert ein enger Körperkontakt zur Mutter Herzschlag und Atmung eines Kindes.[17]

Wenn Sie sich dabei unsicher fühlen, können Sie Ihr Baby auch zum Schlafen in eine Wiege neben Ihrem Bett legen, damit Sie sofort da sind, wenn es schreit.

Co-Sleeping und Schlafprobleme

Während das Co-Sleeping in einigen Kulturen problemlos für die Eltern verläuft, ist es das in anderen Kulturen offenbar nicht. Eine Studie zeigte, dass bei vielen japanischen Familien das Co-Sleeping nicht mit vermehrten Schlafproblemen in Verbindung

»In einigen Kulturen verläuft das Co-Sleeping problemlos für die Eltern, in anderen nicht.«

AUS DER TIERWELT

Primaten teilen nicht das menschliche Dilemma des Co-Sleeping. Sie folgen ihren Instinkten (wir haben dieselben Instinkte, wenn wir uns nicht darüber hinwegsetzen). Viele Schimpansen- und andere Affenbabys schlafen bis zum Alter von acht Jahren bei ihren Eltern, jedoch verlassen sie das elterliche Bett früher, wenn ein neues Baby kommt.

stand. Zum Vergleich zeigte dieselbe Studie mit amerikanischen Kindern, dass die Kinder, die mit im Bett ihrer Eltern schliefen, nicht nur nachts Probleme hatten, sondern auch tagsüber.[18]

Es hängt von vielen Faktoren ab, ob Co-Sleeping bei einer Familie ohne Schlafunterbrechung möglich ist oder nicht. Wahrscheinlich spielen Erwartungen und Einstellung zur Schlafenszeit, Gelassenheit der Eltern, ihre Fähigkeit, ein beruhigendes Ritual zur Schlafenszeit einzurichten und nicht zuletzt die Größe und Bequemlichkeit des Betts eine Rolle. Es sollte groß genug sein, damit Sie, Ihr Partner und Ihr Kind bequem darin Platz finden.

Wenn Sie mit einem Kind in Ihrem Bett nicht den Schlaf bekommen, den Sie brauchen, könnten die Anregungen dieses Kapitels zu richtiger Schlafenszeit und sicherem Schlaftraining nützlich für Sie sein. Ihr Schlaf ist wichtig, damit Sie während des Tages ein effektiver emotionaler Regulator für Ihr Kind sein können. Wenn Sie müde sind, ist es wahrscheinlicher, dass Ihr Gehirn negative Botenstoffe aktiviert, was Ihrem Kind nicht gut tut. Durch das gemeinsame Schlafen helfen Sie ihm zwar während der Nacht, seine emotionalen und körperlichen Systeme zu regulieren, schaffen es aber nicht tagsüber, wenn Sie der Schlafmangel reizbar, nervös oder uninteressiert macht.

Ab wann im eigenen Bett?

Es gibt keine Regeln, ab wann ein Kind im eigenen Bett schlafen soll. Wenn Sie und Ihr Kind ausreichend Schlaf und Sie und Ihr Partner ausreichend körperliche Intimität bekommen, gibt es keine Gründe dafür, das Co-Sleeping zu beenden. Sie verursachen enormen Stress zur Schlafenszeit, indem Sie sich zwingen, sich einer fiktiven Norm anzupassen.

Studien zeigen, dass die meisten Kinder im Vorschulalter einen Erwachsenen neben sich benötigen, um einschlafen zu können. Fast alle kommen regelmäßig ans Bett Ihrer Eltern, um Trost zu suchen.[19] Das ist der große Einfluss der FURCHT- und TRENNUNGSANGST-Systeme des unteren Gehirns in der frühen Kindheit. Verständnisvolle Eltern akzeptieren dieses natürliche Entwicklungsstadium des kindlichen Gehirns.

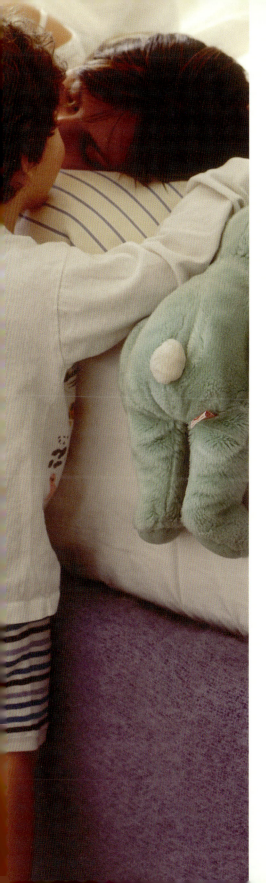

SCHLAF UND SCHLAFENSZEIT 77

F Wird mein Kind je in seinem eigenen Bett schlafen wollen?

Wenn sich Eltern sorgen, dass ihre Kinder anhänglich, abhängig sein und für immer in ihrem Bett schlafen werden, können sie sich mit der Tatsache trösten, dass das Trennungsangst-System im Gehirn eines Kindes mit der Zeit weit weniger sensibel ist. Das sich schnell entwickelnde rationale Gehirn eines Kindes beginnt, dieses System auf natürliche Weise zu hemmen. Zudem hat der steigende Spiegel der Hormone Testosteron bei Jungen und Testosteron und Östrogen bei Mädchen einen weiteren hemmenden Effekt, je mehr sich ein Kind der Pubertät nähert. Manche Neurologen sind der Meinung, wir seien genetisch darauf programmiert, uns als Heranwachsende von den Eltern zu lösen. Wenn Ihr Kind älter wird, ruft die nächtliche Trennung von Ihnen nicht mehr den emotionalen Schmerz hervor, den es als Kleinkind empfindet.

F Und unsere eigenen Bedürfnisse? Wir möchten mal ungestört sein.

Sie müssen zwischen Ihren eigenen Bedürfnissen und all den psychischen und physischen Vorteilen abwägen, die das Co-Sleeping für Ihr Kind haben kann. Natürlich gibt es Einbußen, wenn Sie sich für Co-Sleeping entscheiden, aber viele Eltern werden dadurch auch kreativer. Sie haben zu anderen Zeiten Sex oder legen ihr Kind zuerst in sein eigenes Bett und erlauben ihm, wenn es nachts aufwacht, zu ihnen ins Bett zu kommen, damit es die wichtige emotionale und körperliche Regulation erhält. Wenn Sie am Ende Ihrer Nerven sind und eine Auszeit von Ihren Kindern benötigen, sollten Sie auch diese Gefühle bei der Entscheidung über die Schlafmodalitäten berücksichtigen.

Alles über Schlaftraining

Manche Kinder schlafen problemlos in ihrem eigenen Bett, ohne je darauf trainiert worden zu sein. Sie haben ein starkes Vertrauen in ihre Umwelt aufgebaut und fühlen sich in ihrem eigenen Bett vollkommen sicher. Bei vielen Kindern werden jedoch zur Schlafenszeit primitive Alarmsysteme in Gehirn und Körper aktiviert. Sie benötigen tröstenden Beistand, um ruhig zu werden.

Babys sind auf Abhängigkeit programmiert und brauchen uns, um ihre Verzweiflungszustände zu regulieren. Ein Kind, das man stundenlang schreien lässt, wird schließlich einschlafen, aber nur vor Erschöpfung oder weil es aufgegeben hat, um Hilfe zu rufen.

Mit dem Schlaftraining beginnen

Die meisten Eltern beginnen mit dem Schlaftraining, weil sie und ihr Kind besseren Schlaf brauchen. Ein Kind im Alter von ein bis drei Jahren benötigt zwölf bis vierzehn Stunden, zwischen drei und fünf Jahren elf bis dreizehn Stunden, während Fünf- bis Zwölfjährige mit zehn bis elf Stunden auskommen. Der Schlaf ist wichtig für das Körperwachstum (Wachstumshormone werden nur während des Schlafes ausgeschüttet). Schlafentzug schlägt sich in schlechten schulischen Leistungen, mangelnder Aufmerksamkeit und Hyperaktivität nieder.[20]

Wenn Sie sich für ein Schlaftraining entscheiden, wenden Sie keine Methoden an, die beinhalten, das Kind schreien zu lassen (s. S. 81). Mit der Entwicklung des rationalen, oberen Gehirns wachsen Kinder aus der Trennungsangst heraus, aber bis dahin ist es von grundlegender Bedeutung, dass Sie Zuständen von Furcht und Verzweiflung mit Beruhigung und Trost begegnen. Versetzen Sie sich in die Lage des Kindes. Der Gedanke, von Ihnen getrennt zu sein, kann extreme Angstzustände hervorrufen.

■ **Einige Experten befürworten das Schreienlassen.** Diese Methode beruht darauf, dass ein Kind nach einigen Nächten des fruchtlosen Schreiens ohne Gezeter ins Bett gebracht werden kann. Oft bedeutet es aber, dass das Kind mindestens eine Stunde lang schreit, und zwar viele Nächte lang. Aus der Sicht der Eltern mag diese Strategie zum Erfolg führen, doch das Kind zahlt einen hohen Preis dafür.

■ Babys können sich nicht von selbst beruhigen.

Ein Baby ist nicht fähig, von sich aus einen Zustand der inneren Zufriedenheit und des Wohlfindens zu erreichen. Es schläft nur nach endlosen vergeblichen Hilferufen vor Erschöpfung ein. Schläft ein Kind durch all die verzweifelten Schreie gestresst ein, wird es während der Nacht häufig erwachen, genauso wie ein Erwachsener, der in sehr gestresstem Zustand zu Bett gegangen ist. So etwas kann nicht als erfolgreiches Schlaftraining gewertet werden. Es ist das, was mit jedem Säuger (Menschen und allen anderen) geschieht, dessen Hilferufe von seinen Eltern ignoriert werden. Die entschlossensten Säuglinge mit dem stärksten Willen schreien am längsten.

Ein Baby, dem der Instinkt abtrainiert wurde, bei einer Trennung von seinen Eltern zu schreien, darf nicht mit einem zufriedenen verwechselt werden. Sein Stressniveau ist nach oben gegangen. Studien zeigen, dass Babys, nachdem man sie schreien ließ, in einen primitiven Verteidigungsmodus wechselten. Das

»Ein Baby ist unfähig, durch eigenen Antrieb Wohlfinden zu erreichen.«

Ergebnis sind hohe Kortisonwerte sowie unregelmäßige Atmung und Herzfrequenzen, die wild schwanken können. Babys, denen das Schreien abtrainiert wurde, starren oft mit fixiertem Blick ins Leere. Der Neuropsychoanalytiker Allen Schore nennt dieses Phänomen den »schwarzen Punkt der Selbsterhaltung« oder »Erhaltungsrückzug«.[21] Die Bindungstheorie stellt für diesen Prozess die Reihenfolge auf: Protest – Verzweiflung – Ablösung.

Ohne Ihre Hilfe kann Ihr Baby weder seine Stresshormone auf ein normales Maß reduzieren, noch seinen Zustand körperlicher Erregung in den Griff bekommen oder die biochemischen Prozesse in seinem Gehirn so ändern, dass der Botenstoff Oxytocin und die entspannenden Opioide freigesetzt werden. Damit dies geschieht, braucht Ihr Baby Ihre Nähe, die es beruhigt und seine unreifen Gehirn- und Körpersysteme reguliert.

WISSENSWERTES

Kinder können auf Trennungen zur Schlafenszeit sehr sensibel reagieren. Wenn ein Kind Angst hat, allein zu sein, setzt die Hirnanhangdrüse das Hormon ACTH frei, das die Nebennieren anregt, große Mengen Kortison zu produzieren. Studien mit Säugetieren zeigten, dass der Anstieg des Kortisonspiegels umso größer ist, je länger ein Junges allein gelassen wird.[22] Auch wenn die äußeren Zeichen des Leidens, wie Schreien oder Rastlosigkeit, abnahmen, blieben die Kortisonwerte hoch oder stiegen weiter an.

Ein möglicher Langzeiteffekt wiederholter Trennungsangst ist Stressempfindlichkeit. Erwachsene, die eine derartige Hypersensibilität haben, haben Schwierigkeiten, selbst zur Ruhe zu kommen.

Bei Kindern, die zum Einschlafen Besänftigung und beruhigende Berührungen erhalten, strömen dagegen Botenstoffe wie Oxytocin und Opioide ins Gehirn und lassen sie friedlich schlafen.

Die Stressreaktion

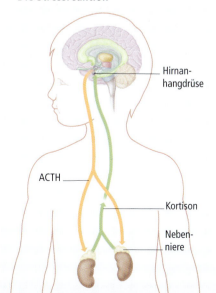

F Warum ist das Zubettgehen so ein Kampf?

Leider werden Szenen zur Schlafenszeit allzu oft als Machtkämpfe missverstanden, aber sie sind der Ausdruck von Schmerz und Panik im Gehirn eines Kindes. Wenn Kinder schreien, weil ihre Eltern sie nachts verlassen wollen, handeln sie wie alle anderen Säugetierbabys, wenn sie allein gelassen werden. Hier geht es nicht um Macht; das ist die Erwachsenen-Interpretation der Vorgänge. Es ist vielmehr die Auswirkung hormoneller Systeme im Säugetierteil des Gehirns.

F Und wenn mein Kind sich verzweifelt an mich klammert?

Wenn Ihr Kind sich beim Schlafengehen an Sie klammert, lassen Sie das zu. Kinder klammern, wenn sie sich unsicher fühlen, um die negative Chemie im Gehirn (ein hoher Stresshormonspiegel) in eine positive zu verwandeln. Der Körperkontakt mit Ihnen kann Opioide und Oxytocin in seinem Gehirn aktivieren, die auf natürliche Art den Spiegel der Stresshormone senken. Irgendetwas in seiner Umgebung hat ihr Kind unsicher gemacht, und deshalb ist es angespannt. Eine Art, ihm zu helfen, ist, ihm seine Erlebnisse während des Tages noch einmal zu erzählen, um ihm Gelegenheit zu geben, die emotionalen Hochs und Tiefs zu verarbeiten. Auch wir Erwachsene können nicht einschlafen, wenn Kummer und Sorgen unsere Gedanken beherrschen und uns niemand hilft, damit zurechtzukommen. Genauso ist es bei Kindern.

Sanftes Schlaftraining

Wenn Sie Ihr Kind liebevoll in sein eigenes Bett gebracht haben, es Ihnen aber dennoch nachläuft, sobald Sie den Raum verlassen, gehen Sie sofort zurück und legen Sie es erneut in sein Bett. Beruhigen Sie es, indem Sie ihm sagen, dass es sicher ist und dass es Sie am Morgen wieder sehen wird. Lassen Sie es nicht weinend zurück, und legen Sie es auch nicht wie einen Kartoffelsack zurück ins Bett und verlassen den Raum. Wenn Sie das tun, geben Sie ihm das Gefühl des Bruchs, was die Aktivierung seines Trennungsangstsystems im unteren Bereich des Gehirns zur Folge haben kann. Sagen Sie Ihrem Kind noch einmal, dass alles in Ordnung ist, dass sie es lieben, und unarmen Sie es. Wiederholen Sie das jedes Mal, wenn es aufsteht.

Wenn es sich dadurch nicht beruhigt, ist dies vielleicht noch nicht die adäquate Methode (denken Sie an die so verletzlichen unreifen Strukturen). Setzen Sie sich neben Ihr Kind, bis es sich sicher genug fühlt, um einzuschlafen.

> »Sagen Sie ihm, dass es sicher ist und dass es Sie wieder sehen wird.«

■ Vermeiden Sie Methoden des Schlaftrainings, die auf dem Kuhhandel »der offenen Tür« basieren.

Das ist die Methode, bei der Sie Ihrem Kind sagen, dass Sie die Tür schließen würden, wenn es wieder aufstünde – wenn es aber liegen bliebe, würden Sie die Türe offen lassen. Diese Methode wirkt deshalb, weil es das Furchtsystem im unteren Gehirnbereich Ihres Kindes aktiviert. Die Furcht vor der verschlossenen Tür ist so groß, dass es im Bett liegen bleibt. Die Anwendung dieser Technik führt jedoch wieder zu besorgniserregend hohen Kortisonwerten (s. S. 40). Jahrhundertelang wurden Kinder durch die Aktivierung des Furchtsystems ihres Gehirns erzogen. Studien zeigen aber, dass die wiederholte Aktivierung dieses Systems im späteren Leben zu Angststörungen führen kann.[23]

Nickerchen während des Tages sind für Säuglinge und kleine Kinder wichtig, jedoch ist die Versuchung groß, die Kinder nachmittags schlafen zu legen, um ein wenig Ruhe zu haben. Es hat keinen Sinn, auf einem Nachmittagsschlaf zu bestehen, wenn das Kind dieser Notwendigkeit längst entwachsen ist. Kinder können überall schlafen – auf dem Sofa, im Buggy oder im Auto – wenn sie wirklich müde sind.

■ **Wenn für Ihr Kind die Zeit gekommen ist, allein zu schlafen, nutzen Sie wissenschaftliche Erkenntnisse.**

Studien mit Säugern zeigen, dass die akustische Präsenz der Mutter (der Klang ihrer Stimme) bei Babys, die von der Mutter getrennt sind, den Spiegel der Stresshormone senkt.[24] Machen Sie für Ihr Kind eine Bandaufnahme, z. B. mit dem Text: »Hallo, mein Schatz. Du bist ganz sicher, und ich hab dich sehr lieb.« Sie können auch die Lieblingsgeschichte Ihres Kindes mit Ihrer Stimme aufnehmen. Dann kann Ihr Kind im Falle eines Abfalls der Opioide während der Nacht einen Kassettenrekorder neben seinem Bett einschalten und Ihre Stimme hören.[25]

Auch Ihr Geruch kann außerordentlich starke positive Gefühle im Gehirn Ihres Kindes auslösen. Legen Sie etwas, das nach Ihnen riecht, zu Ihrem Kind ins Bett – z. B. ein Kleidungsstück. Bei einem Säugling kann übrigens auch ein weiches Tuch mit dem Duft Ihrer Brustmilch wirkungsvoll zur Beruhigung verwendet werden. Das liegt daran, dass der so genannte Riechkolben (*Bulbus olfactorius*), der im Gehirn Gerüche wahrnimmt, direkt neben der Amygdala liegt. Dieser Teil des Gehirns löst starke emotionale Gedankenverbindungen aus.

»Machen Sie das Kinderzimmer zu einer Zuflucht, wo es sich gerne aufhält.«

Wenn Ihr Kind älter wird, kann es sich Bettwäsche, Wandschmuck und Ähnliches aussuchen. Untersuchungen zufolge bewirkt eine Massage vor dem Zubettgehen bei Vorschulkindern schnelleres Einschlafen und ein besseres Schlafmuster.[26] Ein Kuscheltier kann ebenfalls tröstende Botenstoffe im Gehirn Ihres Kindes aktivieren. Oder Sie versuchen Folgendes: Jedes Mal, wenn Ihr Kind die ganze Nacht in seinem eigenen Bett verbringt, bekommt es einen Sticker. Eine bestimmte Anzahl von Stickern darf es gegen ein Geschenk eintauschen.

Merksätze

- **Die meisten Babys** sind schlechte Schläfer. Ihre Erziehung ist nicht unzureichend, nur weil Ihr Kind nicht durchschläft.

- **Co-Sleeping** ist in vielen Teilen der Welt die Norm. Befürchtungen über Risiken scheinen unbegründet zu sein, solange die Eltern Sicherheitsregeln befolgen.

- **Hautkontakt** und körperliche Nähe während der Nacht können eine Schlüsselrolle in der Aufrechterhaltung der körperlichen und mentalen Gesundheit spielen, indem sie die unreifen Körper- und Gehirnsysteme des Kindes regulieren.

- **Ein Kind schreien** zu lassen, bis es von selbst einschläft, setzt es dem Risiko nachteiliger Veränderungen seiner noch unreifen Gehirnssysteme aus.

- **Schlaftraining** muss keine Tränen beinhalten. Die sanfte Methode funktioniert auch ohne schädigende Langzeitwirkungen.

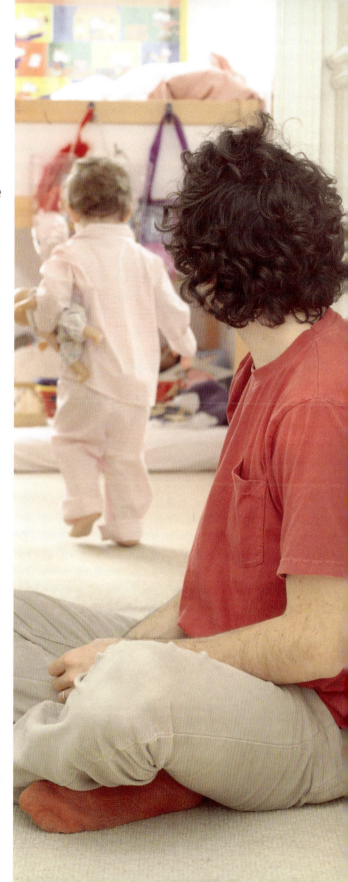

Die Chemie des schönen Lebens

Als Elternteil haben Sie größten Einfluss darauf, ob Ihr Kind heranwächst, um ein erfülltes Leben zu führen, oder ob sein Leben durch Wut, Furcht oder Depression dauerhaft getrübt sein wird. Hormone und Botenstoffe des Gehirns beeinflussen in hohem Maße unsere Gefühle, Empfindungen und Verhaltensweisen, und die frühkindlichen Erfahrungen Ihres Kindes bestimmen, welche Grundstimmung in seinem Leben vorherrschen wird. Auch die Art, wie Sie mit Ihrem Kind umgehen, hat Auswirkungen auf die Schlüsselsysteme seines Gehirns für Antrieb, Willenskraft, Motivation und Lebensfreude.

Die Macht der Hormone

Hormone sind biochemische Stoffe, die in Körper und Gehirn produziert werden und mitbestimmen, ob wir uns wunderbar oder schrecklich fühlen. Wenn wir an Hormone denken, dann meist in Zusammenhang mit Sexualität. Es gibt jedoch sehr viele verschiedene Hormonarten, die sich auf alle Bereiche auswirken.

BEDENKEN SIE ...

»Die Verbindung halten«: Kleine Kinder rennen ausgelassen herum und setzen sich unvermittelt auf den Schoß der Mutter oder des Vaters, lehnen sich an sie oder berühren sie auf andere Weise. Dieser Körperkontakt kann Sekunden oder Minuten dauern, dann toben sie munter weiter. Dieses »emotionale Auftanken«[2] sorgt für ein angenehmes Gleichgewicht im Gehirn. Wenn Ihr Kind das bei Ihnen tut, ist das ein echtes Kompliment – es erlebt Sie als Quelle natürlicher Opioide.

Hormoneller Himmel

Die Neurowissenschaftlerin Candace Pert meint: »Jeder von uns hat seine eigene ... Apotheke, die jederzeit auf die kostengünstigste Art all die Medikamente herstellt, die wir zur Erhaltung der Funktionen von Körper und Geist benötigen.«[1] Die natürlichen Hormone und Botenstoffe in Körper und Gehirn können nicht nur bewirken, dass wir uns großartig fühlen, sie ermöglichen uns auch, uns gut zu entwickeln. Doch manche Menschen erlangen aufgrund des Beziehungsstresses in ihrer Kindheit vielleicht niemals Zugang zu den besten biochemischen Stoffen aus ihrer »mentalen Apotheke«.

■ **Wenn Opioide und Oxytocin im Gehirn dominieren, wird die Welt als warm und einladend empfunden.**

Wenn beide stark aktiviert sind, bescheren uns diese Botenstoffe ein Gefühl tiefster Ruhe und Zufriedenheit, zusammen mit der Fähigkeit, die täglichen Belastungen des Lebens mühelos zu verkraften. Wenn Ihr Kind durch Sie viele liebevolle Erfahrungen macht, werden Opioide und Oxytocin in seinem Gehirn dominieren. Es wird Ruhe, Sicherheit und innere Wärme verspüren und einige Fähigkeiten besser ausbilden:
■ die Fähigkeit, zu genießen
■ die Fähigkeit, den Moment auszukosten
■ die Fähigkeit, sich treiben zu lassen und loszulassen.
Durch das regelmäßige Erleben dieses neurochemischen Zustandes wird es die Welt mit Erstaunen und Interesse erkunden statt mit dem Gefühl von Furcht und Bedrohung. Zusätzlich

wird es genug Widerstandskraft aufbauen, um auch mit den belastenden und schmerzlichen Ereignissen des Lebens umzugehen, die niemand vermeiden kann.³

Hormonelle Hölle

Erlebt ein Kind wiederholt Furcht und Wut, beispielsweise durch einen autoritären Erziehungsstil, bei dem es regelmäßig angeschrien wird und hauptsächlich Befehle und Kritik erhält, wird die Ausschüttung von Glückshormonen in seinem Gehirn blockiert. Ohne Entlastung durch Ruhe, Trost und körperliche Zuwendung gewöhnen sich Körper und Geist an den hohen Spiegel der Stresshormone Kortison, Adrenalin und Noradrenalin, die bei Stress aus den Nebennieren in den Körper gepumpt werden. Das kann zu einem ständigen Gefühl von Bedrohung und Unsicherheit führen.⁴

»Das Gefühl, in der Welt grundsätzlich nicht sicher zu sein, kann zu seiner Art werden, sich selbst und andere zu erfahren.«

■ **Sind die Werte des Stresshormons Kortison zu lange zu hoch in Körper und Gehirn, kann die Umwelt als feindselig und bedrohlich empfunden werden.**

Mit einem hohen Kortisonspiegel fühlen wir uns überwältigt und ängstlich, unsere Gedanken, Gefühle und Empfindungen sind von einem Gefühl der Bedrohung gefärbt oder von der Angst durchdrungen, dass uns jede Aufgabe überfordert.

Adrenalin und Noradrenalin können unsere Stimmung ebenfalls stark beeinflussen. Sie bewirken einen schnelleren, stärkeren Herzschlag, die Freisetzung von Glukose aus der Leber, die Mobilisierung der Fettreserven im Gewebe und der Energiereserven in den Muskeln. Mit einem optimalen Spiegel dieser Hormone sind wir wachsam und können klar denken. Bei zu starker Aktivierung, z. B. von Kortison, können wir jedoch an-

WISSENSWERTES

Opioide sind Botenstoffe im Gehirn mit vielen Funktionen. Eine davon ist, Schmerzen zu lindern. Zu dieser Gruppe gehört auch Endorphin, das »endogene Morphin«, das der Körper auf natürliche Weise selbst herstellt. Opioide sind auch Glückshormone, die für ein allgemeines Gefühl des Wohlbefindens sorgen.

Oxytocin trägt bei Kindern hauptsächlich zu Gefühlen von Trost und Sicherheit bei. Es hemmt auch die Wirkung des Stressreaktionssystems (s. S. 40). Wird Oxytocin durch die Hirnanhangdrüse freigesetzt, setzt es eine biochemische Reaktion in Gang. Eine Wirkung ist, dass die Nebennieren, die auf den Nieren sitzen, weniger Kortison freisetzen.⁵

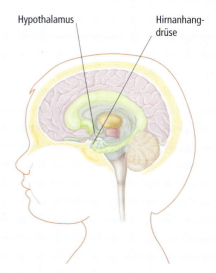

Opioide werden von Zellen des Hypothalamus freigesetzt. Rezeptoren befinden sich im gesamten Gehirn. Oxytocin wird von der Hirnanhangdrüse freigesetzt.

AUS DER TIERWELT

Untersuchungen mit Säugetieren haben gezeigt:

- Je mehr Körperkontakt die Babys zu Ihren Müttern hatten, desto mutiger wurden sie, als sie erwachsen waren, was das ganze Leben hindurch anhielt. Säugetierbabys, die weniger Körperkontakt zu Ihren Müttern hatten, zeigten sich ängstlicher, als sie erwachsen waren.

- Je mehr die Mutter Gefühle körperlich zeigte, desto größer war die mentale Gesundheit der Jungen im späteren Leben. Als Erwachsene waren sie sichere, aufmerksame Mütter mit ruhigeren Kindern.

- Jungtiere, die mehr Körperkontakt erfuhren, wiesen im Alter weniger degenerative Veränderung im Gehirn auf; sie waren weniger ängstlich in einer neuen Umgebung und entdeckungsfreudiger. Sie wurden auch mit Stress gut fertig.[9]

gespannt, wütend oder beides sein. Wir sind auf Bedrohungen fixiert, unser Körper gelangt in einen Zustand der Übererregung, und es werden Kampf- (Aggression) oder Fluchtimpulse (Rückzug und Vermeidung) im unteren Teil des Gehirns aktiviert. Untersuchungen zeigen, dass die frühkindlichen Erfahrungen mit den Eltern die Weichenstellung beeinflussen, ob eine regelmäßige starke Aktivierung der Stresshormone im späteren Leben stattfindet oder nicht.[6] Ist das der Fall, erlebt ein Mensch eine Art Hölle auf Erden, bedingt durch den Dauerzustand der Übererregung. Das Gefühl eines Kindes, in der Welt nicht sicher zu sein, kann zu seiner Art werden, sich selbst und andere zu erfahren. Das Ergebnis ist ein Leben in ständigem Misstrauen, das von zwei Standpunkten bestimmt ist: entweder »vor dem Leben zurückzuschrecken oder ständig gegen es zu kämpfen«.[7]

> »Wenn Ihr Kind neben Ihrem ruhigen Körper liegt, überfluten Glückshormone sein Gehirn – ein herrliches und befriedigendes Gefühl für Sie und Ihr Kind.«

Liebevoller Körperkontakt

Oxytocin kann weder injiziert noch oral verabreicht werden. Der einzige Weg, es im Gehirn im Höchstmaß zu aktivieren, ist die liebevolle menschliche Bindung! Wenn wir zum Ziel haben, dass unsere Kinder so aufwachsen, dass sie sich in ihrer Umgebung sicher fühlen und fähig sind, ungezwungen mit anderen Menschen umzugehen, müssen wir dafür sorgen, dass Körperkontakt und körperlicher Trost fester Bestandteil ihres Lebens sind.[8]

■ **Jede Form liebevollen Körperkontakts zwischen Eltern und Kindern kann sich positiv auswirken.**
Umarmen und Kuscheln, kurzes liebevolles Drücken, Babymassage oder das Einschlafen in Ihren Armen – das alles hat eine

wunderbare Wirkung auf Ihr Kind. Diese »Eins-zu-eins«-Momente mit einer Bezugsperson aktivieren Oxytocin und Opioide im Gehirn Ihres Kindes. Wenn Ihr Kind neben Ihrem ruhigen Körper liegt, überfluten Glückshormone sein Gehirn – ein herrliches, befriedigendes Gefühl für Sie und Ihr Kind. Damit dies möglich ist, ist es wichtig, dass Sie selbst in entspanntem Zustand sind, weil nur dann Oxytocin und Opioide in Ihrem Gehirn dominieren. Achten Sie auf Ihre Stimmung, wenn Sie neben Ihrem Kind liegen. Wenn Sie angespannt und nervös sind, werden auch bei Ihrem Kind Stresshormone freigesetzt.

■ **Vergessen Sie nicht, Ihre über fünfjährigen Kinder genauso zu knuddeln wie Ihre Kleinsten.**
Die erstaunlichen Wirkungen von Berührung auf das Gehirn sind bei älteren Kindern gleichermaßen gegeben. Wenn Sie Ihre Kinder auch während des Heranwachsens liebevoll knuddeln (natürlich nur, solange Ihr Kind es möchte), wird es weit weniger Spannungen zwischen Ihnen geben, wenn Ihr Kind ins Teenageralter kommt. Das Oxytocin wird die Opioidbande zu Ihrem Kind weitaus länger aufrechterhalten.[10]

»Diese wunderbaren Glückshormone sind ein Geschenk der Natur.«

Jaak Panksepp

»Bitte nimm mich in den Arm!«

Nur Körperkontakt kann diese wundervollen stresslindernden Stoffe freisetzen. Ein Baby, das in einem Buggy sitzt und trotz aller Versuche, es durch Schaukeln und Hin- und Herschieben zu beruhigen, schreit, ist ein nur allzu normales Bild. Wird es jedoch in den Arm genommen, ist es oft innerhalb von Sekunden beruhigt.

»Freudensäfte«

Manche Menschen haben einen herrlichen Sinn für Humor, sind verspielt und spontan. Solche Menschen hat man gerne um sich, ihre Vitalität ist ansteckend. Andere wirken im Vergleich dazu leblos und scheinen sich für nichts begeistern zu können. Sie leben die meiste Zeit in einem engen Bereich »sicherer« Gefühle. Natürlich können diese Menschen sehr liebenswert sein, aber man kann mit Ihnen niemals richtig »fliegen«.

Mit »fliegen« meine ich die gemeinsamen Momente intensiver Freude, in denen man sich unglaublich lebendig fühlt. Der »Flieger«, der das Leben richtig genießen möchte, wurde auf eine Weise erzogen, die immer wieder intensive »chemische« Zustände des Glücks und der positiven körperlichen Erregung aktiviert hat. Verlust und Trauma können auch diese Menschen in tiefe Verzweiflung stürzen, aber durch die Erfahrung einer liebevollen Erziehung, die den Weg für starke, positive Erregungszustände im Gehirn bereitet hat, werden sie sich schließlich wieder fangen und fähig sein, erneut größte Freuden zu erleben.

Freude aktivieren

Im Gehirn ist ein genetisches System für Freude angelegt. Wie es sich jedoch entfaltet, hängt von der Wechselwirkung mit sozialen Erfahrungen ab. Es ist nicht möglich, auf natürliche Weise, ohne emotionale Bindung, Zugang zu den »Freudensäften« des Gehirns zu erhalten. Man kann zwar Vergnügen erleben, aber keine echte Freude.

Freude ist auch ein körperlicher Zustand. Um echte Freude erleben zu können, im Gegensatz zu bloßem Vergnügen, müssen wir zutiefst bewegt sein. Das bedeutet, dass neben der Aktivierung der »Freudensäfte« im Gehirn das körperliche Erregungssystem (das autonome Nervensystem) große Mengen Adrenalin freigesetzt hat, die durch den Körper strömen. Wir können die-

»Wir haben eine fantastische Zeit zusammen!«

Freude ist das Ergebnis menschlicher Beziehungen. Durch die starke körperliche Erregung, den optimalen Adrenalinspiegel im Körper und die optimalen Dopamin- und Opioidwerte im Gehirn fühlen wir uns unglaublich lebendig, hellwach, und haben massenhaft Energie, um das umzusetzen, was wir vorhaben. »Wenn viele Dopaminsynapsen losfeuern, fühlt man sich zu allem in der Lage.«[11]

Der Unterschied zwischen Menschen, die Erregung zulassen, und solchen, die sich dagegen wehren zu scheinen, hängt unmittelbar von ihrer Erziehung ab. Sie ist verantwortlich dafür, dass Gehirn und körperliches Erregungssystem eines Kindes so geprägt werden, dass es im späteren Leben intensive Zustände von Freude und Erregung empfinden kann. Das ist kein Automatismus.

BEDENKEN SIE …

Intensive Gefühle der Freude bewirken die Freisetzung von Glückshormonen im Gehirn, aber auch eine starke körperliche Erregung und die Aktivierung von Stresshormonen. Ihrem Kind zu helfen, den »Stress der Freude« zu bewältigen, ist deshalb eine wichtige erzieherische Aufgabe. Sie helfen Ihrem Kind jedes Mal, wenn Sie seine Freude mit der gleichen Energie teilen. Wenn Ihr Kind ausgelassen auf dem Trampolin hüpft oder mit einem selbst gemalten Bild freudestrahlend auf Sie zuläuft, zeigen Sie Ihre Freude durch Ihren Gesichtsausdruck, den Ton Ihrer Stimme, Ihre Körperhaltung und Bewegungen. Wenn Sie ausgelassen mit Ihrem Kind spielen und abrupt damit aufhören, weil das Telefon klingelt, kann seine Freude versiegen und der körperliche Erregungszustand dennoch so intensiv sein, dass es allein nicht damit zurecht kommt, was zu Tränen und Aufregung führen kann.[14]

sen Adrenalinschub fühlen, weil unser Herz dann schneller schlägt, unsere Atmung beschleunigt ist und unser Appetit unterdrückt wird. Dopamin und Opioide müssen zusammen in der optimalen Menge im Gehirn aktiviert werden, damit wir Freude empfinden. Die wiederholte Aktivierung dieser Botenstoffe kann Ihrem Kind Zugang zu weiteren wertvollen Geschenken gewähren – nämlich spontan zu sein, genug Antrieb und Hoffnung zu haben, um einem Traum zu folgen, und Ehrfurcht, Staunen und pure Freude angesichts der wunderbaren Dinge dieser Erde zu empfinden (im Gegensatz zu den verhaltenen Reaktionen von »Nicht-Fliegern«). Diese besonderen Botenstoffe steigern über das Gefühl, mit kleineren Belastungen umgehen zu können, auch die Widerstandskraft gegenüber Stress. Diese feste Grundlage sorgt ein Leben lang für die Erhaltung oder schnelle Wiedererlangung von

- Hoffnung
- Optimismus
- einer »Ja, ich kann!«-Lebenseinstellung.

»Freudensäfte« für Babys

Manche Menschen sind der Meinung, dass Babys keinen Dialog führen können, solange sie nicht laufen und sprechen können. Dennoch können die ersten sechs Monate zu den geselligsten Zeiten im Leben eines Kindes gehören.[12] In dieser frühen Phase sind Babys meist weit mehr an Gesichtern als an Spielsachen interessiert, und ab einem Alter von ca. drei Monaten können Sie mit Ihrem Kind mittels Geräuschen, Worten und einer Vielzahl von Gesichtsausdrücken und Gesten fabelhaft kommunizieren.

Leider lassen sich manche Eltern diese wichtige Zeit der Kommunikation von Angesicht zu Angesicht entgehen. Dadurch fehlt dem Kind eine wichtige frühe Entwicklung seines Gehirns und die regelmäßige Aktivierung der »Freudensäfte«.[13] Wenn Sie sich also das nächste Mal mit einem Erwachsenen unterhalten, beziehen Sie Ihr Baby ruhig mit ein! Es wird mit weit größerer Freude an einer amüsanten Konversation »teilnehmen«, als allein im Buggy zu spielen.

Eins-zu-eins-Unterhaltungen mit einem Baby haben ein etwas anderes Muster als Gespräche mit einem Erwachsenen. Wählen Sie dafür einen Zeitpunkt, an dem Ihr Baby hellwach und nicht hungrig ist. Stellen Sie Augenkontakt her und lassen Sie ihm Zeit zu reagieren (s. u.). Gehen Sie auf seine Signale ein. Alle Babys müssen von Zeit zu Zeit den Blick abwenden, Ihres wird Sie aber wieder ansehen, wenn es dazu bereit ist.

Die Säuglingsforscherin Beatrice Beebe stellte fest, dass manche Eltern das »Pausen«-Signal ihres Kindes nicht erkannten und versuchten, den Blickkontakt zu halten. Die Babys begannen auszuweichen; schließlich brachen sie den Kontakt ab, indem sie bewegungslos ins Leere starrten. Das unterbricht nicht nur den Fluss der im Gehirn aktivierten Botenstoffe, sondern bewirkt auch die Freisetzung von Stresshormonen.[15]

> »Die ersten sechs Monate können zu den geselligsten Zeiten im Leben eines Kindes gehören.«

»Ich spreche gerne mit dir!«

John hält die drei Monate alte Mabel in geringem Abstand zu seinem Gesicht und sucht den Blickkontakt. Babys sind darauf programmiert, auf bekannte Gesichter zu reagieren.

Babys reagieren auf den Blickkontakt sehr viel langsamer als ein Erwachsener oder ein älteres Kind. Deshalb wartet John geduldig, bis Mabel den Blickkontakt aufnimmt und reagiert.

Es kann ein Lächeln sein, ein Nachahmen, ein Winken oder ein kleiner Freudenjauchzer. Im Anschluss macht Mabel eine Pause und wartet auf Johns Antwort.

Die Freudensäfte in Mabels Gehirn sind aktiviert. Wichtige Verbindungen werden in ihrem Gehirn geknüpft. So sieht das Spiel mit dem Baby aus.

Nach Erfüllung suchen

Wie andere Säuger genießen auch wir Kurzzeitvergnügungen, wie Essen, Trinken, Spielen und Geselligkeit. Aber was uns von ihnen unterscheidet, ist der höher entwickelte Teil unseres Großhirns, der uns erlaubt, Pläne zu schmieden, neue Vergnügungen zu suchen und weitaus tiefere und langfristigere Erfüllung zu finden.

Die Neugier und das Interesse Ihres Kindes an seiner Umwelt wird durch Sie geweckt. Ermutigen Sie es von Anfang an, zu entdecken und zu experimentieren – das wird ihm bis ins Erwachsenenalter nützen. Der Entdeckerdrang (s. rechts) »bringt Mensch und Tier dazu, sich vom gegenwärtigen Aufenthaltsort an Orte zu begeben, wo sie die Früchte der Erde finden und konsumieren können.«[17]

Die Fähigkeit, langfristige Erfüllung zu finden, bedeutet:
- **Träumen nachzugehen**, um sie in die Realität umzusetzen;
- **ein Ziel zu verfolgen**, das weit über den bloßen persönlichen Gewinn hinausgeht;
- **Befriedigung und Selbstbestätigung** zu erhalten, indem man durch persönlichen Einsatz die Welt positiv beeinflusst;
- **die Fähigkeit, Ideen zu entwickeln**, und den Antrieb und die Motivation zu haben, sie in die Tat umsetzen; über die sozialen Fähigkeiten zu verfügen, auch andere dafür zu gewinnen.

Wir lassen uns gern von Freunden, von geliebten Menschen mitreißen, um etwas auf die Beine zu stellen. Am allermeisten aber suchen wir Energie bei uns selbst: die Motivation und den Antrieb aufzustehen, um etwas zu tun, und die Ausdauer, die Kraft und Entschlossenheit, um durchzuhalten.[16]

Die Quelle der Neugier

Der untere Gehirnbereich enthält den Entdeckerdrang, eines der sieben genetisch im Gehirn verankerten Systeme (s. S. 19). Wird dieses System bei Säugetieren stimuliert, erforschen sie mit Neugier ihre Umgebung. Bei Menschen kann der Entdeckerdrang Dinge wecken wie Appetit auf das Leben, Energie für die Erforschung des Neuen und Beigeisterung beim Herausfinden, was das Leben zu bieten hat. Er stimuliert auch Neugier oder starkes Interesse an etwas und die nachhaltige, zielgerichtete Motivation, unsere Ziele zu erreichen. Arbeitet der Entdeckerdrang auf gut koordinierte Weise in den Stirnlappen, verfügt man über den notwendigen Antrieb, Ideen und Gedanken zu realisieren. Das ist sehr wichtig, um das Leben voll auskosten zu können. Das kreative Zusammenspiel von Instinkt und Rationalität ist für viele Aktivitäten verantwortlich, angefangen bei dem Wunsch eines Kindes, eine prächtige Sandburg zu bauen, bis hin zum Erwachsenen, der eine Idee in ein erfolgreiches geschäftliches Unternehmen verwandelt.

■ **Dopamin ist der große »Lichtschalter«.**
Der ENTDECKERDRANG wird von vielen Botenstoffen bestimmt, aber Dopamin ist der Stoff, der den Einsatz gibt. Es ergießt sich über die Stirnlappen und befähigt einen Menschen, nicht nur

> »Jeder sucht Energie bei sich selbst: die Motivation und den Antrieb aufzustehen, um etwas zu tun.«

gute Ideen zu haben, sondern auch die Ausdauer, etwas zu Ende zu bringen. Der ENTDECKERDRANG ist wie ein Muskel – je mehr Sie ihn benutzen, desto mehr wird er für Sie arbeiten, d. h. desto neugieriger, kreativer und motivierter werden Sie. Das Gegenteil ist der Fall, wenn Erwachsene stundenlang vor dem Fernseher herumhängen oder ihre ganzen Ferien im Liegestuhl verbringen. Dadurch verkümmert der ENTDECKERDRANG; der niedrige Dopaminspiegel bewirkt Unentschlossenheit, Engstirnigkeit und führt, wenn überhaupt, allenfalls zu wenigen neuen Ideen.[18]

Für viele Menschen ist es schwierig, den notwendigen Antrieb zu entwickeln, wenn er nicht in der Kindheit geweckt wurde. Befindet sich ein Mensch in einer Krise oder erlebt einen Schock (z. B. eine lange, schwere Erkrankung oder den Verlust eines Arbeitsplatzes, der auf lange Sicht sicher schien), oder lernt er eine lebhafte Person kennen, kann er wachgerüttelt und zum Gebrauch seines ENTDECKERDRANG-»Muskels« ermutigt werden, oft zum ersten Mal. Bei vielen Menschen passiert dies jedoch nicht, und sie führen nie ein erfülltes Leben.

Fallstudie

Das Leben zieht vorbei

Howards Leben verläuft täglich nach derselben Routine. Jeden Morgen geht er zur Arbeit und kehrt abends heim zu seiner Familie. Er verbringt seine Abende mit Fernsehen, und am nächsten Tag beginnt alles von neuem. Seine Urlaube verbringt Howard jedes Jahr am selben Ferienort.

Howard ist mit seiner Arbeitsstelle nicht zufrieden, aber er weiß nicht, was er sonst machen könnte. Nach seiner Arbeit gefragt, antwortet er oft: »Na ja, damit verdiene ich mein Geld.« Einmal hat Howard angefangen, einen Roman zu schreiben, aber der liegt jetzt in der Schublade. Howard hat nicht genügend Energie, um ihn zu Ende zu schreiben. Jetzt, in seiner Lebensmitte, fragt er sich: »Soll das das Leben gewesen sein?«

Howards Leben ist nicht erfüllt, weil er nicht genügend Antrieb und Energie hat, um es erfüllter zu gestalten. Sein ENTDECKERDRANG ist nicht ausreichend aktiviert.

Howards Kindheit verlief ausgesprochen ruhig. Nach der Schule saß er meist vor dem Fernseher oder machte Hausaufgaben. Diese Tätigkeiten reichten nicht aus, um seinen ENTDECKERDRANG stark genug zu aktivieren. Die Auswirkungen prägen sein ganzes Leben.

Die Wichtigkeit des Spielens

Damit der ENTDECKERDRANG Ihres Kindes ausreichend aktiviert wird, sollten Sie ihm interessante Anregungen bieten. Damit ermöglichen Sie ihm, Eigenschaften wie Wissbegierde, Antrieb, Motivation und Konzentration zu entwickeln, die es befähigen, sein Leben voll auszuschöpfen. Es wird sich mit vielen Personen und Orten befassen und durch viele offene Türen gehen oder Wege finden, verschlossene Türen zu öffnen. Bei Kindern, die den ganzen Tag herumhängen, wird der ENTDECKERDRANG zu wenig aktiviert.

Kinder mit einem starken ENTDECKERDRANG finden Spielmöglichkeiten, wo immer sie hinsehen! Eltern, Aufsichtspersonen und Lehrer können dies durch ein inspirierendes Umfeld fördern, das Platz, Spielsachen, verschiedene Gegenstände und vor allem Ideen bietet.

Eine der besten Möglichkeiten, den ENTDECKERDRANG Ihres Kindes in kreativer Weise mit seinen oberen Gehirnbereichen (Stirnlappen) zusammenwirken zu lassen, ist die Bereitstellung eines stimulierenden Umfeldes, das viele kleine Entdeckungen und Fantasiespiele erlaubt.

Das anregende Umfeld

Die Möglichkeit, die Umgebung zu erforschen, Spielsachen, die die Fantasie und Kreativität anregen, und Freunde, die mitspielen, machen ein anregendes Umfeld aus. Es ist nicht nötig, große Ausgaben zu tätigen. Im Freien oder mit Wasser zu spielen reicht oft schon aus, um Kleinkinder zu stimulieren.

Die Vorteile des Kreativspiels in einer solchen Umgebung sind zahlreich. Untersuchungen sowohl an Menschen als auch an anderen Säugern haben gezeigt, dass es den Spiegel der Stresshormone senkt und uns befähigt, besser mit stressreichen Situationen umzugehen.[19]

In einer Studie wurde Ratten ein anregendes Umfeld geboten, mit »Kletterröhren und Laufrädern, abwechslungsreichem Futter und sozialer Interaktion«. Zwei Monate später hatten die Ratten 50 000 Gehirnzellen mehr in jeder Seite des Hippocampus (ein wichtiges Gedächtnis- und Lernzentrum im Gehirn).[20]

In einer weiteren Studie fand man heraus, dass im Falle von sozial benachteiligten, gefährdeten Kindern ein kriminelles oder asoziales Verhalten im frühen Erwachsenenalter weit weniger

»Wir fliegen zum Mond.«

Ermutigen Sie Kinder zum Kreativspiel, indem Sie Ideen und Gegenstände mit Kreativpotenzial zum Spielen anbieten. Zeigen Sie ihnen, wie sie auf einem Besen zum Mond fliegen können, suchen Sie Elfen, oder bauen Sie ein Schloss. Die Kinder werden schnell begeistert sein. Einfache »Spielsachen« wie Töpfe und Pfannen, eine Schüssel mit Wasser oder ein Behälter mit Sand genügen normalerweise jedem Kind, um mit dem Spiel zu beginnen. Es ist nicht notwendig, jede Menge teuer hergestelltes Spielzeug zu kaufen. Kinder lieben es, eigene Spielmöglichkeiten zu entdecken, wenn sie erst einmal begonnen haben.

> »Sie können eine Menge für Ihr Kind tun, indem Sie für viele Stimuli sorgen, die seine Vorstellungskraft anregen.«

wahrscheinlich war, wenn sie im Alter von drei bis fünf Jahren nach einem Ernährungs-, Bildungs- und Sportprogramm lebten.[21]

Ein anregendes Umfeld kann auch bei Heranwachsenden nachteilige Auswirkungen von pränatalem und von postnatalem Stress kompensieren, der durch die Trennung von der Mutter entsteht. Es wurden Verbesserungen im Sozialverhalten und eine Verminderung der Stresshormone im Gehirn festgestellt. Ein anregendes Umfeld kann also in gewisser Weise die schädigenden Auswirkungen einer problematischen frühen Kindheit auf das Gehirn rückgängig machen.[22]

Wie Eltern helfen können

Eine gewisse Routine ist angenehm für ein Kind, verfällt eine Familie jedoch in einen allwöchentlichen Ablauf, der kaum

»Lass uns einen Staudamm bauen!«

Kinder jeden Alters lieben das Gefühl von Raum und Freiheit, wenn sie im Freien spielen. Zeigen Sie ihnen, was es zu entdecken gibt und was in ihrer Umgebung Spaß machen könnte.

Kinder brauchen manchmal Anregungen wie »Schaffst du es, auf diesen Hügel zu klettern?«, um mit dem Spiel zu beginnen. Einmal inspiriert, können sie stundenlang beschäftigt sein.

Seit einer Stunde bauen diese beiden Jungen an einem Staudamm. Von ihrem Projekt in Beschlag genommen, sind sie nicht mehr auf die Anregungen von Erwachsenen angewiesen.

Abwechslung bietet, kann der ENTDECKERDRANG im Gehirn verkümmern. Deshalb ist es wichtig, dass Sie als Eltern Ihrem Kind viele Stimuli bieten, die seine Fantasie anregen, und dass Sie dafür sorgen, dass es regelmäßig mit anderen Kindern spielt. Vielleicht müssen Sie Ihrem Kind anfangs helfen, aber wenn Sie ihm zeigen, wie es mit neuen Sachen spielen kann, wird sein ENTDECKERDRANG aktiviert. Nach einer Weile können Sie es allein neue Spielmöglichkeiten entdecken lassen. Versuchen Sie Folgendes:

- **Bauen Sie eine »Höhle«** aus Stühlen und Decken, und füllen Sie sie mit geeigneten Sachen, um »Wohnung« zu spielen.
- **Regen Sie Ihr Kind dazu an, mit natürlichen Dingen zu spielen.** Geeignet sind Blätter, Blumen, Sand, Wasser und Schnee. Ziehen Sie bei schlechtem Wetter Regenkleidung und Gummistiefel an, und gehen Sie »Pfützenspritzen«.
- **Bauen Sie eine Fantasiewelt** mit kleinen Autos, einer Schüssel voll Wasser als See für kleine Boote und einer Gießkanne, um es regnen zu lassen.
- **Machen Sie mit Ihrem Kind einen Ausflug** aufs Land, wo es mit Erde und Wasser spielen und im Gras herumtollen kann. Wenn Sie an einem Bach sind, zeigen Sie ihm, wie es einen Staudamm bauen, Steine übers Wasser hüpfen lassen und kleine Boote aus Zweigen und Blättern bauen kann.

Eltern wundern sich meist, welche Produktivität ihr Kind an den Tag legt, wenn sein ENTDECKERDRANG erst einmal aktiviert ist. Erwarten Sie aber nicht von Ihrem Kind, dass es sich von selbst beschäftigt. Der »zündende Funke« muss überspringen. Wenn Sie Aufmerksamkeit, Neugier und ENTDECKERDRANG Ihres Kindes geweckt haben, sollten Sie auf keinen Fall das Kommando über das Spiel übernehmen. Lassen Sie Ihrem Kind Raum für eigene Ideen und Kreativität. Folgen Sie seinem Spiel, und überlassen Sie ihm die Führung. Ein Kind anzuleiten, wie es seinen ENTDECKERDRANG einsetzen kann, ist eine wichtige elterliche Funktion.

Das Auswählen der richtigen Spielsachen

Es gibt bestimmte Spiele auf dem Markt, die den ENTDECKERDRANG eines Kindes stark aktivieren, weil sie die Fantasie an-

Fallstudie

Anregungen am Strand

Wenn Ted seinen Sohn Jake mit an den Strand nimmt, beginnt er sofort Zeitung zu lesen und sagt zu Jake, er solle sich amüsieren. Jake lässt den Sand durch seine Finger rinnen, hebt ein paar Steine auf, schlägt sie gegeneinander und stellt sich ins Wasser. Nach 15 Minuten sagt er seinem Vater, dass er nach Hause gehen möchte. Ohne einige Anregungen von seinem Vater, was man am Strand alles machen kann, wird der ENTDECKERDRANG in Jakes Gehirn nur sehr spärlich aktiviert. Er benötigt eine »Starthilfe«.

Ein anderes Mal kommt Sally, eine Bekannte, mit zum Strand. Sally hat Schaufel und Eimer mitgebracht und zeigt Jake, wie man Sandburgen baut, ein Loch in den Sand gräbt und ein Sandauto baut, in dem man sitzen kann. Sie hat auch an ein paar Spielzeugautos gedacht, derer sich Jake sofort annimmt und sie um seine Burgen fahren lässt. Wenn Jake in sein Spiel vertieft ist, kann auch Sally für eine Weile Zeitung lesen.

»Wähle Sie Spielsachen, die die Fantasie eines Kindes anregen und freies Spiel ermöglichen.«

regen und freies Spiel ermöglichen. Dadurch hat es großen Spielraum für eigene Ideen.

■ **Wählen Sie Spielwelten**, die nach seinen Vorstellungen entwickelt werden können, z. B. Zoo, Kaufladen, Schloss, Zirkus oder Puppenhaus. Mit einigen Spielfiguren (z. B. kleine Tiere oder Menschen) werden diese Spielwelten schnell zum »Leben erweckt«. Diese Spiele sind weitaus stimulierender als solche, die nur das Spielen nach vorgegebenen Strukturen erlauben. Brett- und Geschicklichkeitsspiele haben auch viele Vorteile, aber sie sind nicht dazu geeignet, den ENTDECKERDRANG zu aktivieren, und erlauben auch nicht, eigene kreative Ideen zu entwickeln.

■ **Malen und Modellieren** sind für Ihr Kind ebenso gut geeignet, eigene Ideen, Welten und Fantasien zu entwickeln. Lassen Sie Ihr Kind experimentieren, bestehen Sie nicht darauf, dass es erkennbare Gegenstände malt oder nette Figuren modelliert. Obwohl Malbücher zuweilen Spaß bereiten, lassen sie der Fantasie nicht den freien Lauf, wie spontane Aktivitäten es tun.

F Wie beeinflussen Computerspiele und Fernsehprogramme das Gehirn meines Kindes?

Laut den Ergebnissen von über 4000 Studien kann es bei Kindern einen Zusammenhang zwischen hohem Fernsehkonsum und aggressivem Verhalten, schlechten schulischen Leistungen und stereotypen Verhaltensweisen unter Berücksichtigung von Geschlecht, Herkunft und Alter geben. Beim Ansehen Gewalt darstellender Fernsehprogramme laufen häufig motorische Programmierungen im Gehirn ab: Das Kind übt die Gewalttaten, die es sieht, in Gedanken ein. Die Teile des Gehirns, die Bedrohungen registrieren, können aktiviert werden. Die Erinnerung an einen brutalen Film kann im Gehirn ebenso abgespeichert werden wie ein reales traumatisches Erlebnis. Das einsame Sitzen vor einem Computerspiel bewirkt nicht dieselben positiven Erlebnisse für das Gehirn wie das gemeinsame, ausgelassene Spiel mit anderen Menschen.[23]

Wenn Eltern die Aktivierung des ENTDECKERDRANGS vor Beginn der Schulzeit fördern, legen sie wichtige Grundsteine für die Fähigkeit, Neues zu erforschen und aufzunehmen, für eine gesunde Neugier und für den Glauben an sich selbst. Das ist der Stoff, aus dem Wissensdurst und Lernwille gemacht sind.[24]

Den ENTDECKERDRANG Ihres Kind zunichte machen

Isolation, Unsicherheit, Furcht, Wut und TRENNUNGSANGST töten den Spieltrieb eines Kindes ab. Sie können den ENTDECKERDRANG Ihres Kindes auf viele andere Arten zunichte machen:

- **Missbilligung** von Lärm, Unordnung, Umherlaufen (s. S. 137). Wenn Sie zu schnell aufräumen oder ärgerlich werden, wenn Ihnen Zeit und Ort des Spielens nicht passen, lernt Ihr Kind, Forscherdrang und Kreativität zu unterdrücken, weil diese dann mit zu viel Furcht verbunden sind.
- **Lange Zeiten der Langeweile und Unterforderung.** Ein Kind gewöhnt sich leicht an geringe Erregungszustände und Langeweile. Regelmäßige Lethargie kann zum Bestandteil seines Wesens werden. Wachsen diese Kinder zu Jugendlichen heran, werden sie von ihren Eltern oft als »Faulpelze« bezeichnet, aber in Wahrheit kann ein solches Kind depressiv sein, mit einem Gefühl von »das soll das Leben sein?«[25]
- **Von Ihrem Kind zu erwarten**, dass es bei Ausflügen oder bei Tisch unter Erwachsenen ruhig ist, ohne eine Beschäftigung zu haben oder ohne in die Konversation einbezogen zu werden (s. S. 141–145).
- **Indem Sie sich sehr wenig ausschließlich** mit Ihrem Kind beschäftigen.
- **Indem Sie zulassen, dass Fernsehen die wichtigste Freizeitbeschäftigung Ihrer Kinder ist.** Statistiken zufolge verbringen Kinder durchschnittlich 21 Stunden wöchentlich vor dem Fernseher und nur 38 Minuten bei Aktivitäten mit den Eltern.[26]
- **Stressreiche, von Erwachsenen strukturierte Freizeitgestaltung**, beispielsweise in Form von Musik- oder Sprachunterricht, Schachklubs, Reit- und Ballettstunden. Diese Aktivitäten sind an sich gut, aber nicht, wenn sie Ihrem Kind die wertvolle Zeit rau-

VERSUCHEN SIE ES …

Mit Ihrem Kind über neue, interessante Dinge zu sprechen wird seinen ENTDECKERDRANG aktivieren. Das ist deshalb so, weil Ihr Interesse, Ihre Neugier und Ihr eigener, stark aktivierter ENTDECKERDRANG einen optimalen Dopaminspiegel im Gehirn Ihres Kindes herstellt. Sprechen Sie mit Ihrem Kind über die Dinge, die Sie bei Spaziergängen oder im Garten sehen. Erzählen Sie Ihrem Kind von Ihren Hobbys und Interessen. Sie werden erstaunt sein, wie viel es davon aufnimmt.

> »Wenn man eine Grundschule betritt, spürt man oft eine von natürlichem Wissensdurst geprägte Atmosphäre, die in den Klassenzimmern weiterführender Schulen völlig fehlt.«

ben, in der es nach Herzenslust spielen darf. Außerdem können strukturierte Freizeitbeschäftigungen durch dominante Lehrer, die keinen Freiraum lassen, überreguliert werden.

■ **Indem Sie Ihr Kind** wegen seiner natürlichen Impulse des kreativen Erforschens beschämen oder es entmutigen.

Ältere Kinder und Teenager mit kaum aktiviertem ENTDECKERDRANG können so sehr unter Langeweile und Gleichgültigkeit leiden, dass sie versuchen, dem durch höhere Erregungszustände aus Gewalt, Vandalismus oder Drogen entgegenzuwirken. Sie müssen drastische Dinge tun, um überhaupt Interesse und Aufregung zu verspüren.[27]

Was Schulen tun müssen

Manche Lehrer haben selbst einen so stark aktivierten ENTDECKERDRANG, dass sie auch die Gehirne ihre Schüler stark stimulieren. Solche Lehrer lieben ihr Fach und verbringen zahllose Stunden damit, sich fortzubilden – weil sie von einem intensiven Wissensdurst angetrieben werden.

»Das kann ich jetzt allein«

Fähige Lehrer ermutigen Kinder dazu, neue Übungen allein auszuprobieren, und fördern ein Gefühl der Unabhängigkeit und Leistung. Schulen, die sich zu stark auf den Lehrplan konzentrieren, nehmen den Kindern die Freude an Wissen und Lernen.

Dennoch sollte ein guter Lehrer auch die Fähigkeit haben, aus dem Herzen und aus dem »Bauch« zu sprechen. Manche Lehrer sind wenig emotional, mit geringen körperlichen Erregungszuständen. Deshalb sprechen Sie auf trockene, eintönige Art und Weise. Diese Lehrer sind kaum in der Lage, den ENTDECKERDRANG eines Kindes zu aktivieren. Schulen, die sich nur auf den Lehrplan konzentrieren, lassen einem Kind zu wenig Raum, eigene Ideen zu entwickeln. Gleichermaßen kann zu frühes leistungsorientiertes Lernen das wichtige Verlangen eines Kindes, den Dingen auf den Grund zu gehen, abtöten. An vielen Schulen steht von Lehrern gesteuertes Pauken statt selbstständiges Erarbeiten des Stoffes im Vordergrund, wodurch der »Forschergeist« der Kinder zu kurz kommt. Einige Schulen in Finnland beginnen wesentlich später mit dem Leseunterricht als die in anderen europäischen Ländern und lassen stattdessen in den ersten Schuljahren spielerischen Unterricht zu. Im Lesen sind die Kinder dieser Schulen im Alter von sieben Jahren vergleichsweise sehr weit zurück, in späteren Jahren sind sie den Schülern anderer Schulen jedoch überlegen. Es kann gut sein, dass der Grund dafür die zusätzlichen Jahre des freien, spielerischen Lernens und Entdeckens sind, die den Forscherdrang stärker aktivieren.

Kommt ein bereits vom Leben gelangweiltes Kind, das keine Lust hat, etwas zu lernen, in die Schule, kann eine Schule, die das spielerische Entdecken fördert, dem Forscherdrang des Kindes eine zweite Chance bieten. Kommt dasselbe Kind jedoch in eine Schule, die den Unterricht nach strengen Bewertungskriterien und regelgebundenen Aufgaben gestaltet, kann der Appetit dieses Kindes auf das Lernen sehr gedämpft werden.

Durch den Irrglauben, dass Kinder nach dem Grundschulalter dem Bedürfnis nach freiem, spielerischem Lernen und Entdecken entwachsen sind, gibt es in weiterführenden Schulen wenig Ressourcen dafür. Wenn man eine Grundschule betritt, spürt man oft eine von natürlichem Wissensdurst geprägte Atmosphäre, die in den Klassenzimmern weiterführender Schulen völlig fehlt.

Bei einem Kind, dem eine positive elterliche Erziehung fehlt, kann durch eine fruchtbare Beziehung zu einem sehr herzlichen, ruhigen Erwachsenen, etwa einem Verwandten, einer Lehrkraft oder einem psychologischen Berater, eine Aktivierung der Glückshormone im Gehirn erreicht werden.

»Ein guter Lehrer sollte auch die Fähigkeit haben, aus dem Herzen zu sprechen.«

Wildes Gerangel

Ein weiteres System im Säugeranteil des menschlichen Gehirns ist der SPIELTRIEB, und wie wir sehen werden, ist er großartig! Er ist stark und spielt in der sozialen und emotionalen Intelligenz sowie in der allgemeinen mentalen Gesundheit Ihres Kindes eine Schlüsselrolle. Der SPIELTRIEB wird durch Gerangel, Körper gegen Körper, aktiviert.

Die Bedeutung des interaktiven Spiels

Aus Untersuchungen geht hervor, dass körperliches interaktives Spielen aus vielerlei Gründen für die langfristige emotionale Gesundheit wichtig ist. Diese Form des Spielens baut Stress auf natürliche Weise ab, und durch die starke Freisetzung von Opioiden werden starke positive Gefühle hervorgerufen. Interaktives Spiel kann die Entwicklung der gefühlsregulierenden Funktionen der Stirnlappen bei Kindern fördern und ihnen dadurch helfen, ihre Gefühle besser zu steuern. Bei Heimkindern konnte nach entsprechenden Spielprogrammen eine drastische Verbesserung ihrer Entwicklung beobachtet werden.

Der SPIELTRIEB kann durch wildes Gerangel sowohl zwischen Erwachsenen und Kindern als auch unter Kindern selbst aktiviert werden. Es sind diese wilden Spiele, die Kinder in derartige Freudenzustände versetzen, dass sie lachen und jauchzen. Wenn Sie Ihr Kind prustend am Bauch kitzeln, es in die Luft werfen, »Flieger« mit ihm spielen oder wahre Kitzelorgien veranstalten, ist das genau das Richtige. Genau wie diese kleinen spontanen, lustigen Momente mit Ihrem Baby, wenn Sie sagen: »Oh, jetzt muss ich aber dieses kleine Füßchen essen!«, und dann so tun als ob. Oder Sie spielen den Postmann und rufen: »Ein Paket ist angekommen!«, heben Ihr Kind hoch und werfen es auf den Schoß eines anderen Erwachsenen. Wenn Kinder miteinander herumtoben, wälzen sie sich auf dem Boden, fallen aufeinander oder kämpfen zum Spaß. Die Kinder sind dabei so außer Rand und Band, dass ihre Spiele manchmal in echte Kämpfe umschlagen, wenn kein Erwachsener sie beaufsichtigt.

WISSENSWERTES

Körperliches interaktives Spiel erhöht die Aktivierung des im Gehirn produzierten neuronalen Wachstumsfaktors BDNF (brain-derived neurotrophic factor). Dieser hilft, die Regionen in den Stirnlappen zu programmieren, die für das emotionale Verhalten mitverantwortlich sind. Studien zeigen nach dem Spielen eine erhöhte BDNF-Konzentration in den Stirnlappen.[28]

Durch häufiges spielerisches körperliches Gerangel mit Ihrem Kind können Sie die Entwicklung seines oberen menschlichen Gehirns fördern – und somit auch all die erstaunlichen Eigenschaften wie Gefühls- und Stressmanagement.

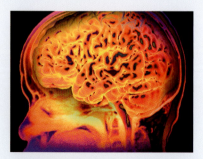

Die gefühlsregulierenden Bereiche in den Stirnlappen des Gehirns (links im Bild) werden durch körperliches Spiel stimuliert.

»Das ist gut für mein Gehirn!«

Es ist schwer zu glauben, aber das Herumtollen mit einem Freund im Gras ist essenziell für eine gesunde Entwicklung des Gehirns. Diese Art Spiel ist nicht nur ein Ventil primitiver motorischer Impulse, wie der Drang zu laufen oder zu klettern, sondern fördert auch die Entwicklung des oberen Gehirnbereichs. Im späteren Leben werden diese Kinder ihre Gefühle besser steuern und mit Stress besser umgehen können (s. S. 20).[29]

■ Was passiert, wenn mein Kind nicht ausreichend mit anderen rangelt?

Untersuchungen zeigen, dass Säugetierjunge, die nicht genug Möglichkeit für geselliges, interaktives Spiel haben, diesen Mangel durch härteres Spiel, oft zur falschen Zeit, ausgleichen.[30] Ihr Spielimpuls tritt unangemessen zu Tage. Bei manchen Kindern mit Aufmerksamkeitsdefizit-Hyperaktivitätsstörung (ADHS) kann es sich um fehlgeleitete Spielimpulse handeln. In einer Studie fand man heraus, dass Kinder, die zu wenig herumtoben durften, in der Schule Symptome von ADHS entwickelten.[31]

»Kinder, die zu wenig herumtoben durften, zeigten in der Schule Symptome von ADHS.«

Hyperaktivität – oder zu wenig interaktives Spiel?

Kinder mit Aufmerksamkeitsdefizit-Hyperaktivitätsstörung (ADHS) zeigen Symptome von Hyperaktivität, Impulsivität und geringer Aufmerksamkeit. Sie haben Schwierigkeiten, sich auf Aufgaben zu konzentrieren, Anweisungen zu folgen, etwas vorzubereiten und zuzuhören. Sie rennen und klettern völlig unangemessen herum. Sie langweilen sich schnell und sind frustriert, wenn sie eine Lernaufgabe nicht bewältigen. Sie zappeln herum, winden sich und schlagen manchmal spontan auf andere Kinder ein. Ein Kind mit ADHS spricht zuweilen ohne Unterlass und kann nicht warten, bis es an der Reihe ist – es unterbricht, mischt sich ein und stört. Leider findet es durch diese Verhaltensweisen nur sehr schwer Freunde. ADHS wird diagnostiziert, wenn 75 Prozent dieser Symptome mindestens sechs Monate lang bestehen und in mehr als einem Umfeld auftreten (z. B. sowohl zu Hause als auch in der Schule).

Manche Kinder leiden aufgrund neurologischer Störungen an ADHS (die durch Stress der Mutter während der Schwangerschaft, Belastungen durch Nikotin, Alkohol, Drogen oder Medikamente im Mutterleib, Komplikationen bei der Geburt, geringes Geburtsgewicht, Frühgeburt, ungenügende Ernährung im Säuglingsalter oder Umweltgifte entstanden sein können). Dies trifft jedoch nicht auf alle, bei denen ADHS diagnostiziert wurde (fünf bis sieben Prozent aller Kinder), zu. Vielfach handelt es sich um eine Fehldiagnose. Einige hatten ein traumatisches Erlebnis, das sie nicht verarbeiten konnten und das so schmerzlich zu ertragen ist, dass sie in manisches Verhalten verfallen. Andere fehldiagnostizierte Kinder sind in der Lage, sich zu konzentrieren, ruhig zu sein, und völlig normal im Umgang, wenn sie genug wertvolle Zeit mit einer erwachsenen Bezugsperson verbringen.

Ein Hauptproblem bei ADHS ist, dass die Stirnlappen noch nicht vollständig »online« sind. Interaktives Spiel trägt zur Entwicklung der Stirnlappen eines Kindes bei. Bei einem Kind mit ADHS können so seine motorischen Impulse (das ständige Umherrennen und Um-sich-Schlagen) gehemmt und stressreiche Situationen gemeistert werden.[32]

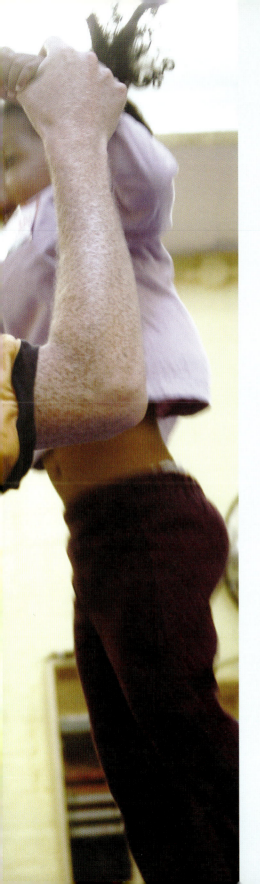

F Ich war noch nie sehr gut im Spielen – wie fange ich an?

Wenn Sie es schwierig finden, mit Ihrem Kind zu spielen, gehen Sie die Sache gelassen an – nicht jeder kann automatisch mit seinen Kindern spielen. Ein möglicher Grund dafür ist, dass Sie selbst keinen spielerischen Kontakt zu Ihren Eltern hatten.

Hier sind einige Anregungen, wie Sie mit einem Kind unter fünf Jahren spielen können. Setzen Sie sich gegenüber Ihrem Kind auf den Boden. Wenn Sie sich unwohl fühlen, nehmen Sie einige Requisiten zu Hilfe. Machen Sie Seifenblasen, werfen Sie bereitgelegte Spielsachen in Luft, um zu sehen, wer sie ohne umzufallen auffangen kann, oder bemalen Sie sich gegenseitig das Gesicht (weitere Anregen finden Sie im Kapitel »Die Chemie der Liebe« ab S. 182). Wichtig dabei ist, dass Ihre Stimme Lockerheit und Spaß ausdrückt. Wenn die Sache zu ernst wird, wird Ihr Kind nicht mit Ihnen spielen wollen.

Obwohl der Impuls zu spielen genetisch verankert ist, bedarf es der richtigen Umgebung, damit er zum Ausdruck kommt, d. h. Ihr Kind muss sich bei Ihnen sicher fühlen. Wenn Sie es erst einmal geschafft haben, den SPIELTRIEB Ihres Kindes in seinem Gehirn zu aktivieren, werden seine Freudenjauchzer so motivierend sein, dass Sie beide öfter spielen möchten.

Wenn es dennoch schwierig für Sie bleibt, sollten Sie dafür sorgen, dass Ihr Kind täglich eine Stunde mit anderen Bezugspersonen, auch mit anderen Kindern, spielen kann.

BEDENKEN SIE ...

Eltern, die selbst keine spielerischen zwischenmenschlichen Beziehungen erlebt haben, können dies als Erwachsene mit ihren eigenen Kindern nachholen, ob in Spielgruppen oder allein mit ihrem Kind. Sue Jenner leistet in der klinischen Psychologie wertvolle Arbeit mit ihren, wie sie es nennt, Eltern-Kind-Spielen, in denen den Eltern beigebracht wird, mit ihren Kindern auf spielerische Weise umzugehen. Bei dieser Methode gibt ein Therapeut den Eltern, während sie mit ihren Kindern spielen, in bestimmten Situationen über einen Ohrstöpsel direkte Verhaltensanweisungen.

Warum Medikamente nicht weiterhelfen

Manche Eltern glauben, die einzige Antwort auf Hyperaktivität sei die medikamentöse Behandlung mit Methylphenidat. Das ist ein Amphetamin, wie Kokain. Dieses Medikament hat Nebenwirkungen wie Kopfschmerzen, Übelkeit, Schlaflosigkeit und Appetitlosigkeit. Eltern und Lehrer berichten oft, dass Kinder, die dieses Medikament einnehmen, ihren Spaß, ihre Lebendigkeit und ihre Spielfähigkeit zu verlieren scheinen.[33] Nach dem Absetzen des Medikaments können überschießende, der Wirkung entgegengesetzte Reaktionen auftreten, wie Aufgeregtheit, Depression und Erschöpfung.

Zusätzlich zeigen neueste Studien, dass die Gabe von Methylphenidat an Säugetiere im vorpubertären Alter eine lebenslänglich reduzierte Dopaminaktivierung bewirkt, weil das Medikament das sich im Gehirn entwickelnde Dopaminsystem belastet. Auch Morbus Parkinson resultiert aus einem reduzierten Dopaminspiegel. Wir wissen jedoch noch nicht, ob Kinder im vorpubertären Alter, die Methylphenidat einnehmen, ein höheres Risiko haben, sehr früh an Parkinson zu erkranken.[34]

Untersuchungen mit Säugetieren zeigen aber auch, dass interaktives Spiel ebenso wirkungsvoll sein kann wie geringe Dosen Methylphenidat.[35] Bei vielen Kindern wirkt auch die Einnahme von Fischöl anstelle von Medikamenten, weil Fischöl eine Erhöhung des Serotoninspiegels im Gehirn bewirken kann, was die Impulsivität auf natürliche Weise hemmt.

Spiele gut und lebe gut

Die Aktivierung des SPIELTRIEBS in unserem Gehirn ist der Schlüssel zu einem schönen Leben. Eine optimale Aktivierung dieses Triebs in der Kindheit bildet wohl die Grundlage für die Fähigkeit, im späteren Leben Spaß und Verspieltheit in zwischenmenschliche Beziehungen einzubringen. Der Spieltrieb kann auch zu wichtigen sozialen Fähigkeiten kanalisiert werden. In Kombination mit dem Sprachzentrum des Gehirns bringt der Spieltrieb im Erwachsenenalter neue Formen des Spiels hervor, wie Humor und Ideenreichtum, eine Art »Spielplatz im Kopf«.[36]

Merksätze

■ **Geben Sie Ihrem Kind** beruhigende und tröstende körperliche Zuwendung. Das stärkt sein Immunsystem und hat langfristige Auswirkungen auf das Stressregulationssystem seines Gehirns.

■ **Viele persönliche Momente** voller Freude und Spiel mit Ihrem Kind setzen in seinem Gehirn Glückshormone frei, wecken seinen SPIELTRIEB und lassen Lebensfreude zu einer seiner Charaktereigenschaften werden.

■ **Als Eltern** können wir jegliche Freude zunichte machen, indem wir einschüchternde Erziehungsmethoden anwenden.

■ **Wenn Sie für viele** fantasievolle Aktivitäten sorgen, bei denen Ihr Kind sein Umfeld erforschen kann, aktivieren Sie den ENTDECKERDRANG in seinem Gehirn. Dadurch wird Ihr Kind genug Lebenshunger, Neugier, Antrieb und Motivation haben, seine kreativen Ideen in die Realität umzusetzen.

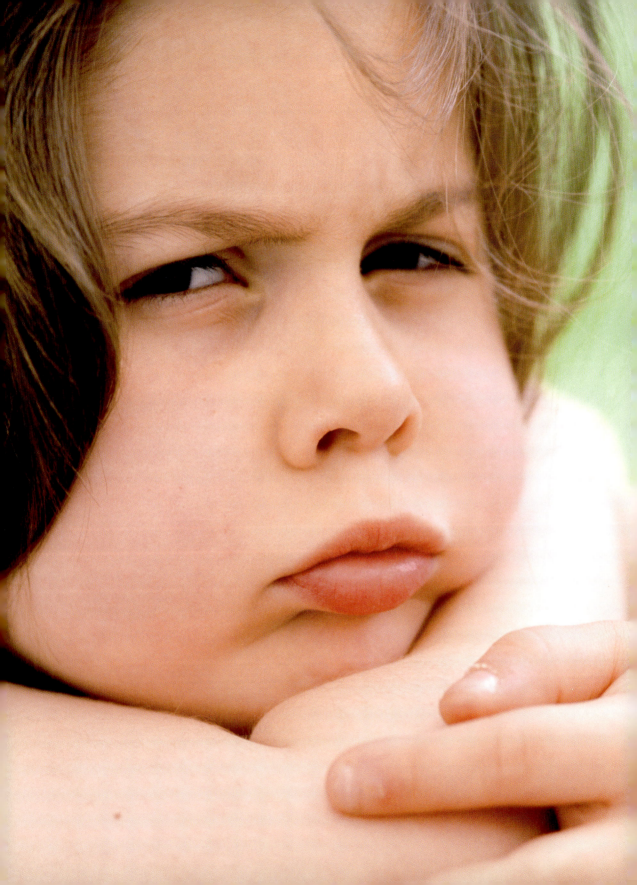

Schlechtes Benehmen

Für Eltern ist das Benehmen ihrer Kinder manchmal eine Herausforderung. Dieses Kapitel befasst sich hauptsächlich damit, Eltern durch wissenschaftliche und psychologische Erklärungen für das schlechte Benehmen ihrer Kinder zu unterstützen. Es werden auch Wutausbrüche behandelt – ein Thema, bei dem die meisten Eltern sich praktische Hilfe wünschen. Einige Experten für kindliches Verhalten empfehlen, Wutanfälle zu ignorieren, was allerdings nicht immer der beste Rat ist. In diesem Kapitel möchte ich deutlich machen, warum man ein Kind im Stich lässt, wenn man nur sein Verhalten betrachtet, aber nicht seine Bedürfnisse.

Ursachen

Wenn ein Kind sich schrecklich benimmt, ist es nicht einfach nur ungezogen – obwohl es manchmal so aussehen mag. Es ist eine kleine Person mit hochkomplexen Reaktionen und psychischen und physischen Nöten. Überhaupt, wenn wir alles auf die Frage des Verhaltens reduzieren, können wir allzu leicht vergessen, was ein bestimmtes Verhalten verursacht.

> »Kinder sind schrecklich, wenn sie Hunger haben, weil Hunger das Gleichgewicht ihrer Hormone stört.«

Eltern können viel tun, um schlechtes Benehmen ihrer Kinder zu verhindern. Das Ziel dieses Kapitels ist es, Eltern durch Erklärungen, warum ihr Kind ungezogen ist, zu unterstützen und Möglichkeiten zu zeigen, wie sie problematische Situation lösen oder vermeiden können. Wenn wir durch das Benehmen unseres Kindes herausgefordert werden, müssen wir uns auch mit Gefühls- und Beziehungsaspekten beschäftigen, nicht nur mit seinem Verhalten. Wenn Ihr Kind ungezogen ist, kommen einer oder mehrere der folgenden Gründe dafür in Frage, die zu kennen es erleichtert, angemessen auf das Kind zu reagieren:

> »Mir reicht es jetzt einfach.«

Wenn ein Kind ungezogen ist, ist es schwierig, in diesem Moment über die Gründe nachzudenken. Kinder haben nicht die Reife, ihre Gefühle zu vermitteln, was zu schlechtem Benehmen führen kann. Sprechen Sie mit Ihrem Kind über sein Benehmen, und versuchen Sie, die Ursache zu verstehen. Oft kommen seine eigentlichen Gefühle dadurch ans Licht. Das gibt Ihnen wiederum die Möglichkeit, die Situation kreativ zu lösen.

Grund 1: Müdigkeit und Hunger

Kinder sind oft ungezogen, wenn sie das körperliche Bedürfnis nach Schlaf oder Essen haben. Auch bestimmte Speisen und Getränke können Gehirn und Körper durcheinander bringen.

Studien zufolge gibt es einen Zusammenhang zwischen Schlafentzug und Störungen des autonomen Nervensystems (s. S. 44), das die körperliche Erregung kontrolliert. Ist dieses System im Gleichgewicht, helfen natürliche Beruhigungsmechanismen, die Stimmung zu stabilisieren. Wenn man zu wenig schläft, können diese Mechanismen ihre Funktion nicht mehr aufrechterhalten. Ein Kind kann leicht in einen Zustand der Übererregung geraten.[1]

Schlafmangel intensiviert negative Gefühle, wenn wir unter Stress stehen. Zudem stört er die Ausgeglichenheit des Blutzuckerspiegels, was wiederum Stimmungsschwankungen bewirkt, einschließlich Aggression, Anspannung und Depression.[2]

■ Sie können nicht alles auf die Müdigkeit schieben.

Weil es einfacher ist, nach einer körperlichen Ursache zu suchen als über die Komplexität emotionaler und sozialer Bedürfnisse nachzudenken, machen manche Eltern allzu schnell Müdigkeit dafür verantwortlich, wenn sich ihr Kind schlecht benimmt. Wenn ein Kind nicht müde ist und sich aus einem anderen Grund schrecklich fühlt, bedeutet diese Fehlinterpretation für das Kind die schmerzliche Erfahrung, nicht verstanden zu werden.

■ Das »Hungermonster« wütet im Gehirn.

Kinder sind fürchterlich, wenn sie Hunger haben: Hunger stört das Gleichgewicht ihres Hormonhaushalts. Wenn der Blutzuckerspiegel Ihres Kindes zu tief sinkt, antwortet sein Körper mit der Freisetzung von Stresshormonen. Zu diesen Hormonen gehören auch Adrenalin und Kortison, die die Erhöhung des Blutzuckerspiegels bewirken sollen. Doch kann deren starke Aktivierung bei Ihrem Kind auch Anspannung, Aufgeregtheit, Aggression, Panik und Verwirrung hervorrufen. Diese schmerzlichen Gefühle können sich in einem Wutausbruch entladen.

BEDENKEN SIE …

Untersuchungen zeigen, dass das Auslassen des Frühstücks zu hyperaktivem Verhalten führen kann. Ein gesundes Frühstück verbessert die schulischen Leistungen eines Kindes, sein psychisches Wohlbefinden und Verhalten. Als Kinder, die nicht regelmäßig gefrühstückt hatten, damit begannen, hatten sie für den Rest des Tages eine weit stabilere Stimmung als zuvor.[3]

»Schokolade und Süßes auf nüchternen Magen jagen den Blutzuckerspiegel in schwindelnde Höhen.«

BEDENKEN SIE ...

Studien mit Kleinkindern zeigen, das DHA (eine Omega-3-Fettsäure) aus fettem Fisch wichtig für die Entwicklung des Gehirns, das Denken und die Konzentrationsfähigkeit ist. Einer Studie zufolge sind niedrige DHA-Werte verbunden mit häufigeren

- Wutausbrüchen
- Schlafstörungen
- Verhaltensstörungen
- Lernstörungen.[5]

Ein niedriger Blutzuckerspiegel (Hypoglykämie) bewirkt einen Glukosemangel im Gehirn, der zu unkontrolliertem Verhalten führen kann, ähnlich dem Verhalten unter Alkoholeinfluss.

Zucker und Süßigkeiten können schlechtes Benehmen verursachen.

Schokolade und Süßigkeiten auf leeren Magen katapultieren den Blutzuckerspiegel eines Kindes in schwindelnde Höhen. Das Kind erhält innerhalb von zehn bis 15 Minuten einen Energieschub, doch dann, weil der Blutzuckerspiegel zu sehr ansteigt, setzt der Körper Insulin frei, um den Zuckerspiegel auf ein sicheres Niveau zu senken. Nach ungefähr 30 Minuten erlebt das Kind einen drastischen Abfall des Blutzuckerspiegels, der niedriger ist als vor dem Verzehr der Süßigkeiten. Dadurch entsteht eine Hypoglykämie, die wiederum zu Aggression, Anspannung und hyperaktivem Verhalten führt, wie Herumrennen und -klettern.[4]

Dasselbe Kind kann eine gewisse Zeit lang ganz normal spielen, wenn es eine richtige Mahlzeit zu sich nimmt, die die Ausschüttung des stimmungsstabilisierenden Serotonins in seinem Gehirn fördert. Als Snack für Ihr Kind ist ein Honigbrot oder eine Banane besser als Schokolade. Diese Nahrungsmittel bewirken keinen drastischen Abfall des Blutzuckerspiegels und erhöhen außerdem die Serotoninwerte.

Nahrungsmittelzusätze können das Gehirn beeinflussen.

Kinder reagieren auf Nahrungsmittelzusätze besonders empfindlich, weil ihr Körper und ihr Gehirn noch so unreif sind. Einige Zusätze senken die Dopamin- und Noradrenalinwerte im Gehirn, was bei manchen Kindern zu hyperaktivem Verhalten führt. Hat Ihr Kind Eiskrem oder Limonade zu sich genommen und fängt dann an, hyperaktiv zu werden, wissen Sie, warum. Achten Sie auf:

■ **E110**, das in manchen Keksen enthalten ist. Bei Tieren wirkt es krebserregend.

SCHLECHTES BENEHMEN 115

»Ich bin jetzt hyperaktiv!«

Nahrungsmittelzusätze in konservierbar gemachten Nahrungsmitteln wie Keksen, Süßigkeiten und Softdrinks können eine stimmungsverändernde Wirkung auf das Gehirn eines Kindes haben und sind weit verbreitete Auslöser schlechten Benehmens. Das ist auch der Grund dafür, dass Kinderpartys mit mindestens einem in Tränen aufgelösten, übererregten Kind enden. Versuchen Sie ansprechende, gesunde Alternativen anzubieten, die wenig Zusätze, Farbstoffe und Zucker enthalten.

- **E122** in manchen Marmeladen. Es wirkt bei Tieren ebenfalls krebserregend.
- **E127**, das für manche Süßigkeiten verwendet wird. Es ist ein Dopamin- und Noradrenalinhemmer und kann den Verlust der Konzentrationsfähigkeit und ein ADHS-ähnliches Verhalten verursachen (s. S. 106).
- **E150**, das manchen Softdrinks und Chips beigefügt wird.
- **E210–219**, das in manchen Softdrinks, Marmeladen und fertigen Salatsoßen verwendet wird und mit Asthma und kindlicher Hyperaktivität in Zusammenhang gebracht wird.
- **E220–227** in manchen Desserts, Keksen und Fruchtsäften.
- **E249–252**, das manchmal in geräuchertem Fleisch und Käse enthalten ist. Es verursacht Kopfschmerzen und wurde in Studien als beim Menschen krebserregend eingestuft.

»Kinder reagieren auf Nahrungsmittelzusätze besonders empfindlich, weil ihr Körper und ihr Gehirn noch so unreif sind.«

> »Kleine Kinder können den primitiven Impuls, herumzurennen und überall hochzuklettern, nicht unterdrücken.«

■ **Süßstoffe**, die manchen Softdrinks und süßen Speisen beigefügt werden. Sie senken den Spiegel des Tryptophans, das wichtig zur Herstellung des Botenstoffs Serotonin ist. Niedrige Tryptophanwerte stehen in Zusammenhang mit Hyperaktivität und aggressivem Verhalten.[6]

Grund 2: Ein nicht reifes emotionales Gehirn

Kinder werden manchmal für schlechtes Benehmen getadelt, für das sie nicht verantwortlich sind, weil die emotionalen Bereiche ihres Gehirns zu unreif sind, als dass sie anders handeln könnten. Bei kleinen Kindern ist der obere Bereich des Gehirns noch nicht gut entwickelt. Das bedeutet, dass sie ihre primitiven Impulse zu schlagen oder herumzurennen und überall hochzuklettern nicht unterdrücken können.

> »Ich bin wirklich ärgerlich.«

Es gibt viele Gründe dafür, dass sich ein Kind in Schule oder Tagesstätte schlecht benimmt. Müdigkeit und Hunger können eine Rolle spielen, es können aber auch emotionale Gründe ausschlaggebend sein. Probleme zu Hause haben großen Einfluss auf das Verhalten eines Kindes gegenüber Freunden, Aufsichtspersonen und Lehrern.

Kinder werden oft von ihren Eltern und in der Schule zu Unrecht bestraft.

- **Einer von fünf Elternteilen** hält es für richtig, ein Kleinkind wegen eines Wutausbruchs zu schlagen.
- **Einer von zehn Elternteilen** hält es für richtig, ein Kleinkind zu schlagen, weil es nicht in den Buggy will.
- **Über 85 Prozent aller Eltern** schreien ihre Kinder regelmäßig an.[7]

Manche Menschen schlagen ihr Kind, weil sie glauben, das Kind sei vorsätzlich unartig. Sie lesen eine Absicht in das Verhalten des Kindes hinein. Viele Generation lang wurde die Ansicht vertreten, einem schreienden Baby »nachzugeben« bedeute, es zu »verziehen« oder dass Kinder ihre Eltern »um den Finger wickeln«. Heute wissen wir aber, dass das Gehirn eines Babys oder Kleinkinds noch nicht ausreichend entwickelt ist, um den Gedanken zu fassen, die Erwachsenen zu manipulieren (s. rechts).

»Ist das Leben eines Kindes nicht ereignisreich, wird es selbst für Ereignisse sorgen.«

Grund 3: Psychischer Hunger

Die drei Arten psychischen Hungers – nach Anregung, Beachtung und Struktur – wurden von dem Psychologen Eric Berne definiert. Er fand heraus, dass sich Menschen mit der Zeit unwohl fühlen und langfristig geistig und körperlich erkranken, wenn eine oder mehrere Arten dieses Hungers unbefriedigt bleiben.[8]

- **Zu wenig Stimulation ist ein Schmerz im Gehirn.**

Das Gehirn nimmt zu wenig Stimulation als Stress wahr. Um diesen schmerzlichen Zustand zu beenden, beginnen Menschen, etwas zu tun: Erwachsene stellen beispielsweise das Radio an oder greifen zur Zigarette. Säuglinge beginnen manchmal, den Kopf hin und her zu bewegen, und Kleinkinder fangen vielleicht an, herumzurennen und zu schreien. Weil Kinder we-

WISSENSWERTES

Es gibt ein biochemisches System in den Stirnlappen des Gehirns, das Glutamatsystem, das uns befähigt, klare Gedanken und Intentionen zu definieren – auch destruktive. Dieses System ist bei Babys und Kleinkindern noch nicht richtig ausgebildet. Sie haben also noch nicht den Entwicklungsstand, um absichtlich unartig oder manipulativ zu sein. Manche Eltern interpretieren das Verhalten ihres Kindes fälschlicherweise als rüde oder auflehnend und reagieren mit Bestrafung; dabei liegt es am noch unreifen Gehirn. Das Glutamatsystem beginnt sich im ersten Lebensjahr zu entwickeln.

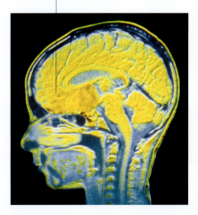

Diese Kernspinaufnahme vom Kopf eines Babys zeigt das Großhirn (gelb), den Hauptteil des Gehirns. Das Glutamatsystem in den Stirnlappen eines Neugeborenen ist noch kaum entwickelt.

> »Kinder brauchen sehr viel Aufmerksamkeit für eine gesunde Entwicklung des Gehirns.«

niger Wahlmöglichkeiten haben als Erwachsene, ist die Stimulation, die sie wählen, oft aggressiv, laut oder destruktiv – wie Geschwister zu prügeln oder Saft zu verschütten. Teil dieses Anregungshungers ist der Ereignishunger.

■ Der Hunger nach Beachtung lässt ein Kind Aufmerksamkeit suchen.

Der Beachtungshunger ist das genetisch angelegte menschliche Bedürfnis nach Aufmerksamkeit. Wir alle haben ein fundamentales Bedürfnis nach dem Gefühl, Einfluss auf die Welt zu haben, denn »habe ich Einfluss, weiß ich, dass ich existiere.«[9] Wenn ein Kind fühlt, dass gutes Benehmen keinen Einfluss auf seine Eltern hat, schwenkt es um auf schlechtes Benehmen.

Schlechtes Benehmen aus Beachtungshunger ist der Ausdruck des inneren Schreis: »Bitte ignoriere mich nicht«. Wenn Ihr Kind glaubt, Ihre Aufmerksamkeit nur durch Ungezogenheit, Schreien oder Weinen zu erlangen, wird es sich auch so verhalten. Natürlich ist für jedes Kind liebevolle Aufmerksamkeit besser als ärgerliche Aufmerksamkeit, wenn Letztere aber die einzig verfügbare ist, wird es diese suchen.

■ Der Hunger nach Struktur kann zu schlechtem Benehmen führen.

Wir haben alle das psychische Bedürfnis nach Struktur. Strukturmangel kann bei Erwachsenen zu Depression, Anspannung, Wut oder Ziel- und Bedeutungslosigkeit führen. Eine strukturlose Gesellschaft ist ein fruchtbarer Boden für schlechtes Verhalten. Ohne die Strukturierung durch Regeln und Gesetze würde die Zivilisation zusammenbrechen. Mit Kindern ist es genauso. Sie brauchen die Struktur häuslicher Routine und Regeln.

Grund 4: Bei Emotionen Hilfe brauchen

Manchmal benehmen sich Kinder schlecht, weil sie so die Spannung eines schmerzlichen Gefühls entladen. Sie sind auf jemanden böse oder enttäuscht, vielleicht werden sie in der Schule tyrannisiert oder sind auf Geschwister eifersüchtig. Möglicher-

BEDENKEN SIE …

Wir alle suchen Aufmerksamkeit, aber besonders Kinder brauchen für eine gesunde Entwicklung des Gehirns sehr viel davon. Sie zeigen ihr Bedürfnis nach Beachtung im Allgemeinen wesentlich offener als viele Erwachsene. Kinder wissen nichts über den psychischen Beachtungshunger, entdecken aber bald, dass schlechtes Benehmen Aufmerksamkeit garantiert.

weise fällt es ihnen schwer, ein bestimmtes Ereignis zu verkraften, wie den Verlust eines Verwandten, Freundes oder Haustiers. Ein starkes schmerzliches Gefühl aktiviert Stresshormone in Körper und Gehirn eines Kindes. Ausbrüche sind oft der Weg, Spannungen abzubauen. Ein Kind kann seine Gefühle nicht in Worte fassen, deshalb drückt es sie durch Kreischen oder Schreien aus. Wenn wir Kindern bei ihren schmerzlichen Gefühlen (Enttäuschung, Eifersucht, Verlust, Frustration) helfen, statt sie für ihre von den unteren Teilen des Gehirns ausgelösten Gefühlsausbrüche zu tadeln, können wir die Entwicklung von Nervenpfaden in ihrem oberen Gehirnbereich fördern, die für die natürliche Regulierung dieser Gefühle essenziell sind.[10]

Grund 5: Die Übertragung Ihres Stresses

Das Verhalten eines Kindes ist oft ein Barometer für Stress, Depression, Wut oder Trauer der Eltern. Anhaltendes Schreien und Toben kann der Weg des Kindes sein, die Emotionen der Eltern zu entladen.

Die Erziehung eines Kindes ist eine der stressreichsten Aufgaben im Leben. Je gestresster Sie selbst sind, desto schlechter benimmt sich Ihr Kind. Der vordere Teil des rechten Stirnlappens im Gehirn eines Kindes kann die emotionale Atmosphäre in Millisekunden aufnehmen. Kinder werden auf körperlicher und emotionaler Ebene durch Stress oder Unzufriedenheit in der Familie beeinflusst. Sind Sie entspannt, ist Ihr Kind ruhig. Ist die Atmosphäre angespannt, benimmt sich Ihr Kind schlecht.

Grund 6: Sie aktivieren den falschen Bereich im Gehirn Ihres Kindes

Ihre Art des Umgangs mit Ihrem Kind aktiviert vielleicht den falschen Teil seines Gehirns. Wenn Sie schreien und endlos Kommandos geben, aktivieren Sie unwissentlich die primitiven Wut- und Furcht-Systeme tief in seinem Säuger- und Reptiliengehirn. Häufiges Spielen, Lachen und Liebkosen hingegen weckt den Spieltrieb und die Fürsorge und setzt beruhigende Opioide frei – und Sie haben ein zufriedenes, ruhiges Kind.[11]

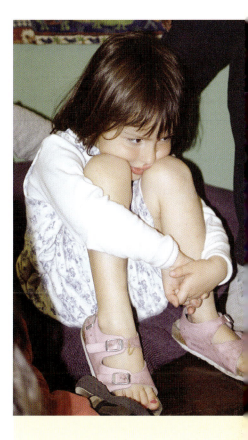

»Du bist schrecklich.«

Ein Hauptgrund für schlechtes Benehmen ist, dass die Eltern durch den Umgang mit ihren Kindern den falschen Gehirnbereich aktivieren. Sie haben keine Freude mit Ihrem Kind, wenn Sie die Wut-, Furcht- oder Trennungsangstsysteme (s. S. 24) im unteren Teil seines Gehirns aktivieren. Anders sieht es aus, wenn Sie Entdeckerdrang und Spieltrieb (s. S. 94 und 108) oder das Fürsorge-System (s. S. 190) im unteren Bereich seines Gehirns anregen.

Wutanfälle

Wutanfälle sind Gefühlsstürme, die normalerweise auftreten, weil das rationale Gehirn eines Kindes nicht ausreichend entwickelt ist, um mit starken Gefühlen auf sozial verträglicherem Wege umzugehen. Viele Wutanfälle sind das Ergebnis von emotionalem Schmerz, der ernst genommen werden sollte: Der Schmerz von Ohnmacht, Frustration, Verlust, Enttäuschung und dem Gefühl, missverstanden zu werden. Nur wenige Wutanfälle entspringen dem Wunsch, Kontrolle über ein Elternteil auszuüben.

»Es gibt zwei Arten von Wutanfällen, und jede bedarf einer besonderen Reaktion.«

Wegen ihrer Intensität sind Wutanfälle nicht nur für das Kind selbst erschreckend, sondern rufen auch bei den Eltern Gefühle der Unfähigkeit, Hilflosigkeit, Überforderung oder Wut hervor, besonders dann, wenn den Gefühlen der Eltern selbst in ihrer Kindheit nicht ausreichend Rechnung getragen wurde. Es ist eine echte Kunst, während eines Wutanfalls des Kindes mit den eigenen Gefühlen umzugehen. Es ist jedoch wichtig, dass das Ganze nicht zum Machtkampf wird, sondern dass die Eltern ruhig bleiben und rational und kreativ mit den Gefühlen ihres Kindes umgehen.

Konflikte wegen des Essens sind für 17 Prozent der Wutanfälle bei Kleinkindern verantwortlich. Die Gründe dafür sind oft komplex (s. S. 143).

In einem Kindersitz oder Buggy angeschnallt zu werden ist der Anlass für über elf Prozent aller Wutanfälle von Kleinkindern.

Durch das Anziehen wird die Bewegungsfreiheit eines Kindes ebenfalls eingeschränkt. Das provoziert elf Prozent aller Wutanfälle.

Warum Wutanfälle wichtig sind

Wutanfälle sind Schlüsselmomente der Gehirnformung, weil die emotionale Regulierung der anstürmenden Gefühle das Kind befähigt, essenzielle Pfade für Stressbewältigung und Durchsetzungsvermögen im späteren Leben im Gehirn anzulegen.

Das brave Kind, das keine Wutanfälle hat, hat schon früh gelernt, dass das Ausdrücken starker Gefühle eine erschreckende Reaktion der Eltern hervorruft und dass der Preis für die elterliche Liebe die totale Gefügigkeit ist. Das brave Kind verpasst die wichtige Formung des Gehirns, die es durch die Eltern erhielte, wenn es starke, dramatische Gefühle ausdrücken würde. Eventuell reagiert es im späteren Leben mit Wutausbrüchen auf Frustration oder kann sich nicht durchsetzen.

▬ **Nicht alle Wutanfälle sind Machtkämpfe.**
Viele Wutanfälle drehen sich um echten emotionalen Schmerz. Es ist ein Fehler zu denken, dass es bei Wut immer um Kontrolle geht. Hinter mancher Wut kann sich ein großer Schmerz verbergen, wie beispielsweise, es nicht zu schaffen, den geliebten Elternteil dazu zu bringen, etwas überaus Wichtiges zu verstehen.

▬ **Mit einem potenziellen Konflikt konfrontiert, fragen Sie sich selbst, ob es sich lohnt, dafür zu kämpfen.**
Stellen Sie sich vor, Sie wären zwei Jahre alt und die Menschen in Ihrem Leben hätten die Kontrolle über alles, was Sie tun. Würde Sie das nicht wahnsinnig machen? Überlegen Sie, wo es sich lohnt einzuschreiten (z. B. bei Gefahr) und wo Sie ihrem Kind ein wenig Freiraum lassen können.

▬ **Es gibt zwei Arten von Wutanfällen.**
Den ersten Typ nenne ich »Stressausbruch«, der zweite Typ ist mit »Jähzorn« am besten beschrieben. Es ist wichtig zu wissen, was jeweils im Gehirn eines Kindes vorgeht, da jeder Typ einer gesonderten Reaktion bedarf. Ist ihr Kind jähzornig, sollten Sie sich entfernen, bei einem Stressausbruch sollten Sie auf Ihr Kind zugehen und Trost spenden.

»Das ist nicht fair!«

Einer der beiden Arten von Wutanfällen ist der »Stressausbruch«, der durch starke Gefühle wie Enttäuschung, Verlust oder Frustration ausgelöst werden kann und ein Kind völlig durcheinander bringt. Diese Art Wutanfall bedarf einer sensiblen Handhabung und des Bewusstseins, dass ein Kind mit diesen Gefühlen ohne Hilfe nicht zurechtkommt.

Stressausbrüche

Ein Stressausbruch bedeutet, dass bei Ihrem Kind eines oder mehrere der drei Alarmsysteme im unteren Bereich des Gehirns sehr stark aktiviert ist. Diese Alarmsysteme sind WUT, FURCHT und TRENNUNGSANGST (s. S. 24). Dadurch gerät das Erregungssystem (s. S. 40) völlig aus dem Gleichgewicht – Körper und Gehirn werden von Stresshormonen überschwemmt.

Stressausbrüche kommen vor, weil sich wichtige Nervenpfade zwischen dem oberen und unteren Gehirnbereich noch nicht entwickelt haben. Diese Pfade sind notwendig, um ein Kind zu befähigen, mit seinen Gefühlen umzugehen. Sie sollten Ihr Kind beruhigen, während es eine Hormonflut in Gehirn und Körper erlebt. Wenn Sie in dieser Situation böse werden, hört es vielleicht auf zu weinen, was aber bedeuten kann, dass sein FURCHTSYSTEM ausgelöst wird und die TRENNUNGSANGST überlagert. Es kann auch dazu übergehen, still vor sich hin zu leiden, aber dabei bleibt der Spiegel seiner Stresshormone in schwindelnder Höhe – die Flut der Stresshormone durch ungetrösteten Kummer kann im Gehirn eines Kindes toxische Ausmaße annehmen.

■ Kinder können während eines Ausbruchs weder sprechen noch zuhören.

Die drastischen Veränderungen in Körper und Gehirn während eines Stressausbruchs nehmen die Funktionen des Denkens und des Sprachzentrums, das Verstehen und Ausdruck der Sprache im Gehirn steuert, völlig in Beschlag. Es ist wichtig zu verstehen, warum der Versuch, während eines Stressausbruchs mit Ihrem Kind zu sprechen, oder die Erwartung, dass es in diesem Zustand über seine Gefühle spricht, reine Zeitverschwendung ist.

■ Ein Stressausbruch bedarf sensibler Reaktion.

Nehmen Sie einen echten Stressausbruch ernst, und begegnen Sie dem Schmerz des Verlustes, der Frustration oder Enttäu-

Fallstudie

Ein Wutanfall beim Frühstück
James hat einen Stressausbruch, weil seine Lieblingsfrühstücksflocken ausgegangen sind. Er ist nicht unartig, sondern enttäuscht. James muss die durch die Frustration entstandene körperliche Erregung entladen und braucht eine mitfühlende Reaktion.

James' Vater nimmt ihn auf den Arm und findet verständnisvolle Worte, die James befähigen, Stressregulationssysteme zu entwickeln. Diese Methode ist wesentlich effektiver als der Versuch, mit einem kleinen Kind zu diskutieren.

schung Ihres Kindes mit Verständnis. So helfen Sie Ihrem Kind, Stressregulationssysteme im rationalen Gehirn (s. S. 27 u. 29) zu entwickeln. Wiederholtes Ärgerlich-werden, während Ihr Kind echten Kummer hat, kann dazu führen, dass Ihr Kind keine hemmenden Mechanismen entwickelt. Stellen Sie sich einen Mann vor, der in einem Restaurant regelmäßig die Geduld verliert oder auf einen kaputten Automaten einschlägt – wahrscheinlich musste er auf eine Erziehung verzichten, die ihm geholfen hätte, seine Wut unter Kontrolle zu halten.[12]

»Es ist an Ihnen, die Hormonflut in seinem Gehirn und Körper zu beruhigen.«

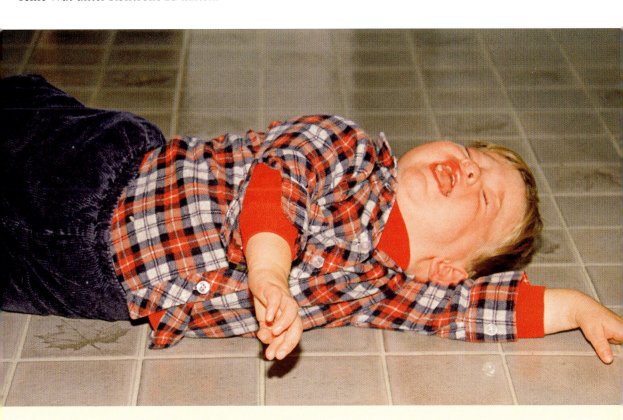

»Das Leben ist schlimm!«

Wenn ein Kind einen »Stressausbruch« hat, können Sie echte Qual in seinem Gesicht sehen. Der zweijährige Ben wälzt sich am Boden eines Geschäfts, weil er sein Herz an Schuhe verloren hat, die ihm nicht passen. Ein Alarmsystem in seinem Gehirn wurde ausgelöst, und jetzt überfluten Stresshormone seinen Körper, unter denen er furchtbar leidet. Er braucht Trost.

»Hilf mir, damit umzugehen.«

Wenn Ihr Kind einen Stressausbruch erlebt, braucht es Ihre Hilfe, um sich beruhigen zu können. Wenn Sie es in den Armen halten, hilft Ihr gereiftes körperliches Erregungssystem (s. S. 40), das unreife Ihres Kindes zu beruhigen.

Sprechen Sie mit sanfter Stimme, und benutzen Sie einfache, tröstende Worte. Ihr Kind wird sich bald sicher fühlen, wenn es bemerkt, dass Sie ihm in seiner Not helfen können. Das wird Ihr Kind davon abhalten, böse auf Sie zu werden oder sich von Ihnen abzuwenden.

Wenn sich Ihr Kind wieder besser fühlt, versuchen Sie, es mit etwas Amüsantem abzulenken, etwa mit einem Spielzeug, oder machen Sie es auf etwas Interessantes in der Umgebung aufmerksam.

■ **Die Stressregulation in der Kindheit ist eine Aufgabe für alle Eltern, Lehrer und Aufsichtspersonen.**

Hilfe im Umgang mit den intensiven Gefühlen von Wut, Frustration oder Kummer zu erhalten bedeutet für ein Kind, dass es die Nervenpfade in seinem Gehirn entwickeln kann, die es befähigen, sich selbst zu beruhigen. Wenn wir auf einen echten Stressausbruch nicht adäquat reagieren, verpassen wir eine gute Gelegenheit, das Gehirn eines Kindes positiv zu formen. Es ist beruhigend für ein Kind, wenn es weiß, dass ein Erwachsener die Stürme, die durch seinen Körper und sein Gehirn toben, verstehen und lindern kann. Höchst beunruhigend aber ist es, wenn es sich in einem schrecklichen emotionalen Zustand befindet und seine Mama ärgerlich wird oder einfach weggeht.

Wie man mit Stressausbrüchen umgeht

Ihre Aufgabe ist es, Ihrem Kind ein Gefühl von Sicherheit, Trost und Beruhigung zu geben, wenn es einen Stressausbruch hat. Diese Techniken können helfen, Ihr Kind zu beruhigen:

■ **Ruhige, einfache Handlungen** sind angebracht, oder bieten Sie ihm eine Auswahlmöglichkeit an. Wenn Ihr Kind wütend wird, weil Sie es anziehen, können Sie es fragen, ob es lieber die blaue oder die braune Hose anziehen möchte.

■ **Ablenkung ist eine effektive**, zu selten angewandte Technik. Sie aktiviert den Entdeckerdrang (s. S. 94) im unteren Bereich des Gehirns Ihres Kindes, der seine Neugier und sein Interesse weckt und so auf natürliche Weise sein Wut- oder Trennungsangstsystem außer Kraft setzt. Außerdem löst es eine hohe Freisetzung des Glückshormons Dopamin im Gehirn aus, das Stress reduziert und für Interesse und Motivation sorgt.[13]

■ **Halten Sie Ihr Kind vorsichtig fest.** Dabei müssen Sie jedoch ruhig bleiben und sich unter Kontrolle haben. Die Nähe Ihres ruhigen Körpers bringt die übererregten Körper- und Gehirnsysteme Ihres Kindes wieder ins Gleichgewicht und bewirkt, dass natürliche beruhigende Opioide und Oxytocin freigesetzt werden. Sagen Sie einfache Worte wie: »Ja, ich weiß«. Wenn das Wutsystem gleichzeitig mit dem Trennungsangstsystem im Gehirn Ihres Kindes ausgelöst wurde und es Gegen-

BEDENKEN SIE ...

Es ist normal, dass Kinder nach einem Stressausbruch nachts Alpträume haben. Intensive Gefühle tauchen als Monster in einem Albtraum wieder auf.

»Wir sind tief empfindende und zutiefst biologische Wesen … Wir müssen uns mit der biologischen Quelle des menschlichen Geistes abfinden.«

Jaak Panksepp

VERSUCHEN SIE ES …

Ein Kind anzuziehen kann zum täglichen Kampf werden. Bieten Sie Ihrem Kind eine Auswahl an, oder beschäftigen Sie es durch Ablenkung. Das erleichtert die Sache für Sie beide. Wenn Sie versuchen, Ihr Kind zu drängen, ist das im Folgenden geschilderte Szenario nur wahrscheinlich:

Mutter: »Es wird Zeit zum Anziehen.«
Molly: »Nein.«
Mutter: »Komm schon, wir wollen rausgehen.«
Molly: »Ich will nicht! Nein! Nein! Nein!«

Das Wutsystem wird bei der Mutter und beim Kind ausgelöst. Beide werden von Stresshormonen überflutet. Ehe eine solche Situation in einem Wutanfall endet, sollten Sie versuchen, die Stirnlappen Ihres Kindes zu aktivieren, indem Sie Ihr Kind wählen lassen:

»Möchtest du heute ein Kleid oder eine Hose anziehen?«

Sie können auch versuchen, Ihr Kind abzulenken, während Sie es anziehen. Machen Sie es auf ein Spielzeug aufmerksam, oder singen Sie ein Lied. Dadurch wird das rationale Gehirn Ihres Kindes beschäftigt, was den ganzen Prozess wesentlich angenehmer macht.

stände durchs Zimmer wirft oder um sich schlägt und beißt, benötigen Sie die richtigen Haltetechniken (s. S. 177).

■ **Manchmal fühlt sich ein Kind beschützt**, wenn man neben ihm sitzt und ruhig mit ihm redet. Manche Kinder ziehen dies dem Festhalten vor, weil es ihnen erlaubt, sich frei zu bewegen.

■ **Vermeiden Sie die Time-out-Technik** bei einem Stressausbruch Ihres Kindes. Sie würden auch nicht weggehen, wenn Ihr bester Freund sich verzweifelt am Boden wälzt. Bei Kindern ist es erst recht nicht angebracht, da sie weit weniger emotionale Ressourcen haben als Erwachsene. Die Anwendung der Time-out-Technik bei einem verzweifelten Kind würde bedeuten, eine wichtige Gelegenheit zu verpassen, seine Wut und seinen Kummer zu besänftigen.

■ **Lassen Sie Ihr Kind nicht allein in einen Raum**, wenn es einen Stressausbruch hat. Obwohl es vielleicht zu schreien aufhört, kann es innerlich weiter weinen – und das ist weit besorgniserregender.[14] Während Schreien ein Hilferuf ist, ist innerliches Weinen ein Zeichen dafür, dass das Kind nicht mehr darauf vertraut, dass ihm jemand hilft. Bei manchen Menschen bleibt dieser tragische Vertrauensverlust ein Leben lang bestehen.

■ **Rufen Sie sich ins Gedächtnis, dass der Kummer Ihres Kindes echt ist.** Ein Zweijähriger, der schreit, weil ihm sein Bruder ein Spielzeugauto weggenommen hat, macht nicht nur Wirbel. Studien zeigen, dass das Gefühl des Verlustes Schmerzzentren im Gehirn aktiviert, die einen qualvollen Abfall der Opioidwerte verursachen.[15] Kleine Kinder haben noch keine klare Sicht des Lebens. Als Erwachsene können wir aufgrund unserer Erfahrungen und Erlebnisse einschätzen, dass der Verlust eines Spielzeugautos kaum der Rede wert ist, aber für ein kleines Kind kann dieser Verlust alles bedeuten. Wird ein Kind wiederholt für durch Trauer verursachte Wutanfälle bestraft, lernt es daraus: »Mama kann mit meiner Trauer nicht umgehen oder sie nicht verstehen.« Als Resultat distanziert sich ein Kind von seinen schmerzlichen Gefühlen, weil es sich nicht mehr sicher ist, sie zu haben. Eine solche Entwicklung hat Auswirkung auf den Umgang mit Gefühlen im Erwachsenenalter (s. S. 205).

F Ich habe das Gefühl aufzugeben, wenn ich mein Kind ablenke. Ermutige ich es zu weiteren Wutanfällen?

Mit einem Spiel oder Lied zu beginnen ist eine wirksame Methode, ein Kleinkind von einem beginnenden Wutanfall abzulenken. Untersuchungen zeigen, dass Ablenkungen in diesem Stadium noch gut funktionieren, meist aber nicht mehr, wenn ein Kind sich schon mitten in einem voll ausgebildeten Stressstadium befindet.[16]

Durch Ablenkung einen Wutanfall abzuwenden bedeutet nicht, ein Kind zu »verziehen«. Kleine Kinder haben nicht die Lebenssicht eines Erwachsenen. Wenn sie etwas nicht tun oder haben können, was sie gerne haben oder tun möchten, kann das eine starke Trauerreaktion auslösen. Ein Wutanfall ist keine Unartigkeit, sondern das Ergebnis von Unreife. Als Eltern sollten Sie Mitgefühl und Verständnis aufbringen, um Ihrem Kind im Umgang mit seinen Gefühlen zu helfen.

Jähzorn

Ein Wutanfall aus Jähzorn unterscheidet sich von einem Stressausbruch durch den Wunsch, jemanden zu kontrollieren und zu manipulieren. Ein jähzorniges Kind erlebt und zeigt nicht die Qual, Verzweiflung und Panik, die einen Stressausbruch charakterisieren, und es wird auch nicht von Stresshormonen überflutet.

> **WISSENSWERTES**
>
> **Die Gehirnaktivität** bei einem Stressausbruch unterscheidet sich stark von der bei einem Wutanfall aus Jähzorn. Bei einem Stressausbruch kann Ihr Kind weder denken noch sprechen, weil die Funktionen des rationalen Gehirns von den emotionalen Systemen »gekidnappt« werden. Das Gegenteil gilt bei einem jähzornigen Kind, das seine Stirnlappen oder sein oberes Gehirn für ein gezieltes Verhalten gebraucht.

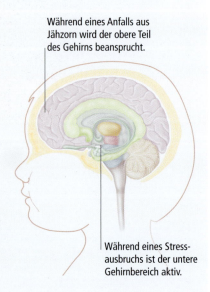

Während eines Anfalls aus Jähzorn wird der obere Teil des Gehirns beansprucht.

Während eines Stressausbruchs ist der untere Gehirnbereich aktiv.

Ein Kind versucht, durch jähzorniges Verhalten zu bekommen, was es möchte – Aufmerksamkeit, ein Spielzeug oder Nahrungsmittel –, indem es seine Eltern so lange tyrannisiert, bis sie aufgeben. Ein Kind, das oft jähzorniges Verhalten an den Tag legt, hat gelernt, dass Brüllen und Schreien zum Erfolg führen.

Jähzornige Kinder müssen lernen, dass sie nicht immer das haben können, was sie möchten, und dass es ganz und gar nicht in Ordnung ist, Menschen aus diesem Grund zu tyrannisieren und zu erpressen.

Die Probleme des Nachgebens

Wenn Sie Jähzorn ständig dadurch belohnen, dass Sie aufgeben, und Ihrem Kind gewähren, was es möchte, laufen Sie Gefahr, ein stets bereites WUTSYSTEM im Gehirn Ihres Kindes anzulegen, und zwar deshalb, weil die bloße Erfahrung der Wut ohne die Fähigkeit, rational zu denken, zu einem Charakterzug Ihres Kindes werden kann.[17]

Manche Kinder, mit deren Jähzorn nicht richtig umgegangen wird, gewinnen den Kampf nicht nur im Alter von zwei Jahren, sondern auch mit sechs, acht und zehn Jahren. Sie können zu machthungrigen, tyrannisierenden Erwachsenen werden, die glauben, dass sie zu Hause und am Arbeitsplatz das Sagen haben. Solche Menschen sind in ihrer Entwicklung gefangen – kleine jähzornige Zweijährige im Körper eines Erwachsenen – und können tiefstes Elend über die Menschen bringen, die mit ihnen leben und arbeiten müssen.

»Gib mir, was ich möchte – jetzt!«

Ein Anfall von Jähzorn unterscheidet sich stark von einem Stressausbruch. Dabei gibt es normalerweise keine Tränen, das Kind ist fähig, seine Forderung zu artikulieren und zu debattieren, wenn Sie Nein sagen. Ein Kind bedient sich des Jähzorns, weil es gelernt hat, dass es dadurch bekommt, was es möchte. Je mehr Sie diesen Jähzorn mit Aufmerksamkeit und Nachgiebigkeit belohnen, desto mehr wird das Kind dieses Verhalten anwenden und beibehalten. So können Sie Ihr Kind zu einem Tyrannen ausbilden (s. S. 160).

Techniken für den Umgang mit Jähzorn

Wutanfälle aus Jähzorn bedürfen einer anderen Reaktion als Stressausbrüche. Die folgenden Techniken helfen Ihnen, die Oberhand zu behalten.

■ **Geben Sie Ihrem Kind kein Publikum.** Ein Anfall von Jähzorn muss ein »Soloauftritt« sein. Wenn Sie sich sicher sind, dass Ihr Kind keinen Stressausbruch hat, verlassen Sie den Raum. Wenn Sie den Jähzorn Ihres Kindes ignorieren, wird es damit aufhören. Es macht keinen Spaß, wenn keiner zusieht.

■ **Versuchen Sie nicht, mit Ihrem Kind zu diskutieren, zu streiten oder es zu überzeugen.** Aufmerksamkeit und Gespräche belohnen sein negatives Verhalten.

> »Bringen Sie ihm keine Aufmerksamkeit entgegen, wenn es Dominanz einsetzt.«

■ **»Küssen« Sie das Problem nicht »weg«.** Durch diese Methode geben Sie Ihrem Kind die Botschaft: »Wenn du wütend wirst, gebe ich dir Liebe.«

■ **Verhandeln Sie nicht.** Wenn Sie das tun, belohnen Sie kontrollierendes, zorniges Verhalten. Wenn ein Kind entdeckt, dass es durch zorniges Verhalten seine Eltern manipulieren kann, wird es dieses Verhalten vermutlich auch im Erwachsenenalter beibehalten. Stellen Sie sich folgenden Albtraum vor: Sie haben den Versuch Ihres Sohnes, alles zu kontrollieren, immer mit Aufmerksamkeit belohnt. Jetzt, mit 16 Jahren, schlägt er Sie immer noch und knallt Türen. Weil er größer ist als Sie, können Sie ihn nicht für ein »Time out« in ein Zimmer sperren (s. S. 174).

■ **Sagen Sie deutlich Nein,** und versuchen Sie, Ihre eigene Wut zu unterdrücken. Niemand möchte gerne kontrolliert werden.

■ **Gehen Sie mit den Befehlen Ihres Kindes förmlich um.** Geben Sie Ihrem Kind klar zu verstehen, dass Kommandos zu geben eine völlig unakzeptable Weise ist, etwas zu bekommen, das man möchte. Wenn Ihr Kind z. B. brüllt, weil es einen Keks möchte, sagen Sie: »Ich spreche gerne mit dir darüber, was du gerne

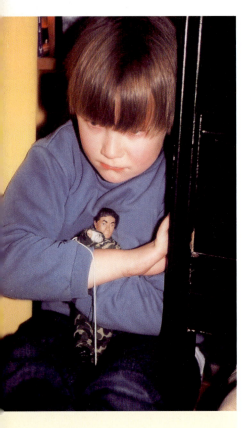

»Aha, das hat nicht funktioniert!«

Wenn Sie das jähzornige Verhalten Ihres Kindes ignorieren, helfen Sie ihm, wichtige soziale Fähigkeiten zu entwickeln. Es ist aber wichtig, dass Sie Ihr Kind nicht demütigen. Es sollte den Kampf in Würde verlieren. Belohnen Sie Ihr Kind mit Aufmerksamkeit, sobald sich sein Verhalten bessert.

hättest, wenn deine Stimme so ruhig ist wie meine.« Fahren Sie mit dem fort, was Sie gerade tun, bis sich Ihr Kind beruhigt und »bitte« sagt. Beachten Sie Ihr Kind nicht, wenn es versucht, durch dominantes, forderndes Verhalten etwas von Ihnen zu bekommen. Jede Diskussion mit ihm, wenn es Ihnen Kommandos gibt, belohnt seine Wut und sein machthungriges Verhalten und ist ein weiterer Schritt in die Richtung, dieses Verhalten als Persönlichkeitsmerkmal anzulegen.

■ **Sprechen Sie über Höflichkeit.** Diese Methode ist für ältere Kinder geeignet, deren rationales Gehirn schon weiter entwickelt ist. Sagen Sie: »Wenn du Menschen befiehlst, etwas zu tun, werden sie dir nicht helfen wollen. Wenn du etwas möchtest, überleg' dir eine Art zu fragen, die mich freundlich stimmt.«

Oder geben Sie ihm klar und deutlich zu verstehen: »Hey Toby, das funktioniert bei mir nicht.«

■ **Greifen Sie bei passender Gelegenheit auf Spielerisches zurück.** Das kann dem Jähzorn den Wind aus den Segeln nehmen. Halten Sie Ihrem Kind »einen Spiegel vor«. Dadurch machen Sie Ihrem Kind untergründig klar, dass es mit seinen Machtansprüchen keinesfalls bei Ihnen durchkommt. Versuchen Sie es etwa so: »Du willst mich herumkommandieren? – Versuchen wir's mal mit dieser Dose Erbsen. Erbsendose – gib mir sofort einen Keks! Oder lass uns mal die Zahnbürste herumkommandieren … Komm her, Zahnbürste!« Spätestens jetzt wird Ihr Kind Sie ansehen, als ob Sie verrückt wären. Dieses Spiel dient dazu, ihm die Schau zu stehlen, es vom eingeschlagenen Weg abzubringen, Sie beide auf eine Ebene des Humors und Spiels zu bringen (ob es will oder nicht) und ihm einen »Spiegel vorzuhalten«. Sie machen damit deutlich, dass Sie Einschüchterungsversuche nicht ernst nehmen.

■ **Wenden Sie Time out als letzte Maßnahme an.** Sie ist nur angebracht, wenn Ihr Kind jemanden schlägt, beißt oder tritt (besonders, wenn es älter als fünf ist). Lassen Sie Ihr Kind in einem separaten Raum allein, und sagen Sie: »Du bleibst jetzt hier, weil du mich gebissen hast. Es ist nicht in Ordnung, jemandem wehzutun.« (Mehr dazu s. S. 174)

Fallstudie

Emma außer Kontrolle

Wenn Emma ihren Kopf nicht durchsetzen konnte, schrie und trat sie und warf sich heulend auf den Boden. Sie war oft herrisch und sagte Dinge wie: »Du gehst jetzt nicht, du bleibst bei mir.« Sie machte absichtlich ihre Puppe kaputt, weil sie eine neue wollte. Ihre Mutter versuchte, vernünftig mit ihr zu reden, und flehte sie an – die schlimmste Reaktion auf jähzorniges Verhalten. Emma wurde immer schlimmer. Als sie begann, Lampen von der Wand zu reißen, damit ihre Mutter tat, was sie wollte, wurde Emma an einen Therapeuten überwiesen. Ihre Mutter gab zu, dass sie Emma zwar liebte, sie aber nicht mehr mochte.

Auf die Frage, warum sie sich in der Schule so gut benähme, antwortete Emma: »In der Schule darf ich nicht unartig sein.« Emmas Mutter lernte, klare Grenzen zu setzen und konsequent zu handeln. Im Alter von neun Jahren verlor Emma einen zweijährigen Kampf!

> »Überlegen Sie, ob Sie sich genug mit Ihrem Kind beschäftigen.«

■ **Unterscheiden Sie zwischen Jähzorn** und Stressausbruch. Forderungen wie »geh sofort Süßigkeiten einkaufen!« sollten Sie selbstverständlich nicht akzeptieren, aber wenn das Verhalten Ihres Kindes in eine Trauerreaktion übergeht, weil Sie Nein gesagt haben (und Sie feststellen, dass die Trauer echt ist), braucht es Ihre Hilfe. Die Botschaft, die Sie Ihrem Kind übermitteln sollten, lautet: »Ich reagiere nicht auf Kommandos, aber ich helfe dir, wenn es dir schlecht geht.« Alle Säugetiere, einschließlich Menschenbabys, sind genetisch darauf programmiert, mit Zorn zu reagieren, wenn sie eine erwartete Belohnung nicht erhalten. Ihre Stirnlappen sind nicht ausreichend entwickelt, um sich über diese Gefühle hinwegzusetzen.

Gefühle und körperliche Zustände bei Wutanfällen

Wie gesehen, sind bestimmte körperliche und emotionale Zustände für ein allgemein schlechtes Benehmen verantwortlich. Ebenso gibt es auch anerkannte Auslöser für Wutanfälle – Hunger, Müdigkeit und Anspannung zählen zu den häufigsten. Sie sollten auch prüfen, ob folgende schmerzliche Zustände Ihr Zuhause zu einer Zone ständigen Schreiens werden lassen:

■ **Langeweile.** Wenn Ihr Kind unter Anregungshunger (s. S. 117) leidet, wird Brüllen und Schreien sehr attraktiv. Überlegen Sie, ob Sie sich ausreichend mit Ihrem Kind beschäftigen. Ein klassisches Beispiel für Langeweile ist der Wutanfall im Supermarkt. Bieten Sie Ihrem Kind interessante Aufgaben und Tätigkeiten, hören die Wutanfälle für gewöhnlich auf (s. a. S. 140).

■ **Frustration.** Kinder können ihre Frustration nicht so gut in Worten artikulieren. Sie können Ihrem Kind helfen, seine Gefühle auszudrücken: »Es ist manchmal schwierig zu teilen, nicht wahr? Nun hast du gerade angefangen zu spielen, da kommt dein kleiner Bruder und nimmt dir das Spielzeug weg.«

■ **Enttäuschung.** Verlust und Enttäuschung aktivieren die Schmerzzentren im Gehirn. Als Erwachsene lenken wir uns mit etwas anderem ab, aber enttäuschte Kinder werden von diesem Gefühl überwältigt. Kinder brauchen Hilfe im Umgang mit ihren schmerzvollen Gefühlen.

Zu wenig Stimulation oder Langeweile ist ein schmerzhafter Zustand der körperlichen Untererregung. Um diesen psychischen Anregungshunger zu befriedigen, wird Ihr Kind vielleicht in Herumschreien und Wutausbrüche verfallen. Lernen Sie in der Familie, miteinander zu spielen, und überlegen Sie sich für Ihr Kind Beschäftigungsmöglichkeiten.

Merksätze

■ **Es gibt sechs Auslöser** für schlechtes Benehmen: Müdigkeit und Hunger, das unreife Gehirn, unbefriedigte psychische Bedürfnisse, intensive Gefühle, elterlicher Stress und ein Erziehungsstil, der die Alarmsysteme im unteren Gehirnbereich aktiviert.

■ **Ein Kind, das einen** Stressausbruch hat, erlebt echten Schmerz und braucht Ihre ruhige, mitfühlende Unterstützung. Es zu ignorieren oder zu bestrafen kann großen Schaden anrichten.

■ **Obwohl Stressausbrüche** anstrengend für Sie sind, bieten sie Gelegenheit, Ihrem Kind bei der Entwicklung von Nervenpfaden zu helfen, die ihm zukünftig den Umgang mit Stress ermöglichen.

■ **Wutanfälle aus Jähzorn** sollten ignoriert werden. Kinder, die für ihre Wut belohnt werden, wenden sie bewusst an, wenn sie älter werden. Wut kann zu einem festen Bestandteil der Persönlichkeit werden.

Anstrengende Situationen

Hauptsächlich auf die unter Fünfjährigen bezogen, beleuchtet dieses Kapitel ausführlich, was im Gehirn kleiner Kinder vorgeht, wenn sie sich schlecht benehmen. Den meisten Eltern werden die hier behandelten Situationen bekannt vorkommen – wildes Springen auf dem Bett, randalieren im Restaurant, »Ich-will«-Szenen in Spielwarenläden und der Kampf mit Geschwistern. Was Eltern aber vermutlich nicht wissen, ist, dass dieses Benehmen in einem Entwicklungsstadium des Gehirns auftritt, in dem die Systeme noch nicht reif genug sind, um es zu kontrollieren.

Außer Kontrolle geraten

Erwachsene haben keine Lust, in Betten auf und ab zu springen oder in Geschäften herumzurennen. Die Stirnlappen unseres Gehirns sind entwickelt genug, um unsere »motorischen Impulse« – den Drang zu laufen, zu springen und zu klettern – auf natürliche Weise zu hemmen. Kleine Kinder dagegen haben diese Kontrollmechanismen noch nicht entwickelt.

BEDENKEN SIE ...

Bei Kindern entwickeln sich die Noradrenalin- und Dopaminsysteme des Gehirns langsam. Diese Systeme sind wichtig für Konzentration und anhaltende Aufmerksamkeit. Deshalb ist Ihr Kind oft

- schnell abgelenkt
- impulsiv
- unfähig, sich zu konzentrieren
- unfähig, Ablenkungen auszublenden
- sehr anfällig für manisches Verhalten.

Wenn sie einfach sagen: »Ich will nicht«

Wir müssen unseren Kindern klare Grenzen setzen und Regeln vorgeben. Unakzeptables Verhalten muss Konsequenzen haben. Aber wir wollen nicht ihren Willen brechen. Der starke Wille eines Kindes ist eine gute Ressource für das Leben. Im Alter von zwei oder drei Jahren »ich will nicht« zu sagen ist der Vorläufer für die Fähigkeit, sich durchzusetzen, und für den Ehrgeiz zu wissen, was man will, und es auch zu erreichen. Kleinkinder, die sich vollständig fügen, haben im späteren Leben oft Schwierigkeiten, sich abzugrenzen. Sie können eine starke Anpassungsfähigkeit an die Wünsche und Gefühle anderer entwickeln, haben aber wenig Vorstellung von eigenen Bedürfnissen und Gefühlen. Dies kann bei einer zu strengen Erziehung auftreten, durch die ein Kind so eingeschüchtert wird, dass es nicht zu widersprechen wagt, oder bei einem Erziehungsstil, der sich subtilen Formen des Liebes- und Anerkennungsentzugs bedient, um Gehorsamkeit zu erreichen. Letzteres ist der Fall bei Eltern, die Vergnügen an einem friedlichen, abhängigen Baby haben, aber einem schmollenden Kleinkind Autonomie oder Protest nicht erlauben. Die elterliche Liebe und Anerkennung ist ein Grundbedürfnis für ein Kind. Wenn der Preis dafür die totale Unterwerfung ist, kann es gut sein, dass ein Kleinkind sich dafür entscheidet.

Achten Sie darauf, dass Sie beim Setzen klarer Grenzen nicht in Gehorsamstraining übergehen. Als Eltern sollten wir uns genau überlegen, wie wir auf ein »Nein« des Kindes reagieren. Dieses Kapitel zeigt viele Möglichkeiten und Wege.

Wenn Kinder überall herumspringen

Auf Betten auf und ab zu springen und umherzurennen ist keine Unartigkeit. Wenn Kinder unter fünf Jahren nicht so durch ein Gehorsamkeitstraining eingeschüchtert sind, dass ihr spontanes Verhalten »eingefroren« ist, haben sie große Schwierigkeiten, es im Zaum zu halten. Noch sind keine Verbindungspfade zwischen dem oberen und unteren Gehirnbereich angelegt. Diese Pfade hemmen den Drang herumzuhüpfen auf natürliche Weise. Außerdem sind bei Kleinkindern die Noradrenalin- und Dopaminsysteme im oberen Gehirnbereich noch sehr unreif, was auch dazu beiträgt, »nicht still sitzen« zu können.[1] Ihre Energie muss kanalisiert werden.

> »Kinder, die sich vollständig fügen, haben später im Leben oft Schwierigkeiten.«

Sie können z. B. ein Trampolin im Garten aufstellen oder mit Ihrem Kind auf den Spielplatz gehen. Es gibt keinen Grund, die Geduld zu verlieren. Sagen Sie in ruhigem Ton: »Es ist nicht in Ordnung, auf dem Bett herumzuspringen, lass uns nach draußen gehen.« Wenn Ihr Kind nicht aufhören will, nehmen Sie es sanft auf den Arm und tragen es nach draußen.

Anstrengende Momente an öffentlichen Orten

Es ist klug, sich zu überlegen, welche Orte sie mit Ihrem Kind besuchen können. Kleinkinder und Fünf-Sterne-Restaurants sind meist eine schlechte Kombination. Eltern können ärgerlich und enttäuscht sein, wenn ein schöner Abend ruiniert wird. Es ist besser, Orte aufzusuchen, die für die motorischen Impulse von Kleinkindern geeignet sind, dann wird es für alle eine schöne Zeit.

■ **Suchen Sie Platz zum Herumlaufen.**
Wenn Sie öffentliche Orte wie Galerien, Restaurants oder Hotels aufsuchen, sehen Sie sich nach einer freien Fläche um, wo

BEDENKEN SIE …

In gewisser Weise haben alle Kinder ADHS (Aufmerksamkeitsdefizit-Hyperaktivitätsstörung), weil sie sich impulsiv verhalten und sich nur für kurze Zeit auf etwas konzentrieren können. Sie rennen umher, klettern und zappeln ständig. Dieses Verhalten ist Teil der natürlichen Entwicklung und resultiert aus einem unreifen Gehirn. Für Jungen ist das Stillsitzen beträchtlich schwieriger als für Mädchen, weil bei ihnen die Entwicklung der Stirnlappen langsamer vorangeht.

Kleine Kinder brauchen während des Tages viel Zeit zum Herumlaufen. Wenn sie sie nicht bekommen, neigen sie dazu, zu Zeiten höchst aktiv zu sein, die den Eltern nicht immer angenehm sind.[2]

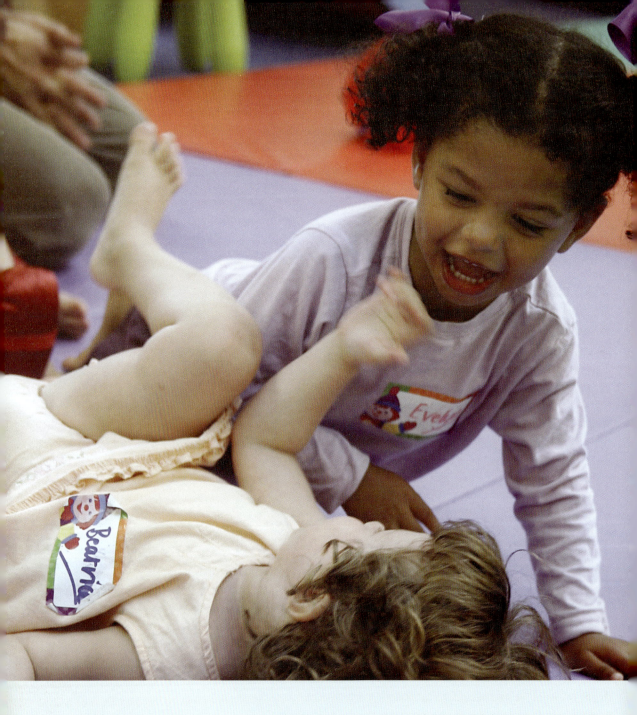

»Ich kann nicht still- sitzen!«

Würden Kinder die Prozesse in ihrem Gehirn verstehen und über eine anspruchsvolle Sprechweise verfügen, würden sie erklären, dass ihr Gehirn noch nicht ausreichend vernetzt ist, um ihre rastlosen Impulse zu zügeln, dass sie Raum benötigen, um sich abzureagieren, z. B. auf dem Spielplatz. Die neue Umgebung und neue Spielsachen tragen zur Aktivierung von beruhigendem Dopamin in den Frontallappen bei.

Ihr Kind herumlaufen kann. Je weniger Menschen sich dort befinden, desto besser, dann kann Ihr Kind so laut sein, wie es möchte. Nachdem es in ausreichendem Maße herumgetollt hat, wird es eher dazu bereit sein, sich ruhig zu verhalten.

■ **Langeweile ist oft der Grund für schlechtes Benehmen in Cafés und Restaurants.**

Stellen Sie sich folgendes Szenario vor: Mia ist mit ihrer Mutter im Café und beginnt sich zu langweilen. Deshalb schlägt sie ihren Löffel so laut auf den Tisch, dass sich die Leute nach ihr umdrehen. Sie verspritzt ihren Johannisbeersaft über den ganzen Tisch und schmiert mit den Fingern darin herum. Dann schüttet sie Zucker überallhin und spielt mit der Kaffeetasse ihrer Mutter Sturzflug. Was geht in Mias Gehirn vor?

Mia ist nicht unartig. Die unreifen Systeme in ihrem Gehirn lassen sie so handeln. Zwar wurde ihr gesagt, sie solle still sitzen, aber wie jedes Kleinkind langweilt sie die Konversation der Erwachsenen. Mias Langeweile bedeutet, dass sie sich in einem geringen Erregungszustand befindet, der schmerzhafte Stresshormone in ihrem Gehirn aktivieren kann, die sie dazu veranlassen, sich noch schlimmer zu verhalten. Ihr Benehmen am Tisch ist der Versuch, ihren Anregungshunger zu befriedigen. Dazu kommen noch Mias motorische Impulse, die ihr Gehirn, weil es noch nicht genug entwickelt ist, nicht hemmen kann.

Ein Kleinkind, dass sich furchtbar aufführt, ist anstrengend. Manche Eltern neigen in solchen Situationen zu Bestrafungen. Aber es gibt eine Lösung.

Wenn Mia etwas zum Spielen oder ein Malbuch erhält, ist es sehr wahrscheinlich, dass sie dadurch ihr rationales Gehirn mit dem ENTDECKERDRANG ihres unteren Gehirnbereichs auf koordinierte Weise verbindet.³ Dieser setzt Dopamin und Opioide frei, Botenstoffe, die auf natürliche Weise Mias motorische Impulse beruhigen.

Wenn Sie für Ihre Kinder nichts mitnehmen, womit sie sich in Cafés und Restaurants beschäftigen können, werden sie vermutlich selbst für ihre Unterhaltung sorgen.

»Ein Kleinkind, das sich furchtbar aufführt, ist anstrengend. Aber es gibt eine Lösung.«

Im Café ist es langweilig, und Mia braucht etwas, das ihre Aufmerksamkeit in Anspruch nimmt – andernfalls endet der Ausflug vermutlich mit Tränen.

»Ohne eine Beschäftigung stillsitzen zu müssen ist extrem stressig für Kinder.«

■ **Verwandeln Sie die schreckliche Einkaufstour in eine aufregende Schatzsuche.**
Ein langer Aufenthalt im Supermarkt ist für ein Kleinkind ohne eine Aufgabe kaum auszuhalten. Um einen für alle Beteiligten anstrengenden Einkauf zu vermeiden, ist es wichtig, dass Sie Ihr Kind in den Einkauf einbeziehen. Ohne eine Beschäftigung wird sich ein Kind wegen des unbefriedigten Struktur- und Anregungshungers (s. S. 117) sehr langweilen. Der ge-

»Ich bin sehr beschäftigt.«

Sie müssen für Beschäftigungsmöglichkeiten sorgen, wenn Sie mit Ihrem Kind öffentliche Orte oder makellose Wohnungen aufsuchen, in denen Kinder nicht immer willkommen sind. Wenn Sie Ihrem Kind keine Alternativen wie ein Spielzeug oder ein Malbuch bieten, wird es selbst für Unterhaltung sorgen und beispielsweise mit dem Besteck spielen, mit dem Strohhalm in sein Getränk blasen oder überall dort auf Entdeckungsreise gehen, wo es sich nicht aufhalten sollte.

ringe körperliche Erregungszustand kann Schmerzzentren in seinem Gehirn aktivieren. Dann wird Ihr Einkauf zum Höllentrip – mit einem Kind, das die Gänge auf und ab rennt und Einkaufswagen ineinander krachen lässt.

Ehe das passiert, greifen Sie für einen Moment auf Ihre eigene Verspieltheit zurück und denken sich ein Spiel aus, dass Sie beide während des Einkaufens gemeinsam spielen können. Ein gutes Beispiel ist der »Meistereinkäufer«, der ungefähr so funktioniert: »Lass uns etwas spielen. Kennst du die Meistereinkäufer? – Das geht so: In jedem Gang flüstere ich dir zu, welchen Gegenstand wir für unseren Einkaufswagen brauchen, und du darfst danach suchen. Wenn du das richtige gefunden hast, flüstere ich dir etwas Neues ins Ohr. Wenn du alles findest, bist du der Einkaufsmeister und hast dir eine Belohnung verdient, die du dir selbst aussuchen darfst!«

Die Fernseh-Supernanny Jo Frost hat eine noch kreativere Version dieses Spiels entwickelt. Vor dem Einkauf erhalten die Kinder eine Tafel, worauf die Lebensmittel abgebildet sind, die sie finden sollen. Dadurch wird das langweilige Einkaufen zu einer Schatzsuche.

Anstrengende Momente auf Zug- oder Autoreisen

Wenn ein Kind eine Weile im Zug, im Auto oder in einem anderen Verkehrsmittel sitzen muss, werden seine motorischen Impulse sehr stark und es beginnt, herumzuzappeln. Als Erwachsene können unsere Stirnlappen diese Impulse hemmen, deshalb fühlen wir uns wohl, wenn wir ruhig sitzen, z. B. mit einem Buch oder in einer Unterhaltung. Ohne Beschäftigung stillsitzen zu müssen ist für Kinder extrem stressig.

■ **Damit Sie die Reise genießen können, geben Sie Ihrem Kind etwas Interessantes, das seine Stirnlappen beschäftigt und seinen** FORSCHERDRANG **aktiviert.**

Durch eine Beschäftigung werden diese primitiven Bewegungsimpulse beruhigt. Sie können ein Ratespiel beginnen oder Ihrem Kind Papier und Buntstifte in die Hand geben. Je mehr Sie

Der vierjährige Neil hat die Aufgabe bekommen, nach bestimmten Lebensmitteln zu suchen. So ist er beim Einkaufen behilflich, anstatt zu randalieren. Die strukturierte Aktivität verbindet die oberen Bereiche mit dem FORSCHERDRANG der unteren Bereiche seines Gehirns, was seine Konzentrationsfähigkeit erheblich verbessert. Wenn die oberen Gehirnbereiche eines Kindes mangels einer strukturierten Tätigkeit unterbeschäftigt sind, machen seine körperlichen Impulse, herumzurennen und herumzuschreien, sich lautstark bemerkbar.

> »Wenn Sie vergessen, etwas zum Spielen mitzunehmen, dann seien Sie nicht überrascht, wenn Sie eine anstrengende Reise haben.«

sich in das Spiel Ihrer Kinder einbringen – z. B. indem Sie ein Spiel beginnen, an dem Sie beide beteiligt sind, oder Ihrem Kind beim Malen zusehen –, desto mehr werden Ihre reifen Körper- und Gehirnsysteme seine unreifen emotional regulieren.[4] Ihre Ruhe wird sich direkt auf Ihr Kind übertragen. Sie können seine Ausgeglichenheit zusätzlich fördern, indem Sie es auf Ihren Schoß nehmen und knuddeln. Dadurch wird der beruhigende Anti-Stress-Botenstoff Oxytocin in seinem Gehirn freigesetzt.[5]

Wenn Sie diese Erkenntnisse der Gehirnforschung und ausreichend »Futter« für das unreife Gehirn Ihres Kindes mit auf die Fahrt nehmen, können Sie eine potenziell schwierige Reise in eine schöne gemeinsame Zeit verwandeln. Wenn Sie nicht an Spielsachen oder kreative Beschäftigungsmöglichkeiten denken, seien Sie nicht überrascht, wenn Ihr Ausflug stressig wird.

»Uns ist im Auto langweilig!«

Lange Fahrten auf dem Rücksitz des Autos sind für Kinder sehr stressig. Dadurch werden negative Botenstoffe im Gehirn aktiviert. Um diesen schmerzhaften biochemischen Zustand zu ändern, finden Kinder eigene Wege.

Die Schwester zu treten (was in diesem Beispiel passiert) scheint ein hervorragender Zeitvertreib zu sein. Wenn die Schwester dann weint oder zurückschlägt, ist die Langeweile plötzlich verschwunden.

Um die motorischen Impulse der Kinder zu hemmen, geben Sie ihnen etwas zu lesen, basteln oder malen. Das verwandelt die negative Biochemie in eine positive und richtet die Konzentration auf friedlichere Aktivitäten.

■ **Machen Sie Pausen.**
Wenn Sie eine lange Autofahrt unternehmen, planen Sie Zeit für Pausen ein und halten Sie an einem Spielplatz oder an einem anderen Ort, an dem Ihr Kind seinen motorischen Impulsen für eine Weile freien Lauf lassen kann.

Anstrengende Situationen beim Essen

Warum spielt Ihr Kind beim Essen, statt ruhig am Tisch zu sitzen? Wenn es wegen einer Sache aufgeregt ist, unterdrückt sein erregter Köper (s. S. 44) den Appetit. Ein aufgeregtes Kind ist nicht unartig, weil es sich weigert, ordentlich zu essen. Der menschliche Körper ist genetisch darauf programmiert, in einem Erregungszustand kein Interesse am Essen zu haben. Es wird für Sie sehr anstrengend, wenn Sie versuchen, gegen diese Fakten anzukämpfen.

Manche Eltern fallen zu den Mahlzeiten in ein negatives Verhaltensmuster: Sie versuchen, ein aufgeregtes Kind zum Essen zu bewegen. Das kann für das Kind beträchtlichen Stress bedeuten, der schlecht für sein sich entwickelndes Gehirn ist (s. S. 32). Wenn Sie warten, bis der hohe Erregungszustand Ihres Kindes gesunken und es ruhig ist, wird es wieder Hunger haben.

Ihr Kind verliert aber auch den Appetit, wenn es angespannt oder ängstlich ist. Manche Eltern werden zur Essenszeit nervös. Das überträgt sich auf das Kind, und es will nicht essen. Je mehr sich die Eltern darüber aufregen, desto angespannter wird das Kind und desto weniger interessiert es sich für das Essen. Je gelassener die Eltern sind, desto besser.

■ **Wenn Ihr Kind wegen des Essens angespannt ist, überwinden Sie negative Assoziationen mit dem Platz am Tisch.**
Bei allen Säugetieren können starker Stress oder Furcht das Hungergefühl hemmen und den natürlichen Verdauungsprozess zum Erliegen bringen. Wenn Ihre Anspannung, weil Ihr Kind kaum etwas essen will oder alles überall verteilt (Sie verraten sich durch ständiges Abwischen von Mund und Tisch), sich auf

Benjamin fährt seit einer halben Stunde mit dem Zug, und seine Bewegungsimpulse sind sehr stark. Seine natürlichen Körper- und Gehirnreaktionen drängen ihn dazu, auf dem Sitz herumzuklettern, statt auf ihm zu sitzen.

VERSUCHEN SIE ES...

Wenn Ihr Kind eine nervöse Blockade bezüglich des Essens hat, weil es Ihre Anspannung spürt, versuchen Sie es mit folgenden Maßnahmen:

- Wechseln Sie den Essensplatz Ihres Kindes, um negative Assoziationen mit diesem Platz zu überwinden.
- Kochen Sie gemeinsam. So wecken Sie das Interesse Ihres Kindes am Essen. Lassen Sie es mit dem Essen spielen und auf diese Weise die Beschaffenheit der Nahrung mit den Fingern erkunden.
- Bestrafen Sie Ihr Kind nicht, wenn es wenig isst. Belohnen Sie gutes Essverhalten mit Stickern und Sternchen. Geben Sie ihm den Sticker sofort, damit Ihr Kind ordentliches Essverhalten mit angenehmen Gefühlen assoziiert.
- Wenn Ihr Kind nicht gut isst und Sie sicher sind, dass dies nicht an Ihrer Anspannung liegt, prüfen Sie, ob Ihr Kind Zugang zu Snacks hat, die es zwischen den Mahlzeiten heimlich isst.

Ihr Kind überträgt, hat es vielleicht keine Lust mehr zu essen. Elterliche Anspannung und Füttern entgegen ihren Signalen können die Hauptursache für Essprobleme bei Kindern sein. Der rechte Stirnlappen nimmt die emotionale Atmosphäre auf erstaunliche Weise auf. Wenn Sie sich Sorgen machen, dass Ihr Kind nicht genug isst, wird dieser Teil des Gehirns Ihres Kindes in Millisekunden Ihren nervösen Gesichtsausdruck, Ihre besorgte Stimmlage oder Ihre angespannte Körperhaltung

»Es ist wichtig, die wunderbare Kreativität und Vorstellungskraft Ihres Kindes nicht zunichte zu machen.«

aufnehmen. Versuchen Sie, den SPIELTRIEB der unteren Gehirnbereiche Ihres Kindes zu den Mahlzeiten zu aktivieren, damit es Essen mit Spaß statt mit Furcht assoziiert. Benutzen Sie gemusterte Teller, und erlauben Sie Ihrem Kind, mit dem Essen zu spielen, damit es neue Texturen und Farben erkunden kann.

Anstrengende Situationen durch Unordnung

Es ist verdächtig ruhig in der Wohnung. Sie sehen nach und entdecken das Chaos. Die Kinder haben im ganzen Badezimmer Toilettenpapier ausgelegt, um einen »Fluss« zu bauen. Was nun? Sie können zulassen, dass Ihr WUTSYSTEM (s. S. 24) in Ihren unteren Gehirnbereichen ausgelöst wird, oder Sie nehmen sich zusammen und überlegen, wie Sie Ihre Reaktion positiv gestalten können. Es ist wichtig, die Kreativität und Vorstellungskraft Ihres Kindes nicht zunichte zu machen. Fantasievolles, gemeinsames Spiel ist ein echter Entwicklungsschritt für Ihr Kind und hilft, seine Stirnlappen zu entwickeln.[6]

Zusammenarbeit, Planung, Überlegen, was als Nächstes zu tun ist, und das Eingehen auf die Ideen des anderen lassen viele neue neuronale Pfade und Vernetzungen im oberen Gehirnbereich Ihres Kindes entstehen. Solchen Aktivitäten gebührt Beifall und Ermutigung. Es ist aber auch wichtig, dass Sie Ihrem Kind nicht die Botschaft übermitteln, es könne im ganzen Haus Verwüstungen erzeugen und erwarten, dass Sie sie beseitigen.

▪ Machen Sie das Aufräumen zu einem Spiel.

Versuchen Sie, mit Kleinkindern das Aufräumen zu einem Spiel zu machen, z. B.: »Lass uns sehen, wer die meisten Spielsachen in die Kiste räumen kann. Ich wette, ich bin schneller … auf die Plätze, fertig, los!« Lassen Sie Ihr Kind gewinnen! Dann sagen Sie: »Toll, du bist der beste ›Spielzeugaufräumer‹.«

Wenn Ihr Kind sich weigert aufzuräumen, können Sie die »Entweder-oder-Technik« anwenden (s. S. 167). Damit vermeiden Sie nicht nur Nörgelei, sondern aktivieren auch den rationalen Teil des Gehirns Ihres Kindes. Nehmen Sie Ihr Kind an den Händen, sehen Sie es an, und sagen Sie: »In diesem

> »Zusammenarbeit, Planung und die Überlegung, was zu tun ist, formen neue neuronale Pfade im Gehirn Ihres Kindes.«

Haus gibt es die Regel, dass derjenige, der Unordnung macht, auch wieder aufräumt. Du hast die Wahl: Entweder du räumst deine Spielsachen jetzt auf, oder ich räume sie auf. Aber jedes Spielzeug, dass ich aufräume, stecke ich in eine Kiste und gebe es dir erst wieder, wenn du mir gezeigt hast, dass du das Aufräumen verstanden hast.« Bei vielen Kindern reicht das aus, um sie zum Aufräumen zu bewegen. Wenn Ihr Kind Sie ignoriert, verfahren Sie wie angekündigt. Räumen Sie die Spielsachen weg. Ihr Kind kann sie wiederhaben, wenn es Ihnen hilft, etwas anderes im Haus aufzuräumen.

Anstrengende Situationen mit dem Spielzeug

Warum regen sich Kinder über das Abgeben oder Teilen eines Spielzeugs so auf? Mehrere Faktoren spielen hierbei eine Rolle.

»Welch ein Chaos!«

Die Toilette wurde mit acht Rollen Toilettenpapier zu einem Fluss umgestaltet, Chaos und Verschwendung sind überdeutlich. Sie könnten Ihrem Wutsystem nachgeben, Sie können die Situation aber auch kontrollieren (ohne die Kreativität einzuschränken):

»Lasst uns sehen, ob wir ohne Papier einen Fluss hinkriegen. Helft mir aufzuräumen, dann sehen wir, ob wir im Garten etwas finden.«

»Wenn Ihr Kind eine Lösung vorschlägt, loben Sie es, denn Kompromisse zu finden ist etwas Anspruchsvolles.«

Der Bezug zu einem Objekt setzt Opioide frei, die für Wohlbefinden sorgen, wenn Ihr Kind damit spielt. Wird ihm das Spielzeug weggenommen, verursacht der sinkende Opioidspiegel emotionalen Schmerz[7]. Deshalb weint es so verzweifelt.

Spielt ein Kind mit einem Objekt, gehört es zu seinem Territorium. Jedes Tier reagiert mit Angriff auf ein Eindringen in sein Gebiet, ein Instinkt, der im ursprünglichen Reptilienkern unseres Gehirns ausgelöst wird. Das Hormon Vasopressin (ADH), das mit Aggression verbunden ist, wird bei Tieren freigesetzt, wenn sie ihr Territorium bewachen. Schmerz, Wut und Territorialhormone zusammen können dazu führen, dass Ihr Kind in ein primitives Kampfverhalten verfällt. Da das Kind leidet und Körper und Gehirn von Hormonen überschwemmt werden, braucht es Hilfe und Mitgefühl, wenn es ein Spielzeug teilen soll. Das Gute daran ist, dass der Schmerz meist kurzlebig ist, besonders wenn Sie die Kunst der Ablenkung beherrschen.

»Dieses Spielzeug gehört nur mir!«

Sonia hat die Schaukelplattform im Kindergarten in Besitz genommen. Zwei andere Kinder würden auch gerne damit spielen und zerren an den Griffen. Es gibt Platz für alle darauf.

Die Schaukelplattform zu teilen passt Sonia überhaupt nicht. Sie möchte sie für sich allein haben, und weil sie sie als ihr Territorium ansieht, verteidigt sie leidenschaftlich ihren Platz.

Eine Erzieherin schreitet ein. Sie erklärt, was Teilen bedeutet, und sorgt für wichtigen emotionalen Ausgleich. Sonia schaltet ihr rationales Gehirn wieder ein, und ihr Ärger verfliegt.

■ **Wer darf das Spielzeug haben? Helfen Sie, eine Lösung zu finden.**

Ist der obere Bereich des Gehirns Ihres Kindes noch nicht ausreichend entwickelt, um selbst eine Lösung zu finden, müssen Sie das an seiner Stelle tun. Sprechen Sie mit ruhiger Stimme und bestrafen Sie Ihr Kind nicht. Unterstützen Sie ältere Kinder, wenn sie versuchen, zu verhandeln. »Ihr wollt also beide mit dem Drachenspiel spielen? Soll ich euch helfen, euch abzuwechseln?« Sie können zu dem anderen Kind sagen: »Ich handle dir Zeit mit dem Boot heraus, wenn Robert dein Auto für eine Weile haben darf«. Sie können in Ihrer Familie auch Regeln zum Teilen von Spielsachen festlegen.

Wenn Ihr Kind wieder »ursprünglich« wird, nehmen Sie das Spielzeug an sich und sagen: »Ich nehme das jetzt so lange, bis wir uns einig sind, wer wann damit spielt«. Ist das Spielzeug nicht mehr in der Nähe, gehen Kinder oft von intensiven Gefühlen zum Nachdenken über. Wenn die Kinder eine Lösung vorschlagen, loben Sie sie: Kompromisse auszuhandeln ist etwas sehr Anspruchsvolles.

■ **Wenn ein Kind einen Wutanfall hat oder weint, wenn es ein Spiel verliert, liegt das an seinem unreifen rationalen Gehirn.**

Weint ein Kind oder wird es wütend, weil es ein Spiel verliert, stellt sich generell die Frage, ob man ein Kind dieser Erfahrung aussetzen sollte, wenn es aufgrund seines Alters ein solches Spiel kaum gewinnen kann. Wegen seines nicht ausreichend entwickelten Gehirn kann es eine sehr schmerzvolle Erfahrung sein, ein Spiel zu verlieren, deshalb ist es unfair, es als Verlierer zu verspotten. Kleine Kinder können Situationen noch nicht in die richtige Perspektive rücken. Sie verfügen nicht über den Erfahrungsschatz, um einschätzen zu können, welchen Stellenwert ein verlorenes Spiel im Leben hat. Ein Kind kann wegen eines verlorenen Spiels auch deshalb einen Wutanfall bekommen, weil es bereits die Vorfreude des Gewinnens verspürt hat. Alle Säuger (einschließlich Menschen) werden durch die Frustration des

BEDENKEN SIE ...

Suchen Sie ein Regalfach für jedes Kind aus, in dem es die Spielsachen deponiert, die es nicht mit seinen Geschwistern teilen möchte. Jedes Kind darf eine bestimmte Anzahl (die Sie festlegen) in sein Regal legen. Die anderen Geschwister dürfen diese Sachen nicht ohne die Erlaubnis des Besitzers benutzen. Dadurch entwickeln Kinder ein Gefühl für Besitz und lernen, auf ihre Sachen zu achten. Diese Methode ist großartig, besonders wenn sich mehrere Geschwister ein Zimmer teilen.

Ein Kind über fünf Jahren hat schon weiter entwickelte Stirnlappen und beginnt bereits, Entscheidungen zu treffen. Die Einführung eines Taschengeldes ist sehr wichtig für diese Entwicklung. Sie können sagen: »Du kannst wählen, entweder du kaufst dir von deinem Geburtstagsgeld dieses Spielzeug, oder du sparst es für das Fahrrad, das du möchtest«. Dadurch wird das rationale Denken Ihres Kindes gefördert.

Nichterhaltens einer erwarteten Belohnung ärgerlich. Bei dem Gedanken zu gewinnen, setzt der Körper den positiven Botenstoff Dopamin im Gehirn frei, dessen Spiegel beim Verlieren wieder abfällt. Das kann bei Erwachsenen schlechte Stimmung und bei Kindern Weinanfälle hervorrufen. Wenn Ihr Kind leidet oder wütend wird, wenn es ein Spiel verliert, sollten Sie vielleicht mit Gesellschaftsspielen warten, bis Ihr Kind etwas älter ist und die Situation besser einschätzen kann.

Wenn Ihr Kind etwas haben möchte

Spielwarenläden können den ENTDECKERDRANG in den unteren Bereichen des Gehirns aktivieren, der mit Neugier, Erforschen, Willen, Antrieb, Erwartung und Verlangen zusammenhängt und die optimale Menge Dopamin und Glutamat freisetzt, um Ihr

> »Am allerbesten ist es, jedes Flehen zu ignorieren.«

Kind sehr aufgeregt und zielgerichtet werden zu lassen. Wenn es das gewünschte Spielzeug nicht bekommt, ist es frustriert, und sein WUT- und TRENNUNGSANGST kann ausgelöst werden. Weil das rationale Gehirn eines Kindes noch nicht weit genug entwickelt ist, um diese starken Systeme des unteren Gehirnbereichs auf natürliche Weise zu unterdrücken, folgen Wut und Tränen.

▇ Mit Kindern unter fünf im Spielwarenladen zurechtzukommen bedeutet, hart zu bleiben.

Am besten ist es, jedes Flehen zu ignorieren. Antworten Sie mit einem klaren »Nein« und einem mitfühlenden Begleitsatz auf das verzweifelte Verlangen, z. B. »Ich sehe, wie sehr du diese Puppe möchtest, aber heute haben wir kein Geld dafür übrig.« Dann sollten Sie ohne weitere Diskussion aus dem Laden gehen. Ihr Kind wird Ihnen aufgrund seiner starken Bindung zu Ihnen höchstwahrscheinlich folgen. Wenn Sie dies vorziehen, können Sie es auch aus dem Laden tragen und so schnell wie möglich ablenken. Versuchen Sie nicht, in der Art »du hast so viele Spielsachen zu Hause« zu argumentieren. Sie würden damit versuchen, sein rationales Gehirn anzusprechen, wenn die instinktiven Anteile seines Gehirns die Oberhand haben.

■ **Kinder über fünf Jahren reagieren gut, wenn ihnen eine Wahl angeboten wird.**
Das rationale Gehirn eines über fünfjährigen Kindes sollte weit genug entwickelt sein, um Entscheidungen zu treffen. Sie können ihm die Wahl lassen. Beginnen Sie mit: »Wenn du etwas Besonderes möchtest, musst du etwas Besonderes dafür tun.« Fragen Sie Ihr Kind, ob es lieber auf das Spielzeug verzichtet oder Ihnen bei einer Aufgabe hilft, um das Geld dafür zu verdienen. Wenn sein rationales Gehirn erst einmal mit der Entscheidungsfindung beschäftigt ist, wird es die Intensität seiner Instinkte auf natürliche Weise im Zaum halten. Außerdem ist Nachdenken gut für die Entwicklung neuer Pfade im Großhirn.

»Gehen Sie ohne weitere Diskussion direkt aus dem Laden.«

»Ohne die gehe ich hier nicht weg!«

Jessica (sechs Jahre) weigert sich, den Spielzeugladen ohne die Stofftiere zu verlassen. Ihr Gehirn ist mit Botenstoffen überflutet, die ihre Sehnsucht nach diesen Tieren steigern.

Jetzt möchte die Mutter die Szene im Spielwarenladen aber beenden! Der beste Ausweg ist, Jessicas Großhirn mit einer Wahlmöglichkeit zu beschäftigen.

Jessica und ihre Mutter führen eine Diskussion über Taschengeld und Wahlmöglichkeiten. Dadurch wird das sture »ich will« in ein »ich werde darüber nachdenken« verwandelt.

»Wird ein Kind von einer Tätigkeit in Anspruch genommen, fällt es ihm schwer, auf Sie zu reagieren.«

VERSUCHEN SIE ES...

Humor und Spaß können sehr kreative Wege sein, um anstrengende Situationen zu meistern. Hat ein gelangweiltes Kind begonnen, durch das ganze Haus zu brüllen, machen Sie aus dem Lärm ein Spiel.

»Hey Billy, ich hab' eine Idee! Lass uns einen Schreiwettbewerb machen! Wir gehen nach oben, und jeder denkt sich ein Tier aus, dessen Gebrüll er nachmachen will. Dann sehen wir, welches Tier am lautesten brüllt.«[8]

Das Spiel kann z. B. zu einer Geschichte über einen Drachen oder einen Löwen fortentwickelt werden, und Sie können so spielerische Momente mit Ihrem Kind genießen, statt mit ihm zu schimpfen. Diese intensiv erlebten Zeiten können enorm zur Entwicklung des Gehirns Ihres Kindes beitragen: Seine unreifen Gehirnsysteme werden durch den engen Kontakt mit den reifen Systemen eines Erwachsenen emotional reguliert.

Wenn es absolut nicht hören will

Es wird Zeiten geben, in denen Ihr Kind nicht kommt, wenn Sie es rufen, oder keinen Finger rührt, wenn Sie es bitten, etwas zu tun. Aufgrund seiner noch nicht ganz entwickelten chemischen Schlüsselsysteme im Gehirn kann es seine Aufmerksamkeit nicht so schnell von einer Sache auf eine andere richten, wie Sie es können. Wenn ein Kind von einer Tätigkeit in Anspruch genommen wird, fällt es ihm schwer, auf Sie zu reagieren.

Seien Sie nicht so streng mit Ihrem Kind. Sie können folgende »Ausstiegsstrategie« anwenden: »In fünf Minuten werde ich dich bitten, deine Spielsachen aufzuräumen und deine Zähne zu putzen«. Wenn fünf Minuten vorbei sind, sagen Sie: »Ich zähle jetzt bis fünf.« Wenn Ihr Kind dann macht, was Sie verlangen, loben Sie es dafür. Wenn es das nicht macht, heben Sie es hoch und tragen es ins Badezimmer zum Zähneputzen. Bleiben Sie konsequent und wiederholen Sie nicht ständig Ihre Bitte, sonst wird es mit der Zeit unempfindlich gegen jedes Nörgeln.

■ Wenn es notwendig ist, dass Ihr Kind sofort auf Sie hört, gelten andere Regeln.

Machen Sie Ihrem Kind die Regeln für den Aufenthalt außer Haus klar. Das Kind darf nicht weiterlaufen, wenn Sie »stopp« sagen, und muss zu Ihnen kommen, wenn Sie es rufen. Sagen Sie: »Wenn ich möchte, dass du zu mir kommst, rufe ich deinen Namen und zähle bis fünf; bei fünf bist du bitte bei mir.«

Wenn Ihr Kind Sie ignoriert, sagen Sie: »Ich sehe, du bist noch nicht so weit, draußen herumzulaufen, weil du nicht kommst, wenn ich dich rufe.« Dann setzen Sie es zum Beispiel in den Buggy – und erklären Sie, warum. Dabei gibt es keinen Grund für eine erhobene Stimme oder Ärger. Ihr Handeln übermittelt Ihrem Kind die klare Botschaft, dass Sie sich auf sein Verhalten nicht einlassen. Üben Sie jedes Mal, wenn Sie mit Ihrem Kind ins Freie gehen, bis es versteht. Loben Sie es jedes Mal, wenn es wie verlangt zurückkommt: »Gut gemacht, das war toll. Du bist sofort stehen geblieben/zurückgekommen, als ich gerufen habe.« Dadurch werden wahrscheinlich eine große Menge

Opioide und Dopamin im Gehirn Ihres Kindes freigesetzt, und es wird selbst mit seinem Handeln zufrieden sein.

Anstrengende Zeiten durch Egoismus

»Unser sechsjähriges Kind ist so egoistisch. Es will seine Spielsachen nicht mit den Kleinen teilen, und es denkt nie an uns.« Der Egoismus von Kindern kann einen wahnsinnig machen, jedoch sollten Sie sie nicht für die mangelnde Fähigkeit zu überlegen bestrafen. Mitgefühl ist eine anspruchsvolle Fähigkeit des Großhirns. Die Fähigkeit, sich in den emotionalen Schmerz oder Stress eines anderen hineinzuversetzen, entwickelt sich erst mit der Zeit. Erst nachdem Sie lange Zeit selbst Ihren Kindern Mitgefühl entgegengebracht haben, können Sie erwarten, dass sie mit Ihnen fühlen. Manche Kinder bekommen so wenig davon zu spüren, dass sie diese Funktion des Großhirns nie entwickeln.

Petzen und Schimpfnamen

Für ein Kind ist das Petzen oft viel zu verlockend, um darauf zu verzichten. Die Kinderpsychologin Adele Faber schlägt vor, so darauf zu reagieren: »Es interessiert mich nicht, was Sally gerade macht. Aber ich würde mich sehr gerne über dich unterhalten.«

> »Erst nachdem Sie lange Zeit selbst Ihren Kindern Mitgefühl gezeigt haben, können Sie erwarten, dass sie mit Ihnen fühlen.«

Helfen Sie Ihrem Kind, Ärger und Verbitterung auf eine gesündere Weise auszudrücken. Sagen Sie: »Du weißt, dass wir uns hier keine Schimpfnamen geben. Wenn du ein Problem mit deiner Schwester hast, sag ihr, was es ist.«[9] Wenn ein Kind durch das Verhalten eines anderen verletzt ist, zeigen Sie Mitgefühl: »Es war gemein von Sally, dich so zu nennen. Es stimmt gar nicht, ignorier sie einfach. Es war klug, zu mir zu kommen, statt selbst gemein zu sein.«

BEDENKEN SIE ...

Camilla und Shannon spielen gerade friedlich miteinander. Sie gehen aber nicht immer so freundschaftlich miteinander um, wenn sie beide dasselbe Spielzeug möchten. Eltern betrachten die Weigerung zu teilen oft als Egoismus, ohne zu bedenken, dass ein Spielzeug mit Geschwistern teilen zu müssen manchmal so tiefe Gefühle auslöst wie das Teilen-Müssen der Eltern. Kinder können dies für gewöhnlich nicht verbal ausdrücken, es sei denn, Sie helfen ihnen dabei. Wenn Sie fürchten, dass der Vorschlag, sich mit dem Spielzeug abzuwechseln, bei einem Kind so viel Schmerz auslöst, dass er nicht durch Ablenkung gelindert werden kann, kann ein Gespräch mit ihm sehr lohnend sein. Fragen Sie Ihr Kind auch, ob es die Zeit, die es mit den Eltern verbringt, als ausreichend empfindet (s. S. 212).

Kinderkrieg

Wenn Kinder den Impuls haben, zu schlagen und zu kämpfen, können sie durch Ihre kreative Erziehung lernen, stattdessen nachzudenken und zu verhandeln. Falsche Reaktionen der Eltern unterstützen falsche Reaktionen im unteren Teil des Gehirns. Wenn Sie kämpfende Kinder anschreien oder ignorieren, werden diese als Heranwachsende immer noch andere verletzen, mit Worten oder Fäusten.

BEDENKEN SIE …

Wird ein Kind regelmäßig von seinen Geschwistern angegriffen, passen sich ohne erzieherische Intervention einige seiner Schlüsselsysteme mit der Zeit an das Überleben in einer aggressiven Umwelt an. Die FURCHT- und WUTSYSTEME werden dauerhaft auf Überaktivität programmiert, was im späteren Leben zu Problemen mit Wut oder Angst führt.

Viele Eltern glauben, dass ihre Kinder öfter miteinander kämpfen als andere, aber in Wahrheit ist es normal für Geschwister zu streiten. Eine Studie zeigte, dass sich 93 Prozent der Siebenjährigen mit ihren Geschwistern prügeln, 24 Prozent davon sogar sehr häufig.[10]

So gesehen, ist der Geschwisterkampf eine unangenehme Erinnerung daran, dass wir Menschen einen primitiven Reptilienkern im Gehirn haben, der bei Kindern durch die unfertige Entwicklung des Großhirns oft noch die Vormachtstellung hat. Der Einfluss der Eltern ist so groß, dass ein falscher Umgang mit den Prügeleien diese primitiven Reaktionen noch verstärken kann. Wenn Sie angemessen darauf reagieren, unterdrückt die Entwicklung des Großhirns die Reptilienimpulse Ihres Kindes, die es dazu bringen, im Wettbewerb, bei territorialen Ansprüchen oder bei einem Gefühl von Bedrohung um sich zu schlagen.

Sie haben es in der Hand, ob Ihr Kind lernt, stärker zu verletzen und in seinen körperlichen Attacken hinterhältig zu sein, oder ob es die anspruchsvollen menschlichen Fähigkeiten entwickelt zu verhandeln, zu planen und Bedürfnisse klar mitzuteilen, ohne Macht- und Kontrolltaktiken anzuwenden.

Warum wird gekämpft?

Es wird gekämpft, weil eine oder mehrere Arten des psychischen Hungers Ihres Kindes nicht gestillt werden (s. S. 117). Ein Kind kann mit einem anderen aus Langeweile kämpfen, um seinen Stimulationsgrad zu erhöhen. Es kann auch einfach nur hungrig sein und dadurch aggressiv werden (s. S. 113). Überstimulation kann in psychischer Übererregung resultieren, die sich durch Beißen, Treten und Schlagen entlädt. Das Kind kann wütend, frustriert und aufgeregt sein oder Gefühle unterdrücken; weil es seine Gefühle nicht mit Worten ausdrücken kann, gebraucht es seine Fäuste. Vielleicht wird es auch von Geschwistern oder Eltern geschlagen und zeigt das prügelnde Verhalten, das es von zu Hause kennt. Auch Mobbingerlebnisse in der Schule können leicht zu primitivem Kampf-oder-Flucht-Verhalten in anderen Lebensbereichen führen.

Wie sollen Sie auf Raufereien reagieren?

Sie müssen sichergehen, dass das Großhirn Ihres Kindes aktiviert wird und nicht sein Reptiliengehirn. Es gibt einige wichtige Dinge, die Sie tun, und einige, die Sie vermeiden sollten:

■ **Beantworten Sie Gewalt nicht mit Gegengewalt.**
Schreien Sie Ihre Kinder nicht an und schlagen Sie sie nicht, wenn sie sich prügeln. Sie würden vielleicht im Moment gehorchen, jedoch fördert dies wütendes Verhalten in schwierigen,

»Ein Kind kann mit einem anderen aus Langeweile kämpfen.«

»Das ist kein Spaß mehr!«

Was als Spiel begann, kann im Streit enden – diese Jungen sind sich nicht sicher, ob ihr Spiel noch lustig ist. Eltern tun sich schwer festzustellen, wann sie eingreifen müssen, doch gibt der Gesichtsausdruck der Kinder den entscheidenden Hinweis. Lachende Gesichter zeigen, dass es sich um eine Balgerei handelt. Zusammengebissene Zähne bedeuten, dass es für die Eltern Zeit ist einzuschreiten.

»Kinder brauchen uns, um sie vor den verletzenden Handlungen anderer zu schützen.«

stressreichen Situationen. Das kann dazu führen, dass die Kampf-oder-Flucht-Reaktion des Gehirns dauerhaft programmiert wird. Das Kind wächst mit einem »explosiven« Temperament auf oder beginnt, seine Wut zu verinnerlichen, und leidet als Ergebnis davon unter einer stressbedingten Krankheit.

Der Gewalt eines Kindes mit Ärger zu begegnen trägt außerdem nichts zur Entwicklung seines Großhirns bei – im Gegenteil: Kämpft Ihr Kind, ist es an Ihnen, seine überhöhte körperliche Erregung zu regulieren und es zu beruhigen. Deshalb ist der Ton Ihrer Stimme sehr wichtig, wenn Sie in einen Streit eingreifen – er sollte bestimmt, aber ruhig sein.

■ **Ergreifen Sie nicht Partei.**

Solange Sie nicht Zeuge eines ungerechtfertigten Angriffs sind, ergreifen Sie nicht Partei. Manche Kinder sind gute Schauspieler: Sie halten sich vor ihren Eltern den Bauch und wälzen sich auf dem Boden. Wenn Sie Partei ergreifen, kommt ein Kind bald auf die Idee, sich ständig über die Gewalt der Geschwister zu beschweren, um Ihre Liebe und Aufmerksamkeit für sich zu gewinnen und sich über die Bestrafung der »Rivalen« zu freuen.

■ **Hat Ihr Kind ein »zu starkes« Gefühl, helfen Sie ihm damit, lassen Sie es nicht allein.**

Ein wütendes Kind in einen »Time-out«-Raum zu verbannen (s. S. 174) ist eine kurzfristige Lösung. Es verschafft jedem Zeit, sich zu beruhigen. Zwar wird sich ein Kind dadurch zweimal überlegen, ob es seine Schwester noch einmal beißt, findet aber keine bessere Möglichkeit, mit seiner Wut umzugehen, und nutzt die Zeit vielleicht, um einen Racheplan zu schmieden. Denken Sie danach an ein »Time-in« (s. S. 172), um Ihrem Kind zu helfen, seine Gefühle zu verarbeiten und gesündere Wege zu finden, mit seinem Zorn umzugehen. Untersuchungen zeigen, dass neue Pfade im Großhirn gelegt werden können, wenn in solchen Situationen des Nachdenkens die Gefühle in Worte gefasst werden. Die neuen Pfade werden die primitiven Impulse, um sich zu schlagen, auf natürliche Weise beruhigen.[11]

Die Sicherheit der Kinder

Kinder müssen bei verletzenden Handlungen gestoppt werden. Sie brauchen uns auch, um sie vor Verletzungen durch andere zu schützen. Viele Erwachsene berichten, sie hätten zu wenig Schutz vor ihren aggressiven Geschwistern gehabt – ihre Eltern haben ihre ernsthaften Kämpfe abgetan und nicht bemerkt, dass ihre Rivalitäten in Missbrauch ausgeartet sind.

Kinder sollten die Freiheit haben, ihre Differenzen selbst beizulegen, aber nur, wenn sie dazu in der Lage sind. Manche Situationen sind derart emotional aufgeladen, dass Kinder sie nicht selbst lösen können.

VERSUCHEN SIE ...

Wie sollen Sie sich bei einem ernsthaften Kampf Ihrer Kinder verhalten? Hier sind einige Vorschläge:

● Trennen Sie die beiden Streithähne, und sagen Sie: »Schluss jetzt. Jeder geht bitte in ein anderes Zimmer.«
Oder: »Hört jetzt sofort auf. Menschen sollen einander nicht wehtun. Das hier sieht wie ein echter Kampf aus. Ihr seid nicht mehr sicher, wenn ihr jetzt weiterhin zusammen bleibt. Sally, du gehst in die Küche, und du, Jamie, ins Wohnzimmer.«

● Kümmern Sie sich um das verletzte Kind, nicht um den Aggressor. Sagen Sie zum Aggressor: »Das war keine gute Idee, Toby, dass du Sam geschlagen hast. Ich kümmere mich jetzt um Sam. Du bleibst hier und denkst darüber nach, wie du Sam zeigen kannst, dass du wütend auf ihn bist.«

● Machen Sie Ihren Kindern Vorschläge, wie sie ihren Ärger ausdrücken können. Versuchen Sie: »Jamie, sag deiner Schwester mit Worten, wie böse du auf sie bist.«

● Oft wird Ärger durch eine Verletzung geschürt. Einem Kind Worte zu geben, um der erlittenen Verletzung Ausdruck zu verleihen, ist deshalb ein echtes Geschenk. Sagen Sie: »Du wünschtest, er würde dir nichts wegnehmen. Ich kann mir vorstellen, dass du jetzt richtig böse auf ihn bist und ihm wehtun möchtest, weil er deine Burg kaputtgemacht hat.«[12]

> **VERSUCHEN SIE …**
>
> **Stellen Sie Familienregeln** für Streitigkeiten und Prügeleien auf, und gehen Sie diese mit Ihren Kindern durch. Diese Regeln könnten folgendermaßen aussehen:
>
> - Prügeleien, bei denen jemand verletzt wird, werden absolut nicht toleriert.
>
> - Spielerisches Balgen ist in Ordnung, jedoch müssen alle Teilnehmer damit einverstanden sein, damit auch alle wirklich Spaß haben.
>
> - Sich um ein Spielzeug zu streiten bedeutet, dass das Spielzeug weggenommen wird, bis alle sich auf eine Möglichkeit des Teilens geeinigt haben. Notfalls kann ein Erwachsener helfen.
>
> - Wenn eines der Kinder so wütend oder frustriert ist, dass es zuschlagen möchte, soll es einen Erwachsen bitten, ihm bei seinen Gefühlen zu helfen.
>
> - Schimpfwörter sind in dieser Familie nicht erlaubt. Ein Erwachsener kann helfen, die richtigen Worte zu finden, um der Schwester/dem Bruder zu erklären, was sie/er anders machen soll.

■ **Mobbing in der Schule geht häufig von Kindern aus, die von ihren Geschwistern geschlagen wurden.**
Wenn Eltern nicht im richtigen Moment eingreifen, kann sich das Prügeln wie ein Lauffeuer ausbreiten. Viele Kinder, die wiederholt von ihren Geschwistern geschlagen werden, ohne dass die Eltern rechtzeitig eingreifen, tyrannisieren andere Kinder in der Schule (s. S. 239). Nahezu die Hälfte aller Schulkinder berichten, im Laufe ihres Lebens gemobbt worden zu sein.

Im Ernstfall den Familienrat einberufen

Wenn Prügeleien zu Hause die Regel werden, sollte sich die ganze Familie zusammensetzen und darüber sprechen. Gestalten Sie die Zusammenkunft so, dass Sie im Gedächtnis Ihrer Kinder haften bleibt. Schreiben Sie Regeln für Prügeleien und Streitigkeiten auf, und besprechen Sie diese mit Ihren Kindern (s. Kasten links). Familienzusammenkünfte vermitteln die Botschaft, dass über Gefühle nachgedacht werden kann, statt sie mit Fäusten und Zähnen zu entladen. Das stimmt auch mit Untersuchungen des Gehirns überein, die zeigen, dass das In-Worte-Fassen

»Greifen Eltern nicht rechtzeitig ein, breitet sich das Prügeln sehr rasch aus.«

von starken Gefühlen das primitive WUTSYSTEM der instinktiven Gehirnanteile auf natürliche Weise hemmen kann.[13] Solche Besprechungen brauchen geregelte Strukturen. Ein Erfolgsrezept dafür basiert auf »Circle Time«, einer Methode zur Förderung des sprachlichen Ausdrucks von Jenny Mosely. Niemand darf sprechen, wenn er nicht einen Teddy (oder Ähnliches) in Händen hält. Dadurch wird gewährleistet, dass die Kinder einander zuhören und sich nicht gegenseitig unterbrechen.[14]

Sind die Kinder noch zu klein, eigene Ideen einzubringen, können Sie die Problemlösung vorgeben. Auch wenn ein Kind mit einer Entscheidung nicht glücklich ist, wird es sich durch diese Vorgehensweise sicher fühlen.

Merksätze

- **Anstrengende Situationen** mit Kindern unter fünf Jahren resultieren oft aus ihrem unreifen Gehirn.

- **Bestrafen** Sie ein Kind nicht für zorniges Verhalten, das ausschließlich seinem noch nicht ausreichend entwickelten Gehirn zuzuschreiben ist.

- **Bevor Sie einen Ausflug** machen, überlegen Sie sich Aktivitäten, die das Großhirn Ihres Kindes beschäftigen, damit seine motorischen Impulse und primitiven Instinkte den Tag nicht ruinieren.

- **Wenn Ihr Kind** seinen primitiven Wutimpulsen entwachsen soll, benötigt es viele Eins-zu-eins-Momente mit Ihnen, damit es mit seinen intensiven Gefühlen umzugehen lernt.

- **Stillen Sie den** Struktur-, Anregungs- und Anerkennungshunger Ihres Kindes, um eine schöne Zeit mit ihm zu haben.

Alles über Disziplin

Disziplin ist eine echte Kunst. Wenn Sie richtig damit umgehen, kann sie weit mehr sein als eine bloße Steuerung des Benehmens. Sie entwickelt die soziale, moralische und emotionale Intelligenz Ihres Kindes. Falsch eingesetzt, kann sie das Leben eines Kindes allerdings so gut wie zunichte machen und dazu führen, dass es der Welt ängstlich und wütend gegenübertritt. Deshalb ist es wichtig, Techniken der Disziplin anzuwenden, die das rationale Denken Ihres Kindes aktivieren, statt instinktive Reaktionen auf Bedrohung oder Angriff auszulösen.

Kinder benehmen sich oft schlecht, weil sie schmerzvolle Gefühle noch nicht verbal ausdrücken können. Wenn Sie sich die Zeit nehmen, Ihrem Kind zuzuhören, und an einer gesunden Beziehung zwischen Ihnen und Ihrem Kind arbeiten, wird es sein schlechtes Benehmen weitgehend ablegen.

Tyrannen sind vermeidbar

In der Geschichte hat die Art der Disziplinierung eine wichtige Rolle für den Fortbestand menschlichen Elends gespielt. Jahrhundertelang ging man davon aus, dass das Bewusstsein für Moral nur durch harte Bestrafung erreicht werden könne. Psychologische und neurobiologische Untersuchungen zeigen jetzt, dass diese Annahme völlig falsch war.

BEDENKEN SIE ...

Jährlich werden 17 000 Kinder (hauptsächlich Jungen) wegen gewalttätigen Verhaltens gegenüber anderen Kindern oder Lehrern vom Unterricht suspendiert oder der Schule verwiesen. Gewalttätige, Unruhe stiftende Kinder sind der häufigste Grund dafür, dass Lehrer ihren Beruf aufgeben. Jährlich werden ungefähr 100 000 Kinder und Jugendliche im Alter von zehn bis 17 Jahren wegen schwerer Vergehen verwarnt oder verurteilt. Veröffentlichungen von 2004 zeigen, dass es bei Schulkindern mittlerweile nicht unüblich ist, ein Messer mit sich zu führen.

Wie das Gehirn eines Tyrannen geformt wird

Das Risiko, einen Tyrannen oder Schläger großzuziehen, hängt größtenteils von der Erziehung ab. Wohlmeinenden Eltern ist oft nicht bewusst, dass die Disziplinierung durch Zurechtweisung und Befehle Stressreaktionssysteme im Gehirn eines Kindes verändern kann. Wird das Kind auf diese Weise überempfindlich, werden seine WUT- oder FURCHT-SYSTEME überreaktiv. Ein Erziehungsstil, der von dieser Art Disziplin geprägt ist, lehrt Kinder die Bedeutung von Unterordnung und Dominanz. Derart »ausgebildet«, geht ein Kind nur allzu leicht dazu über, Unterlegene zu tyrannisieren. Dies ist besonders wahrscheinlich bei Kindern, die durch Schläge bestraft werden. In Deutschland und England sterben jede Woche zwei Kinder an Misshandlungen.[1] Das Bürgerliche Gesetzbuch fordert ein Recht auf gewaltfreie Erziehung. Schläge lehren Ihr Kind, das es in Ordnung ist zu schlagen. Es wird deshalb vielleicht seine Geschwister schlagen, die Katze treten oder in der Schule andere Kinder verprügeln. Durch Ihr Schlagen leben Sie Ihrem Kind vor, wie es sich zu verhalten hat, wenn es frustriert ist, nämlich: um sich zu schlagen.

■ **Stellen wir klar: Es handelt sich nicht um gelegentliches Anschreien von Kindern.**

Einige Befehle sind unvermeidlich, wie beispielsweise ein lauter Stopp-Ruf, der verhindern soll, dass Ihr Kind auf die Fahrbahn läuft oder seinen Finger in eine Steckdose steckt. Sind jedoch Kommandos und Zurechtweisungen vorherrschend in der

Eltern-Kind-Beziehung, wird das Zusammenleben für Eltern und Kinder vermutlich schrecklich. Was Kinder dadurch über Beziehungen lernen, basiert auf Macht und Kontrolle und viel zu wenig auf Herzlichkeit, Freundlichkeit und Kooperation.

Erlebt ein Kind täglich Wutausbrüche der Eltern, wird es so angespannt, dass es seine Gefühle entladen muss. Der übliche Weg ist, ein anderes Kind zu schlagen oder zu tyrannisieren; kleinere Kinder schreien, beißen, schlagen oder machen etwas kaputt. Solche Kinder lieben Kriegsspiele oder sind oft besessen von Gewalt verherrlichenden Computerspielen.

Häufige Kritik, Befehle und Drohungen helfen einem Kind nicht, sein Großhirn in einer Weise zu entwickeln, die wichtig für logisches Denken, Überlegen und Planen ist (s. S. 18). Zudem kann ein solcher Erziehungsstil die Stressreaktionssysteme im Gehirn und das WUT-SYSTEM dauerhaft auf Überreaktion programmieren.[2] Diese Kinder werden im Leben sehr schnell die Nerven verlieren. Die meisten Menschen werden mit Kindern, deren Dasein von Kampf-oder-Flucht-Mechanismen des Reptiliengehirns regiert wird, nicht warm und lassen das die Kinder auch spüren, was deren negatives Weltbild weiter stärkt.

Das zu stark gezüchtigte Kind lernt, andere zu unterwerfen, wie es selbst unterworfen wurde, kommandiert, wie es selbst kommandiert wurde, beschämt, wie es selbst beschämt wurde, verletzt mit Worten, wie es selbst durch Worte verletzt wurde.

■ **Deshalb ist die Art, wie Kinder diszipliniert werden, eine äußerst ernste Angelegenheit für die ganze Gesellschaft.**

Unsere Gesellschaft erntet, was sie durch die Erziehung ihrer Kinder sät. Ein durch Stress geformtes Gehirn fördert unsoziales Verhalten zutage. »Stress kann eine Welle unterschiedlicher hormoneller Veränderungen ins Rollen bringen, die das Gehirn auf Dauer so vernetzen, dass es mit einer feindlich gesinnten Welt umgehen kann. Durch diese Ereigniskette werden Gewalt und Missbrauch sowohl von Generation zu Generation als auch von Gesellschaft zu Gesellschaft weitergegeben.«[3] Viele Staatsmänner, die durch Wut und Grausamkeit gezüchtigt wurden, machen damit weiter und behandeln ihre Landsleute schrecklich oder tyrannisieren andere Nationen.[4] Solange wir unsere Kinder derart züchtigen, werden wir auch weiterhin

»Viele Staatsmänner, die durch Wut und Grausamkeit gezüchtigt wurden, machen damit weiter und behandeln ihre Landsleute schrecklich oder tyrannisieren andere Nationen.«

Kriege erleben – in der Familie und auf der Bühne der Welt. Eine aussagekräftige Studie veranschaulicht dies. Bandaufnahmen von Interviews mit Deutschen, die während des Zweiten Weltkriegs Juden versteckt hielten und dadurch ihr eigenes Leben riskierten, zeigen ein besonderes, ihnen allen gemeinsames Merkmal: Sie wuchsen alle in einem Umfeld auf, in dem ihre persönliche Würde respektiert wurde.[5]

Gewalt im Erwachsenenleben

Es gibt noch vieles über Erziehung zu lernen, betrachtet man die ernüchternden Untersuchungen von Professor Adrian Raine über das Gehirn von Gewaltverbrechern. Standen die Mörder unter Stress, zeigten die Gehirnscans eine starke Aktivität in den instinktiven Teilen ihres Gehirns und kaum Aktivitäten in den Stirnlappen des Großhirns. Das bedeutet, sie waren unfähig, die Geschehnisse gedanklich zu erfassen und sich bewusst zu machen. Möglicherweise das Vermächtnis einer Kindheit ohne Trost und Beruhigung, in der ihnen von den Eltern nicht geholfen wurde, ihre Wut und Verzweiflung zu verarbeiten.[6]

Es gibt eine Menge Gewalt auf der Welt – zum Teil auch deshalb, weil viele Menschen mit unterentwickelten Funktionen der Stirnlappen und Stressregulationssystemen wie Zeitbomben auf dieser Erde herumlaufen.

■ **Manche Menschen, denen in der Kindheit nicht geholfen wurde, mit ihren starken Gefühlen zurechtzukommen, üben häusliche Gewalt aus.**

Die meisten von uns werden von Zeit zu Zeit wütend, vielleicht wegen einer unerwartet hohen Stromrechnung oder wenn wir beim Autofahren von einem anderen geschnitten werden. Wir sind aber in der Lage, die kindlichen und primitiven Reaktionen unseres Gehirns zu kontrollieren und wie Erwachsene zu denken und zu handeln. Manche Menschen können ihre Instinkte jedoch das ganze Leben lang nicht steuern, mit dem Ergebnis, dass sogar die kleinsten Rückschläge die schrecklichsten Gewalttaten in der Familie auslösen können.

Fallstudie

Julies verlorene Kinder

Julie behilft sich oft mit Kritik, Befehlen und Vorhaltungen, um ihre beiden Kinder zu disziplinieren. Diese Methoden funktionieren nicht besonders, aber in ihrer Kindheit machte Julie selbst wenig Erfahrungen aus erster Hand über die Kraft herzlicher Berührungen, Umarmungen und interaktiven Spiels.

Die vierjährige Mary hat Angst, wenn ihre Mutter schreit. Ihre Schwester, die zwölfjährige Sam, scheint besser damit klarzukommen. Wenn Julie sie anschreit, schreit sie zurück.

Die Art, wie Julie ihre Kinder zurechtweist, hat dauerhafte Auswirkungen auf das Gehirn der Kinder. Das FURCHT-SYSTEM in Marys Gehirn reagiert beim geringsten Stress zu stark, sie läuft Gefahr, zu einer ängstlichen und misstrauischen Frau heranzuwachsen. Sam hat ein überreaktives WUT-SYSTEM, das sich im Erwachsenenalter zum Problem in ihrem Arbeits-und Gesellschaftsleben entwickeln kann, weil sie dazu neigt, bei der geringsten Frustration zu explodieren.

»Ich hasse dieses Spiel.«

Kinder verhalten sich entsprechend den Einflüssen, denen sie ausgesetzt sind. Gewaltszenen im Fernsehen, aber auch die Art, wie Eltern das Verhalten ihres Kindes korrigieren, können dazu führen, dass das Kind gemein und grausam wird. Es hat sich gezeigt, dass Kinder, die zu Hause geschlagen wurden, bereits im Alter von vier Jahren in ihren Spielen entweder die Opfer- oder die Vollstreckerrolle einnehmen. Im Gegensatz dazu spielen Kinder, die nicht hart bestraft wurden, meist freundlich und kooperativ.[7]

Grenzen und Benehmen

Wir haben bereits beschrieben, wie sehr harsche Disziplin die Sozialisierung hemmt und ein Kind eher zu einem Rowdy als zu einem integren Bürger heranwachsen lässt. Aber was ist mit den Eltern, die es nicht schaffen, überhaupt Disziplin durchzusetzen? Unsere Gesellschaft kennt auch Kinder, deren provokantes Benehmen ihren Eltern das Leben zur Hölle macht.

> **BEDENKEN SIE ...**
>
> **Manche Eltern wagen nicht**, entschieden Nein zu sagen, weil sie befürchten, dass ihre Kinder sie dann nicht lieben. Es ist dennoch wichtig, damit Kinder sich moralisch und gesellschaftlich entwickeln können. Ein Kind, dem die Eltern kaum etwas entgegensetzen, wird sie mit der Zeit nicht mehr respektieren. Auch ist es erschreckend für ein Kind, wenn die Erwachsenen in seinem Leben keine Verantwortung übernehmen. Zusätzlich wird einem Kind, dem bei inakzeptablem Verhalten keine Grenzen gesetzt werden, die Botschaft vermittelt, dass es völlig in Ordnung sei, Menschen zu verletzen, fremdes Eigentum zu nehmen oder die Mutter wie einen Fußabtreter zu behandeln.
>
> Wichtig ist, einem Kind auf eine Art, die sein Großhirn und nicht seine primitiven Furcht- oder Wut-Reaktionen anspricht, und ohne in das Schema von Dominanz und Unterwerfung zu verfallen, beizubringen, dass manche Verhaltensweisen absolut nicht akzeptabel sind.

Manche Eltern haben Schwierigkeiten, überhaupt Grenzen zu setzen. Oft haben sie selbst in ihrer Kindheit unter strengen, strafenden Eltern oder Lehrern gelitten. Sie sind fest entschlossen, ihre Kinder niemals so zu behandeln, und verfallen in das andere Extrem. Zeigt ein Kind ein Verhalten, das klare Grenzen und sofortige Konsequenzen erfordert, sagen sie vielleicht: Tu das nicht, das ist nicht nett«, ergreifen aber keine weiteren Maßnahmen. Die Ironie daran ist, dass man aus Angst, als Eltern herrisch und kontrollierend zu sein, ein herrisches und kontrollierendes Kind heranziehen kann. Erfährt ein Kind keine sofortigen Konsequenzen bei unsozialem Verhalten, wird es keine Veranlassung sehen, dieses zu ändern.

■ Wenn Sie Ihrem Kind keine Grenzen setzen ...

Ihr Kind macht die Erfahrung, dass es Sie kontrollieren kann, statt Sie als die verantwortliche Person zu begreifen. Betrachten Sie es aus seiner Sicht – wenn nichts passiert, wenn es seine Mutter schlägt oder gegen die Tür tritt, warum sollte es dann damit aufhören, seine Wut auf diese Weise zu entladen? Das kann berauschend sein und das Gefühl großer Macht vermitteln. Wenn Sie Ihrem Kind keine klaren Grenzen für inakzeptables Verhalten setzen, wird es auch nicht wissen, wo die Grenzen sind.

Das Schlimme daran ist, wie Neurologen herausgefunden haben, dass die Erfahrung von bloßen Gefühlen ohne rationale Verknüpfung zu einem fest verankerten Charakterzug werden kann.[8] Wenn ein fünfjähriger Rowdy das Alter von neun oder zehn Jahren erreicht, ist er vielleicht schon zu groß, um ihn in einen Time-out-Raum zu tragen (s. S. 174). In diesem Alter kann er Sie und andere bereits ernsthaft verletzen.

■ **Kinder müssen früh lernen, dass sie Sie nicht unter Kontrolle haben können.**

Kinder brauchen ein Disziplinmodell, das durchsetzungsfähig, überzeugend, fest und klar ist, jedoch ohne mit Wut verbunden zu sein oder zu beschämen. Ihr Kind muss absolute Überzeugung in Ihrer Stimme und Körpersprache erkennen, wenn Sie ihm Einhalt gebieten, und sofortige Konsequenzen spüren, wenn es von Ihnen gesetzte Grenzen überschreitet. Sie sollten sich nicht auf Diskussionen einlassen. Wenn Ihre Stimme flach oder schwach klingt, wird Ihr Kind Sie nicht ernst nehmen.

■ **Wann man emotional sein sollte …**

Die erste Regel ist: Reagieren Sie emotional auf gutes Benehmen. Wenn Ihr Kind beispielsweise kooperativ mit anderen spielt, seien Sie großzügig mit Ihrem Lob: »Das war toll, dass dein Bruder mitspielen durfte. Das hast du gut gemacht!«

■ **Wann man sachlich sein sollte …**

Reagieren Sie demgegenüber sehr sachlich und nicht im geringsten emotional auf schlechtes Verhalten. Wenn z. B. ein Fünfjähriger seinen Pudding auf dem ganzen Tisch verteilt, sagen Sie mit völlig ruhiger Stimme: »Schlecht für dich, das bedeutet, dass du dir heute deine Lieblings-DVD nicht ansehen darfst. Ich hoffe, du überlegst es dir das nächste Mal.«

Allerdings kann man sich leicht falsch verhalten, weil man schlechtem Benehmen meist mehr Aufmerksamkeit widmet. Eltern werden oft sehr emotional, wenn ein Kind nicht gehorcht, und bleiben sachlich oder bemerken es gar nicht, wenn ihr Kind gut, freundlich, freigebig oder kreativ ist. Ruhige Reaktionen auf provokantes Benehmen Ihres Kindes werden ihm helfen, ruhig zu bleiben. Wenn Sie hier bei Ihrem Kind »verlieren«, laufen Sie Gefahr, die Instinkte seines Reptiliengehirns zu

»Papa hat mir gar nichts zu sagen.«

Sie müssen entscheiden können, wann Sie bedächtig vorgehen oder prompt handeln müssen. Die meisten Dinge können Sie locker handhaben; strenge Disziplin ist dann erforderlich, wenn Ihr Kind Gefahr läuft, sich selbst, anderen oder fremdem Eigentum Schaden zuzufügen. Hier müssen Sie konsequent sein, um zukünftige Probleme zu vermeiden.

BEDENKEN SIE …

Wenn Sie Ihrem Kind ein wenig Kontrolle lassen, indem Sie ihm bei eher unwichtigen Entscheidungen, z. B. was es anziehen möchte, eine Wahlmöglichkeit anbieten, neigt es weniger dazu, mit Ihnen über die Herrschaft zu streiten. So können Sie, statt zu schreien: »Zieh sofort deinen Mantel an – ich werde es nicht noch einmal sagen!«, unbekümmert fragen: »Möchtest du dich fertig machen oder lieber im Pyjama zur Schule gehen?« oder: »Meinst du, dass diese Jacke warm genug ist, oder sollen wir die dicke Jacke suchen?« Dann wird Ihr Kind sich lieber anziehen, als einen Kampf zu beginnen.

aktivieren, die auf lange Sicht der Entwicklung seines sozialen Gehirns schaden können.[9]

■ **Aufmerksamkeit suchendes Verhalten ignorieren.**
Nichtbeachtung ist die richtige Reaktion auf Provokationen wie gegen ein Stuhlbein zu treten oder sehr laut über die Treppe zu stapfen. Solches Verhalten kommt im Allgemeinen dann vor, wenn ein Kind unter Anregungs- oder Anerkennungshunger (s. S. 117) leidet, vielleicht weil es fühlt, dass es Ihre Aufmerksamkeit an ein Geschwisterchen, Ihr Mobiltelefon oder eine Fernsehsendung verliert. Vielleicht erhält es auch zu wenig Lob oder liebevolle, herzliche Berührungen.

Wenn Sie diese Kleinigkeiten nicht ignorieren, lernt Ihr Kind, dass es Aufmerksamkeit durch diese kleinen Provokatio-

> »Regeln geben Kindern und Erwachsenen gleichermaßen Sicherheit.«

nen bekommt. Der Hinweis darauf ist oft die Art, wie Ihr Kind Ihr Gesicht beobachtet, in der freudigen Erwartung, Ihren Ärger zu sehen oder Aufmerksamkeit in Form eines »Hör auf damit!« zu erhalten. Versuchen Sie deshalb, Ihr Kind nicht anzublicken, und geben Sie vor, nichts zu hören und zu sehen. Überlegen Sie sich stattdessen eine kreative Möglichkeit, den Anregungs- oder Anerkennungshunger Ihres Kindes zu stillen.

■ **Stellen Sie klare Familienregeln auf.**
Die Festsetzung klarer Familienregeln ist wichtig, um den Strukturhunger Ihres Kindes zu befriedigen und sein Großhirn zu fordern. Keine Regeln zu haben oder ihre Einhaltung nicht zu belohnen und ihre Übertretung nicht zu bestrafen, ist nicht klug. Regeln geben Kindern und Erwachsenen gleichermaßen Sicherheit, wohingegen ihr Fehlen zu Anarchie und Chaos führt. Regeln helfen unserem Großhirn, aggressive Gefühle und dominierende Instinkte in Schach zu halten, die leicht in

den alten Säuger- und Reptilienanteilen unseres Gehirns aktiviert werden können.

Regeln bringen alles von der personellen auf die objektive Ebene. Sie zielen auf Fairness, und Menschen beruhigen sich leichter, wenn sie merken, dass Dinge fair gehandhabt werden. Schreiben Sie eine Liste Ihrer Regeln, und hängen Sie sie für alle gut sichtbar zu Hause auf. Der Inhalt Ihrer Regeln kann sein, dass nicht geschlagen, geflucht und kein Eigentum beschädigt werden darf. Auch andere zu respektieren und lieber um Hilfe zu bitten, wenn man sich verletzt fühlt, statt es an anderen auszulassen, sind wichtige Punkte. Kinder müssen wissen, welche Konsequenzen sie im Falle einer Übertretung zu erwarten haben.

■ Benutzen Sie bei Kleinkindern einfache, klare Worte.

Wenn Ihre Kinder älter werden, schätzen sie meist Erklärungen über faires Verhalten und über die Wichtigkeit, andere zu respektieren. Aber solange ihr rationales Gehirn noch nicht ausreichend entwickelt ist, sind solche Erklärungen Zeitverschwendung. Deshalb müssen Sie Kindern unter fünf Jahren einfache Instruktionen geben. Beugen Sie sich zu Ihrem Kind hinunter, und sagen Sie in autoritärem (nicht in ärgerlichem) Ton »Nein« oder: »Hör auf, ich meine es ernst.« Wenn Ihr Kleinkind übererregt und völlig außer Kontrolle ist, nehmen Sie es in den Arm und halten es fest (s. S. 177). In einem Zustand starker körperlicher Erregung ist Ihr Kind nicht fähig, sich auf das zu konzentrieren, was Sie sagen, egal wie einfach Sie es ausdrücken.

■ Legen Sie Wahlmöglichkeiten und Konsequenzen dar.

Das ist eine erprobte Weise, Kinder zu disziplinieren, die von Foster Cline entwickelt wurde. Die Methode, das rationale Gehirn des Kindes zu beschäftigen, ohne die FURCHT- oder WUT-INSTINKTE zu aktivieren, hat sich als äußerst erfolgreich erwiesen, sogar bei Kindern mit stark destruktivem Verhalten. Sie können diese Methode bei Kindern ab fünf Jahren anwenden.[10]

> »Kinder müssen wissen, welche Konsequenzen sie bei einer Übertretung zu erwarten haben.«

VERSUCHEN SIE ES ...

Belohnen Sie rüdes, provokantes oder Aufmerksamkeit suchendes Verhalten nicht mit einem Wutausbruch. Bleiben Sie ruhig, und fahren Sie mit der Tätigkeit fort, mit der Sie gerade beschäftigt sind. Dann hat Ihr Kind durch sein Verhalten nur minimalen, nicht maximalen Einfluss und wird in keiner Weise dafür belohnt. Zum Beispiel:

Kind: »Deine Haare sehen blöd aus.«

Elternteil: »Keine dummen Witze!« (bleiben Sie ruhig und richten Sie Ihre Aufmerksamkeit auf etwas anderes).

Wahlmöglichkeiten und Konsequenzen darlegen geschieht etwa so: Tessa ist eifersüchtig, weil ihre Schwester eine neue Puppe bekommen hat, und macht sie kaputt. Ihre Mutter zieht die Konsequenz, dass Tessa ihr im Haushalt helfen muss, um Geld für eine neue Puppe zu verdienen. Dadurch lernt Tessa, dass ihr Verhalten Folgen hat. Die Mutter bietet eine Alternative an: Tessa kann sich entweder für die Hausarbeit entscheiden oder dafür, ihrer Schwester ihre eigene Lieblingsbarbiepuppe zu überlassen – die Schwester wäre einverstanden. Die Mutter lehnt jede weitere Diskussion darüber ab. Dadurch vermeidet sie, Tessas schlechtes Verhalten durch zu viel Aufmerksamkeit zu belohnen. Um eine Wahl treffen zu können, muss Tessa nachdenken, was ihr rationales Gehirn beschäftigt. Schließlich entscheidet sie sich für die Hausarbeit.

Sie müssen sich nicht auf der Stelle eine Wahlmöglichkeit oder Konsequenz überlegen. Wenn Sie sich dabei unter Druck setzen, ist das Ergebnis meist zu krass, sinnlos oder macht Ihnen mehr Umstände als nötig. Überlegen Sie deshalb in Ruhe. Sagen Sie etwa: »Ich muss mir eine Strafe ausdenken für das, was du getan hast. Ich sage dir Bescheid, wenn ich fertig bin.« Sie sollten jedoch darauf achten, dass die Konsequenz noch am

> »Konsequenzen müssen noch am selben Tag zum Tragen kommen.«

selben Tag zum Tragen kommt. Kleinkinder kümmern sich nicht um die Zukunft; deshalb sollten Sie Maßnahmen wie »zur Strafe gehen wir am Wochenende nicht ins Kino« vermeiden.

■ Belohnen Sie gutes Benehmen.

Sticker und Punktesysteme sind Belohnungstechniken, die das rationale Gehirn Ihres Kindes beschäftigen und entwickeln, weil sie ein Abwägen der Vor- und Nachteile von bestimmten Verhaltensweisen beinhalten. Familien, die kein klares Belohnungssystem haben, verfallen meist darauf, ihre Kinder

VERSUCHEN SIE ES ...

Stellen Sie Familienregeln gemäß den besten menschlichen Eigenschaften auf – guter Wille, Geben und Nehmen, Großzügigkeit und Respekt gegenüber anderen.

Stellen Sie sicher, dass die Regeln sinnvoll und passend sind, z. B. dass Taschengeld und Privilegien verdient werden müssen. Achten Sie auf die Fairness der Regeln – Kinder merken es sofort, wenn sie benachteiligt werden.

Die Kinder bei den Regeln mitbestimmen zu lassen ist sinnvoll – sie werden meist wichtige Beiträge liefern –, allerdings nicht Kinder unter fünf Jahren, weil ihr Gehirn noch nicht die Reife hat, solche Entscheidungen zu treffen. Kinder dieser Altersgruppe beurteilen die meisten Dinge nach »schwarz oder weiß« und würden grausame Strafen für kleine Sünden verhängen. Simon (fünf Jahre) z. B., der gefragt wurde, was man mit seinem kleinen Bruder Eddie machen solle, weil er seinen Babysitter in den Finger gebissen hatte, antwortete: »Steck ihn in den Mülleimer.« Denken Sie daran, Ihre Kinder zu loben, wenn sie die Regeln einhalten.

weit häufiger zurechtzuweisen als zu loben. Durch große Aufmerksamkeit für schlechtes Benehmen erhält man noch mehr schlechtes Benehmen. Umgekehrt ruft große Aufmerksamkeit für gutes Benehmen noch mehr gutes Benehmen hervor.

Unser Gehirn ist so beschaffen, dass es uns Annehmlichkeiten suchen und Unannehmlichkeiten vermeiden lässt. Als Erwachsene werden wir deshalb motiviert, morgens aufzustehen und zur Arbeit zu gehen, weil wir dadurch die Annehmlichkeiten, Geld zu verdienen, Bestätigung durch Erfolge und Sozialkontakte zu haben, erlangen. Seien Sie deshalb nicht überrascht, wenn Ihr Kind bei dem Gedanken, das Geschirr zu spülen, nicht gleich vor Freude in die Luft springt. Es verhält sich normal, weil es für sich keine großen Vorteile darin entdecken kann.

> »Durch große Aufmerksamkeit für gutes Benehmen erhält man noch mehr gutes Benehmen. Einfach, aber treffend.«

»Warum soll ich aufräumen?«

Mama bittet Susie aufzuräumen, bevor sie ins Kino gehen. Susie hat keine Lust dazu – sie hofft, dass ihre Mutter aufgibt und selbst aufräumt, wenn sie die Bitte ignoriert.

Mama sagt Susie, dass der Ausflug ins Kino gestrichen wird, wenn sie nicht aufräumt – eine Wahl mit den dazugehörigen Konsequenzen.

Es gibt kein Geschrei, keine Schläge, kein Bitten und Betteln: Susie räumt auf. Jetzt ist die Mutter bereit, mit ihr ins Kino zu gehen.

> **VERSUCHEN SIE ES …**
>
> **Durch eine Änderung in der Betonung** können Drohungen in Versprechungen verwandelt werden. Sagen Sie nicht mit ärgerlicher Stimme: »Wenn du dein Zimmer nicht aufräumst, darfst du keine DVD ansehen«, sondern mit herzlicher Stimme: »Ich verspreche dir, dass du deine DVD anschauen darfst, wenn du dein Zimmer aufräumst.« Diese einfache, aber wichtige Änderung kann den Unterschied zwischen endloser Meckerei und hilfsbereiten Kindern in der Familie ausmachen.

Freude daran zu haben, etwas zum Wohle anderer zu tun, ohne einen spürbaren Vorteil dadurch zu erlangen, ist eine Sache der Entwicklung. Lassen Sie Ihrem kleinen Kind Zeit! Anfangs wird es einer Belohnung in Form eines Stickers oder Fleißpunktes bedürfen, manchen ist auch ein Lächeln der Mutter und ein »gut gemacht« genug. Wird ein Kind älter, geht es zu anspruchsvolleren Motivationsformen über, wie die Freude darüber, es geschafft zu haben, für die Familie ein Essen zu kochen, oder sogar etwas aus Liebe zu tun, was größere Freude bereitet, als selbst etwas geschenkt zu bekommen.

Wenn Sie ein Verhalten belohnen möchten, geben Sie dem Kind möglichst bald danach einen Sticker, damit es eine Verbindung zwischen Verhalten und Belohnung herstellen kann.

Das Sammeln von Stickern für eine größere Belohnung ist sehr wirkungsvoll. Eine Tabelle an der Wand ermöglicht Ihrem Kind, jederzeit zu sehen, wie viele Sticker es sich bereits verdient hat, und erinnert Sie daran, es für seine Leistungen zu loben. Eine besondere Belohnung kann etwas sein wie abends länger aufbleiben zu dürfen, ein besonderer Ausflug mit dem Vater in den Tierpark oder ein kleines Überraschungsgeschenk.

Die Belohnung wartet

Lassen Sie Ihr Kind einen Sticker auf eine Tabelle kleben, damit es seinen Fortschritt sehen kann. Sie können auch einen »fliegenden Teppich« machen, indem Sie verschiedene Bäume auf einen Bogen Papier malen. Mit jedem neuen Sticker wandert der Teppich auf einen höheren Baum. Beim höchsten gibt es eine Belohnung.

Bei älteren Kindern oder Heranwachsenden können Belohnungen ebenso gut funktionieren, nur dass die Fleißpunkte in Bargeld umgesetzt werden. Ihr Kind lernt dadurch, dass es sich Taschengeld verdienen muss, und darauf zu achten, es nicht wieder zu verlieren. Taschengeld verdienen ist eine gute Vorübung für die Erwachsenenwelt. Ihr Kind kann sich durch Arbeiten im

Taschengeld verdienen ist eine gute Vorübung für die Erwachsenenwelt.

Haushalt, das Beachten der Familienregeln über einen längeren Zeitraum oder durch Hilfsbereitschaft Punkte verdienen. Es muss aber auch klare Strafen für das Verlieren von Punkten geben. Wenn Ihr Kind alle Punkte verliert, können Sie z. B. wichtige Dinge, wie den Fernseher in seinem Zimmer, konfiszieren, die es sich erst wieder zurückverdienen muss.

■ **Wählen Sie die richtigen Worte.**
Beim Versuch, Ihr Kind zu gutem Sozialverhalten zu erziehen, machen viele Eltern den Fehler, mit Vorwürfen zu arbeiten. Diese können die primitiven Alarm- und Stressreaktionssysteme im instinktiven Gehirn eines Kindes überaktivieren. Vorwürfe wollen Gehorsam erreichen, rufen in einem Kind aber oft das Gegenteil hervor, nämlich Auflehnung und Ungehorsam.[11]

Im Gegensatz dazu aktivieren Worte, die zum Nachdenken anregen, das rationale Gehirn. Hat Ihr Kind einen Wutanfall aus Jähzorn (s. S. 128), können Sie Folgendes sagen: »Gut, es sieht aus, als ob du im Moment etwas außer dir bist. Wenn du wieder freundlich sein kannst, werde ich dir gerne zuhören.« An diesem Punkt sollten Sie ohne ein weiteres Wort weggehen. Vorwürfe würden sich so anhören: »Schon wieder eine deiner Launen. Wenn du wüsstest, was wir alles für dich tun, ohne ein Wort des Dankes von dir!« Die erste Möglichkeit wird Ihr Kind zum Nachdenken anregen. Die zweite Variante aktiviert sein WUT-SYSTEM vermutlich noch mehr.

WISSENSWERTES

Durch die Darlegung von Wahlmöglichkeiten und Konsequenzen helfen Sie einem trotzigen Kind, dass seine Stirnlappen die Fähigkeit entwickeln zu denken, zu überlegen, zu verhandeln und abzuwägen. Es ist wichtig, nicht zu schreien und keine Kommandos zu verwenden, sondern stattdessen mit leiser, ruhiger Stimme zu sprechen. Entwickelte Stirnlappen befähigen

- zu logischem Denken, Planen, Überlegen und überlegtem Handeln
- zum Erkennen von Zusammenhängen
- zum Verhandeln
- zur Problemlösung.

Befehle sind oft ein Angriff auf die Würde des Kindes und lassen es beschämt und gedemütigt zurück. Befehle lehren Ihr Kind die Bedeutung von Dominanz und Unterwerfung – die Art von Ausbildung, die einen Tyrannen hervorbringen kann (s. S. 160).

BEDENKEN SIE ...

Ein Kind, dem durch »Time-in« geholfen wird, lernt, dass seine Eltern keine Angst vor seinen starken Gefühlen haben und mit ihnen umzugehen wissen. Wenn wir kein »Time-in« anwenden, laufen wir Gefahr, uns gerade dann von unseren Kindern zurückzuziehen, wenn sie das Verständnis eines Erwachsenen am meisten brauchen. Die Entwicklung des sozialen Gehirns Ihres Kindes beinhaltet die Fähigkeit, für andere empfänglich zu sein, mitzufühlen und sich in die Gefühlslage anderer Menschen hineinzuversetzen. Kinder können nur soziales Denken entwickeln, wenn sie die Erfahrung machen, dass jemand für sie emotional empfänglich ist.

■ Versuchen Sie »Time-in« statt Time-out

»Time-in« bedeutet, sich die Zeit zu nehmen, sich nach einem Anfall schlechten Benehmens mit Ihrem Kind hinzusetzen und über sein Verhalten zu sprechen. Es bedeutet nicht, schlechtem Benehmen Aufmerksamkeit zu schenken, sondern den Gefühlen, die dem Verhalten zugrunde liegen, mit dem Ziel, diese zu verarbeiten. Das »Time-in« trägt der Tatsache Rechnung, dass ein Großteil des schlechten Benehmens durch schmerzvolle Gefühle hervorgerufen wird, mit denen das Kind selbst nicht zurechtkommt und die es mit Worten schwer ausdrücken kann.

Das Time-out kann sehr effektiv sein, schlechtes Benehmen zu beenden, jedoch ein Kind allein in einen Raum zu verbannen, gibt Ihnen als Eltern nicht die Möglichkeit herauszufinden, worin die Ursache lag. Die schmerzlichen Gefühle, die das Verhalten ausgelöst haben mögen, geraten dadurch oft in den

»Time-in hilft, die Gründe für das schlechte Verhalten aufzudecken.«

Hintergrund. Weininger (ein Mitbegründer der Time-in-Technik) sagt über das Time-out: »Wir laufen Gefahr, uns von einem Kind gerade dann zurückzuziehen, wenn es Hilfe mit seinen Gefühlen braucht.« Durch das »Time-in« können Sie Ihrem Kind helfen, wütendes, Aufmerksamkeit heischendes Verhalten in ein überlegteres, nachdenklicheres zu verwandeln.[12]

■ Die »stille Treppe« und der »stille Stuhl«

Ihr Kind soll an einem bestimmten Ort darüber nachdenken, warum das, was es getan hat, nicht in Ordnung ist. Diese Methode hilft Ihrem Kind nicht nur, sich zu beruhigen, sondern aktiviert auch sein rationales Großhirn. Auch diese Technik ist eine Art Time-out, aber nicht so streng, weil Ihr Kind dabei nicht hinter einer geschlossenen Tür bleiben muss. Dadurch entsteht weniger das Gefühl der Isolation; Ihr Kind ist zwar vom restlichen Geschehen im Haus getrennt, aber nicht isoliert.

Das bedeutet weniger Psychostress für Ihr Kind, kann aber auch schwieriger durchzuführen sein, wenn Ihr Kind immer vom Stuhl oder von der Treppe aufsteht. Ein typisches Szenario kann folgendermaßen gehandhabt werden:

- **Die erste Stufe besteht aus einer Warnung**, z. B.: »In diesem Haus wird nicht geflucht. Wenn du noch einmal fluchst, musst du dich auf den stillen Stuhl setzen.«
- **Fährt Ihr Kind mit seinem Verhalten fort, lassen Sie Taten folgen.** Führen Sie es sanft zur Treppe oder zum Stuhl (s. u.).
- **Kommen Sie nach der vorgesehenen Zeit wieder zurück.** Fragen Sie Ihr Kind, ob es nun bereit ist, wieder friedlich zu spielen. Wenn es Ja sagt, bringen Sie es zurück zum Spiel, andernfalls nicht.
- **Bleibt Ihr Kind nicht auf der Treppe oder dem Stuhl sitzen**, bringen Sie es immer wieder zurück. Kleinere Kinder können Sie durchaus auf dem Stuhl festhalten, aber sprechen Sie dabei nicht.[13]

> »Das Time-out dient nur dazu, das schlechte Verhalten zu beenden, die schmerzlichen Gefühle, die es ausgelöst haben mögen, können aber dadurch vernachlässigt werden.«

»Warum hab ich nur …?«

Um die Methode der stillen Treppe oder des stillen Stuhls anzuwenden, sollten Sie einen eher langweiligen Platz zum Sitzen wählen. Das Kind muss auf eine kahle Wand blicken. Bitten Sie Ihr Kind, die Zeit damit zu verbringen, über seine Taten nachzudenken. Erklären Sie ihm, dass es z. B. acht Minuten (eine pro Lebensjahr) lang sitzen bleiben müsse und Sie es dann wieder holen würden. Wenn es versucht aufzustehen, fordern Sie es auf, sich wieder hinzusetzen.

WISSENSWERTES

● **Worte, die zum Nachdenken anregen**, haben viele Vorteile für die Entwicklung Ihres Kindes, weil sie sein rationales Gehirn entwickeln. Wird einem Kind von einem aufmerksamen Erwachsenen geholfen, Worte mit Gefühlen zu verbinden, bilden sich Nervenpfade, die sein Großhirn mit dem unteren Teil des Gehirns verbinden, wie Untersuchungen zeigen.[14] Diese Pfade sind wichtig für seine Fähigkeit, im späteren Leben mit starken Gefühlen oder Stress gut umgehen zu können. Ein wichtiger Teil der emotionalen und sozialen Intelligenz besteht darin, dass wir sinnvolle Lösungen finden können, wenn wir durch die Belastungen des Lebens in einen Zustand intensiver emotionaler Erregung geraten.

● **Vorwurfsvolle Worte sind schlecht** für das Gehirn eines Kindes, weil sie blinden Gehorsam verlangen und doch oft Ungehorsam hervorrufen. Wird der FURCHTINSTINKT zu oft im Namen der Disziplin aktiviert, kann ein Kind im späteren Leben unter Angststörungen und sozialen Phobien leiden (s. S. 25).
Die Forderung, blind zu gehorchen, lehrt ein Kind die Funktion von Dominanz und Unterwerfung. Bei einigen wird sie auch den WUTINSTINKT aktivieren. Dann wird sich ein Kind zwar im Moment fügen, aber sein Wutinstinkt ist wie eine Zeitbombe. Bei manchen geht sie auf dem Spielplatz hoch und bewirkt das Tyrannisieren anderer. Bei anderen explodiert sie erst in der Jugend, wo sie sich als Selbstzerstörung oder Gewalt äußert.

▪ **Mit einem älteren Kind sollten Sie eher »Time-in« in Betracht ziehen** und mit ihm über die Beweggründe für sein Verhalten sprechen.

▪ **Manchmal müssen Sie das Time-out anwenden.**
Time-out bedeutet, ein Kind allein in einen Raum zu verbannen, wenn es sich schlecht benommen hat. Ein Elternteil sollte auf der anderen Seite der Tür stehen und die Türklinke festhalten. So weiß das Kind, dass jemand draußen steht.

Die Regel für die Dauer des Time-out ist pro Lebensjahr eine Minute. Dieses Zeitlimit soll verhindern, dass ein Kind in die tiefe Angst verfällt, verlassen worden zu sein, oder in einen Zustand der Panik oder Verzweiflung gelangt. Durch das Time-out können leicht TRENNUNGSANGST-SYSTEME im unteren Teil des Gehirns eines Kindes aktiviert werden, die wiederum die Schmerzzentren anstoßen. Diese Technik ist effektiv, weil Kinder dadurch ihr Verhalten mit Strafe durch Schmerzen assoziieren.

Das Time-out ist besonders passend bei klarem Trotzverhalten und absichtlicher Verletzung anderer oder Beschädigung

»Time-out ist passend bei absichtlicher Verletzung oder Beschädigung.«

von Eigentum und dann wirklich angebracht, wenn das Großhirn eines Kindes so weit entwickelt ist, dass es sich klar für destruktives, verletzendes Verhalten entscheiden kann. Weil aber Time-out eine Disziplinierung durch Schmerzen ist (wenn auch nur kurzzeitig), sollte es nur als äußerste Maßnahme angewandt werden. Wenn etwas nicht wirklich gefährlich, zerstörerisch oder verletzend ist, sollten Sie andere erzieherische Maßnahmen zuerst ergreifen – ignorieren, Wahl und Konsequenzen oder Weggehen mit den Worten: »Ich möchte nicht mit dir zusammen sein, wenn du dich so benimmst.«

Wenn Sie das Time-out richtig anwenden, liegen einige Vorteile für das Gehirn Ihres Kindes darin. Auf lange Sicht besteht die Hoffnung, dass durch diese Technik das Großhirn Ihres Kindes in der Weise aktiviert wird, dass es sich zweimal überlegt, ob es Sie mit Schimpfwörtern bedenkt, seinen jüngeren Bruder tritt oder die Lieblingspuppe der Schwester versteckt.

■ **Eltern, die das Time-out zu oft einsetzen, wenden passendere Techniken meist zu selten an.**
Das Problem beim Time-out ist, dass es oft zum Patentrezept für alles wird. Weil es aus elterlicher Sicht so wirkungsvoll ist, wenden sie es häufig bereits bei der geringsten Ungehorsamkeit an.

So ist es beispielsweise höchst fraglich, ob das Time-out angewandt werden soll, wenn sich ein Kind aus Langeweile schlecht benimmt. Liegt es nicht auch in unserer Verantwortung, ihm bei der Befriedigung seines Anregungshungers zu helfen? Ein vierjähriges Kind, das in einem Restaurant 45 Minuten auf sein Essen warten muss, weil der Service so schlecht ist, macht vermutlich irgendwann mit dem Strohhalm Blasen in seinen Orangensaft und spielt mit dem Besteck Schlagzeug. Eine gute Erziehung bedeutet auch, den psychischen Hunger nach Struktur, Anregung und Beachtung sehr ernst zu nehmen und dafür zu sorgen, dass er gestillt wird (s. S. 117), statt das Kind für unsere eigenen Unzulänglichkeiten zu bestrafen. Um schlechtes Benehmen bei einem Ausflug zu vermeiden, sollten Sie immer Papier und Buntstifte oder ein interessantes Spiel mitnehmen, Wortspiele machen oder eine Geschichte erzählen.

■ **Beachten Sie die Regeln beim Time-out.**
■ **Manchmal ist eine vorherige Warnung angebracht:** »Wenn du damit nicht aufhörst, stecke ich dich allein ins Zimmer.« Manchmal aber müssen Sie sofort handeln, z. B., wenn ein Kind wissentlich ein anderes verletzt. Nehmen Sie es sofort auf den Arm und bringen Sie es zum Time-out in ein separates Zimmer.
■ **Halten Sie die Tür zu** und bleiben Sie auf der anderen Seite der Tür stehen. Um zu vermeiden, dass Ihr Kind, aus Angst verstoßen zu werden, in Panik gerät, müssen Sie es wissen lassen,

Time-out ist angebracht, wenn eine Warnung nichts genützt hat oder das Kind absichtlich jemanden verletzt oder Eigentum zerstört hat. Achten Sie darauf, diese Technik nicht überzustrapazieren, damit ihre Wirkung erhalten bleibt und Ihr Kind keinen Schaden nimmt.

»Time-out ist niemals gerechtfertigt, um ein Kind für seine starken, schmerzvollen Gefühle zu bestrafen.«

dass Sie da sind. Sperren Sie die Tür nicht ab. Das kann zu panischen Zuständen führen, durch die das Gehirn Ihres Kindes von Stresshormonen in toxischen Ausmaßen überschwemmt wird. Wie bereits beschrieben, können dadurch Langzeitschäden im Gehirn Ihres Kindes entstehen.

- **Sprechen Sie während des Time-outs nicht** mit Ihrem Kind. Der Sinn dieser Technik liegt darin, ein Kind vom häuslichen Geschehen zu trennen und ihm absolut keine Aufmerksamkeit zu schenken. Wenn Sie mit ihm während des Time-outs sprechen, machen Sie den pädagogischen Effekt zunichte.
- **Wenn Ihr Kind aus dem Zimmer kommt und flucht**, tritt oder schlägt, bringen Sie es sofort in das Zimmer zurück und ordnen eine weitere »Sitzung« an.

»Niemand versteht mich.«

Bevor Sie sich für ein Time-out entscheiden, überlegen Sie zuerst, ob vielleicht ein »Time-in« angebrachter ist. Wenn Sie Ihrem Kind zuhören, können Sie vielleicht die Konflikte lösen, die zu schlechtem Benehmen geführt haben, und können dieses Verhalten dadurch möglicherweise zukünftig vermeiden.

▪ Wann Time-out niemals angebracht ist.

Time-out ist niemals gerechtfertigt, um ein Kind für starke, schmerzvolle Gefühle zu bestrafen. Die meisten Kinder unter fünf Jahren haben von Zeit zu Zeit ihre »bestimmten Momente« und werfen sich verzweifelt auf den Boden. Kleinkinder schreien manchmal, wenn sie angezogen werden oder ein anderes Kind ihnen das Spielzeug wegnimmt. Solche Verluste aktivieren bei einem Kleinkind Schmerzzentren im Gehirn; deshalb wäre es pure Grausamkeit, es in diesem verzweifelten Zustand ins Time-out zu verbannen. Es wäre ein Fehler in doppelter Hinsicht: Sie verweigern Ihrem Kind den nötigen Trost und bestrafen es für seine vollkommen natürlichen Gefühle von Schmerz und Verlust. Das Kind erhält dadurch folgende, psychisch sehr besorgniserregende Botschaften:

▪ **Intensive Gefühle werden nicht akzeptiert.** Mama oder Papa bestrafen mich für diese Gefühle. Sie akzeptieren mich nur, wenn ich oberflächliche Gefühle habe.

▪ **Ich sollte Mama oder Papa nicht um Hilfe bitten**, wenn ich Schmerz empfinde; sie könnten ärgerlich werden.

Wir wollen Kindern ihr schlechtes Benehmen abgewöhnen, aber wir müssen dabei sehr behutsam vorgehen, um ihnen nicht ihre tiefen Gefühle abzutrainieren – und damit die Fähigkeit, das Leben zu genießen. Die verzweifelten Schreie des Verlustes, der Enttäuschung und der Wut bedürfen Ihrer gefühlsregulierenden Fähigkeiten als Eltern. Untersuchungen zeigen, dass sein Gehirn von Stresshormonen überschwemmt werden kann, wenn Sie Ihr Kind in derart verzweifeltem Zustand allein lassen (z.B. in einem Zimmer zum Time-out). Es mag zu weinen aufhören, weil Sie ärgerlich sind, die Kortisonwerte können jedoch in schwindelnder Höhe bleiben (s. S. 54).

▪ Versuchen Sie es mit der Umarmungstechnik.

Ihr Kind zu umarmen, um es zu beruhigen, wenn es außer Kontrolle ist, ist kein Fehler – im Gegenteil: Es fühlt die Stärke, Sicherheit und Ruhe, die von Ihren Armen ausgeht. Die Hauptfunktion der Umarmung ist, Ihrem Kind zu vermitteln, dass

FALLSTUDIE

Zu viel Time-Out

Zu häufige Anwendung von Time-out kann die Eltern-Kind-Beziehung schädigen. So kann ein sechsjähriges Kind, das bei jeder Kleinigkeit ins Time-out verbannt wird, dieses schließlich der Gesellschaft seiner ewig nörgelnden Mutter vorziehen. Einmal wurde Martha in den Time-out-Raum geschickt, weil sie eine übergroße Portion Spaghetti nicht aufgegessen hatte. Als ihre Mutter die Tür schloss, hörte sie Martha sagen: »Gott sei Dank bin ich von Mama weg, sie ist böse zu mir.«

Als ihre Mutter mit den Worten: »Du kannst herauskommen« die Tür öffnete, antwortete Martha: »Ich mag nicht, danke.« Sie hatte ein Stück Schnur gefunden, das sie zu einem Spinnennetz knüpfte.

VERSUCHEN SIE ES …

Wenn Sie es bereits mit einem bestimmten »Nein« versucht haben und Ihr Kind Gefahr läuft, sich selbst oder andere durch sein Verhalten zu verletzten, dann sollten Sie die Umarmungstechnik anwenden. Umarmen Sie ein Kind nur, wenn Sie selbst völlig ruhig sind, damit Ihr Kind von Ihren emotional ausgeglichenen Gehirn- und Körpersystemen profitieren kann. Bei einem übererregten Kind kann es bis zu zwanzig Minuten dauern, bis es sich beruhigt. Lassen Sie es danach noch ein wenig in Ihren Armen verweilen.

jemand da ist, der sicher und ruhig genug ist, mit dem Sturm seiner intensiven Gefühle umgehen zu können. Wenn sich Kinder »voller Wildheit, die nicht bezähmt werden kann«[15], fühlen und ihnen in ihren übererregten Zuständen niemand hilft, kann das schrecklich für sie sein. Eine Umarmung ist angebracht, wenn ein Kind Gefahr läuft, sich selbst oder andere durch sein Verhalten zu verletzen oder Eigentum zu beschädigen und ein eindeutiges »Stopp« keine Wirkung zeigt. Das Kind ist in einem derart hohem Erregungszustand, dass es Ihre Worte nicht hören kann, weil sie das Sprachzentrum in seinem Gehirn nicht registriert.

■ **Halten Sie Ihr Kind nur, wenn Sie selbst ruhig sind.**
Genau wie ein Baby durch Ihre körperliche Nähe beruhigt wird, wird auch ein größeres Kind dadurch ruhig. Ihr gereiftes körperliches Erregungssystem wird das unreife Ihres Kindes ins Gleichgewicht bringen.

Wenden Sie aber diese Technik niemals an, wenn Sie vor Wut kochen; so können Sie Ihr Kind nicht beruhigen. Auch wird sich Ihr Kind durch Ihren Stress bestraft fühlen, und seine Übererregung wird dadurch nur weiter steigen.

Halten Sie Ihr Kind nur, wenn es nicht größer ist als Sie. Wenn es so rasend ist, dass es Sie verletzen oder sich aus Ihrer Umarmung befreien kann, wird es sich nicht beschützt und sicher fühlen.

Es gibt eine besondere Technik, Ihr Kind zu halten, so dass es sich sicher und »emotional gehalten« fühlt. Wenn Sie improvisieren, besteht Verletzungsgefahr für beide oder Ihr Kind beruhigt sich einfach nicht.

■ **Suchen Sie sich einen Platz vor einer Wand oder einem Sofa** zur Abstützung. Setzen Sie sich auf den Boden. Legen Sie Uhr und Schmuck ab; Ihr Kind könnte sich verletzen, wenn es sich wehrt. Ziehen Sie auch Ihre Schuhe aus.

■ **Visualisieren Sie sich selbst als eine weiche, beruhigende Decke.** Verschränken Sie Ihre Arme vor dem Körper Ihres Kindes und halten Sie dadurch auch seine Arme sanft, aber sicher fest. Legen Sie Ihre angewinkelten Beine über die Beine Ihres Kindes. Auf diese Weise kann es nicht treten. In dieser »umhüllenden Decke« wird sich Ihr Kind sicher, aber nicht verletzt oder gefesselt fühlen. Bei richtiger Anwendung dieser Technik werden Sie nach einer Weile selbst sehr ruhig.

- **Sagen Sie dem Kind:** »Ich halte dich nur so lange, bis du wieder ruhig bist.« Wenn ein Kind stark außer Kontrolle ist und Sie befürchten, einen Kopfstoß zu bekommen oder gebissen zu werden, legen Sie ein Kissen auf Ihre Brust oder zwischen das Kinn des Kindes und Ihre Arme.
- **Kinder können alles Mögliche versuchen**, damit Sie sie loslassen, z. B. sagen sie: »Ich mache gleich in die Hose.« Bemerken Sie echte Panik, lassen Sie das Kind los. Aber lassen Sie sich nicht an der Nase herumführen. Wenn Ihr Kind grinsend und triumphierend aufsteht, ziehen Sie es wieder zu sich.

»Visualisieren Sie sich selbst als eine weiche, beruhigende Decke.«

- **Lassen Sie Ihrem Kind ausreichend Zeit**, einen Zustand der Ruhe zu erreichen.

Schritt-für-Schritt-Disziplinierung

Meist findet eine Disziplinierung dann statt, wenn sich Eltern über ihr Kind gerade furchtbar ärgern. Ohne nachzudenken, ergreifen sie direkt ein Höchstmaß disziplinarischer Maßnahmen. Es ist jedoch besser, zuerst eine Grenze zu setzen:

- **Grenze eins** – Mutter: »Gemma, male bitte nur auf dem Papier.« Für die meisten Kinder ist das bereits ausreichend. Gemma respektiert die Grenze und nimmt den Pinsel vom Teppich. Wenn sie es aber nicht tut?
- **Grenze zwei** – Mutter: »Gemma, ich meine es ernst. Du darfst nur auf dem Papier malen.« Dabei legt die Mutter die Hände auf Gemmas Schultern. »Gemma, nein! Hast du verstanden?« Bei vielen Kindern genügt das. Aber Gemma hört

BEDENKEN SIE ...

Bevor Sie Ihr Kind bestrafen, überlegen Sie, ob es für seine Taten allein verantwortlich ist. Haben Sie ihm kürzlich nicht genügend Aufmerksamkeit geschenkt? Vielleicht sollte es im Freien etwas »Dampf ablassen«? Die regelmäßigen persönlichen Momente mit Ihrem Kind helfen vor allem, anstrengende Situationen zu vermeiden.

> »Kinder müssen spüren, dass die Erwachsenen Verantwortung für ihr Leben übernehmen. Nur so können sie sich sicher fühlen.«

wieder nicht. Sie testet ihre Grenzen weiter aus und beginnt, die Wand zu beschmieren.

- **Grenze drei** – Mutter: »Gemma, geh und setz dich bitte auf den stillen Stuhl. Nach acht Minuten komme ich und frage dich, wie du das wieder gutmachen möchtest.« Gemma setzt sich auf den Stuhl. Danach sagt sie, dass sie die Wand sauber machen wird.
- **Alternative Grenze drei** – Mutter: »Jetzt musst du die Wand sauber machen, und danach hilfst du mir bei den Küchenschränken.« Gemma geht jedoch noch einen Schritt weiter: Sie bekommt einen Wutanfall und verteilt die Farbe überall.
- **Grenze vier** – die Mutter wendet die Umarmungstechnik an. »Du willst mich anscheinend wirklich wütend machen. Deshalb halte ich dich jetzt so lange, bis du dich beruhigt hast und mir sagst, wie du das wieder gutmachen möchtest.« Gemma tritt und schreit. Sie wird weiter gehalten. Schließlich kommen Gemma und ihre Mutter überein, dass Gemma die Wand sauber machen und der Mutter in der Küche helfen wird, um damit auszudrücken, dass es ihr Leid tut.

■ Warum versuchen manche Kinder immer wieder, es auf die Spitze zu treiben?

Das kann vorkommen, wenn Kindern im Alter von zwei oder drei Jahren kaum Grenzen gesetzt wurden, wenn sie »Zweikämpfe« häufig gewonnen haben. Alle Kleinkinder müssen diese Zweikämpfe in Würde verlieren; wenn sie gewinnen, fühlen sie sich den Eltern überlegen. Dieses Gefühl ist für ein Kind aufregend, aber auch sehr erschreckend. Solche Kinder testen immer wieder, wie weit sie gehen können. Sie müssen spüren, dass die Erwachsenen die Verantwortung für ihr Leben übernommen haben. Nur so können sie sich sicher fühlen.

Wenn Sie das Gefühl haben, alles versucht zu haben, und die Beziehung zu Ihrem Kind trotzdem Probleme bereitet, dann können disziplinarische Maßnahmen vielleicht sein Benehmen verbessern, aber nicht die Beziehung zu Ihnen. Einen Eltern-Kind-Therapeuten oder Familientherapeuten aufzusuchen ist in diesem Fall ein großer Schritt nach vorne.

Nehmen Sie sich regelmäßig Zeit, um mit Ihrem Kind zu sprechen, und denken Sie darüber nach, wie Sie die Beziehung zu Ihrem Kind entwickeln und verbessern können. Können Sie mehr Zeit nur mit Ihrem Kind verbringen? Dadurch können Sie schlechtem Verhalten möglicherweise vorbeugen.

Merksätze

■ **Ein Kind ausschließlich** durch Wut, Kritik und Befehle zu erziehen, kann zu einem überempfindlichen Wut- und/oder Furcht-System führen.

■ **Loben Sie gutes** Verhalten Ihres Kindes, und ignorieren Sie schlechtes.

■ **»Time-in«** ist oft eine bessere Wahl als Time-out, weil es Ihnen hilft, die Beweggründe Ihres Kindes zu verstehen.

■ **Familienregeln** und klare Grenzen helfen Kindern, sich sicher zu fühlen.

■ **Wahl und Konsequenzen** beschäftigen das rationale Gehirn, statt Furcht und Wut zu aktivieren.

■ **Setzen Sie Disziplin** unbedingt in einer Weise durch, die dem Kind seine Würde erhält. Auf diese Weise machen Sie ihm ein großes Geschenk für seine zukünftige mentale Gesundheit.

Die Chemie der Liebe

In diesem Kapitel geht es um die Liebe – ausgehend von der frühen Liebe zwischen Eltern und Kind bis hin zu Liebesbeziehungen im Erwachsenenalter. Die Natur hat uns die Fähigkeit zu lieben geschenkt. Die Liebe beschert uns symphonische Fluten einzigartiger Botenstoffe im Gehirn, die bewirken, dass wir herzlich, mitteilsam, kreativ, stark und zutiefst zufrieden werden. Wenn wir wirklich lieben, fühlen wir uns wirklich lebendig. Aber auch das Gegenteil trifft zu. Wenn wir nicht wirklich lieben können, können wir nicht wirklich leben.

Alles über die Liebe

In jedem von uns ist die Fähigkeit zu lieben genetisch angelegt. Diese genetischen Systeme sind jedoch erfahrungsabhängig. Wie diese Gene zum Ausdruck kommen oder nicht, hängt von unseren persönlichen Erfahrungen ab – und im Besonderen von unseren Erfahrungen in der Kindheit.

BEDENKEN SIE …

Die Fähigkeit, liebevolle Beziehungen aufzubauen, entwickelt sich oft schon sehr früh im Leben. Ihre Kinder werden Liebe und Zuneigung für andere durch Ihr ständiges Beispiel erlernen. Dieses Bild zeigt, wie liebevoll die vierjährige Lisa mit ihrem kleinen Bruder umgeht. Sie kann das tun, weil auch sie von ihren Eltern zärtlich geliebt wird.

Dieses Kapitel betrachtet die Wissenschaft der Liebe zwischen Eltern und Kindern und ihren Einfluss auf die Fähigkeit eines Kindes, im späteren Leben lohnende Beziehungen einzugehen. Die erste Erfahrung Ihres Kindes mit der Beziehung zu Ihnen hat großen Einfluss darauf, wie sich seine genetisch angelegten Systeme für Liebe und menschliche Wärme entfalten.

Zwei Arten der Liebe

Wir können in Frieden oder unter Qualen lieben. In Frieden zu lieben bedeutet, Liebe mit tiefem Wohlbefinden zu assoziieren. Der geliebte Mensch bringt Sicherheit, Trost und Sinn in unser Leben; ihm bringen wir ein natürliches Grundvertrauen entgegen. Unter Qualen zu lieben bedeutet höchste Erregung, die immer wieder durch Eifersucht, zerstörerische Wut und wechselnde Ängste, abhängig zu sein oder verstoßen zu werden, getrübt wird. Wir misstrauen dem anderen grundsätzlich, müssen deshalb ständig beruhigt werden und beginnen zu klammern. Dadurch zerstören wir vielleicht die Liebe. Ob Ihr Kind in Frieden lieben kann oder später durch die Liebe Qualen erleidet, wird maßgeblich dadurch beeinflusst, wie Sie es jetzt lieben und welche Botenstoffe und Systeme dadurch im Gehirn aktiviert werden.

■ **In Frieden zu lieben bedeutet, dass sich ein Kind durch die Liebe seiner Eltern geborgen fühlt.**

Die Liebe der Eltern ist beständig, sie wird nicht »ein- und ausgeschaltet«, wird sich nicht plötzlich in Kälte, Gleichgültigkeit,

Scham oder Verachtung verwandeln. Eltern sollten ihr Kind so erziehen, dass sie ihm zwar klare Grenzen setzen, es aber nicht einschüchtern oder Liebesentzug als Druckmittel einsetzen.

Auch sollte die Liebe der Eltern eine selbstlose Liebe sein, die ein Kind nicht erstickt und nicht mit den unbefriedigten emotionalen Bedürfnissen der Eltern überfordert. Sie ist nicht an Bedingungen wie Leistung oder gutes Benehmen geknüpft. Sie basiert auf der Fähigkeit der Eltern, ein Kind sowohl in seinem tiefen Schmerz als auch in seiner Freude anzunehmen. Die Liebe eines Kindes zu seinen Eltern ist nicht automatisch vorhanden. So wenig wir den Wolken befehlen können, sich nicht vor die Sonne zu schieben, so wenig können Eltern ihren Kindern befehlen, sie zu lieben.

»Die Beziehung zu Ihnen hat großen Einfluss auf die Systeme für Liebe und Wärme im Gehirn Ihres Kindes.«

■ **Unter Qualen zu lieben bedeutet, dass sich ein Kind in der Liebe der Eltern nicht geborgen fühlt.**
Dafür gibt es verschiedene Gründe. Ein Kind fühlt vielleicht, dass es diese Liebe leicht verlieren kann oder dass die emotionale Bindung zu einem Elternteil zerbrechlich oder unsicher ist. Wenn ein Kind unter diesen Qualen aufwächst, können Auswirkungen auf seine Fähigkeit, im Erwachsenenalter liebevolle Beziehungen aufrechtzuerhalten, die Folge davon sein. Eine oder mehrere der folgenden Schwierigkeiten können auftreten:
■ **Es kann später nur ein Liebesleben führen**, das endlose Schmerzen und Qualen verursacht.
■ **Es wird nur zu kurzzeitigen intimen Beziehungen** fähig sein, die nach der ersten Verliebtheit zusammenbrechen.
■ **Es wird vielleicht keine festen Bindungen** eingehen. Es kommt jemandem sehr schnell nahe und zieht sich dann sehr schnell wieder zurück.

BEDENKEN SIE ...

Wenn Ihr Kind so aufwächst, dass es fähig ist, in Frieden zu lieben, wird es im späteren Leben

● die richtigen Partner auswählen, indem es auf die Menschen zugeht, die ihm gut tun, und sich von denen abwenden, die ihm nicht gut tun;

● erfüllte intime Langzeitbeziehungen aufbauen und aufrechterhalten;

● fähig sein, Zärtlichkeit, Freundlichkeit, Mitgefühl und Leidenschaft zu empfinden und zu geben;

● dem Partner zuhören, ihn beruhigen, trösten und ihm emotional beistehen;

● spontan Opfer bringen für den Menschen, den es liebt;

● Liebe und Sex verbinden können;

● eine intime Beziehung durch Komplimente, Wertschätzung, kleine Überraschungen nähren und seine Gedanken und Gefühle auch in schwierigen Situationen mit dem Partner teilen.

> »In Frieden zu lieben bedeutet, dass jeder bewusste Moment, unsere Gedanken und Gefühle zu einer warmen Welt in unseren Köpfen werden.«

- **Es kann unfähig sein**, zärtlich zu lieben, oder vor zu großer Nähe Angst haben und Gründe suchen, weshalb seine Beziehungen nicht gutgehen können.
- **Seine Liebe kann so bedürftig** und verzweifelt sein, dass die Menschen davor fliehen, einschließlich der eigenen Kinder.
- **Es kann Liebe mit Macht** und Kontrolle, Unterwerfung und Dominanz verwechseln.
- **Es wird vielleicht gar nicht wagen, überhaupt zu lieben.**

Liebesstoffe

Ermöglichen Sie es Ihrem Kind, in Frieden zu lieben, werden wunderbare biochemische Systeme in seinem Gehirn aktiviert. Die Liebe an sich ist neurologisch schwer zu beschreiben. Wissenschaftler sind der Meinung, dass sie eine Flut von Botenstoffen aktiviert, die für einen positiven Erregungszustand sorgen. Dazu gehören besonders Opioide, Oxytocin und Prolaktin; sie nennen sie die wichtigsten »Bindungsstoffe«.[1]

Herzliche Beziehungen scheinen mit auf Opioiden basierenden Prozessen im Gehirn zusammenzuhängen. Im Großen und Ganzen verbringen Säuger (auch Menschen) ihre Zeit lieber mit Artgenossen, in deren Anwesenheit sie eine hohe Freisetzung von Oxytocin und Opioiden im Gehirn erfahren haben.[2] Deren Kombination mit weiteren in Körper und Gehirn endogen hergestellten Botenstoffen ist vermutlich auch hauptsächlich für Wohlbefinden und tiefe Zufriedenheit verantwortlich.

In Frieden zu lieben bedeutet, dass jeder bewusste Moment, unsere Gedanken und Gefühle zu einer warmen Welt in unseren Köpfen werden. Das liegt an den Opioiden, die durch unser Gehirn strömen. Alle Säuger haben dieses Opioidsystem.

Es ist auch wahrscheinlich, dass die besten menschlichen Qualitäten – Großzügigkeit, Freundlichkeit, Mitgefühl und Offenheit gegenüber anderen (die bei Menschen, die in Frieden lieben können, so selbstverständlich sind) – ebenfalls auf Opioiden basieren. Auch schätzen wir Menschen in unserem Leben, die diese Opioide in unserem Gehirn stark aktivieren – metaphorisch ausgedrückt: die die Sonne scheinen lassen. Die

»Ich bin gern mit dir zusammen.«

Die Art, wie Sie Ihr Kind lieben, die emotionale Energie und Qualität Ihrer Liebe, ist auf die Beziehungen Ihres Kindes zu anderen übertragbar. Lieben Sie Ihr Kind mit spontaner Zuneigung, befähigen Sie es, mit anderen auf die gleiche Art umzugehen.

Wenn Sie an Ihrem Kind Freude haben und es auch offen zeigen, wird es selbst fähig sein, an anderen Freude zu haben. Wenn Sie Ihre Wärme durch Spaß und Spiel ausdrücken, wird es die Fähigkeit ausbilden, Spaß in seine eigenen Beziehungen zu bringen.

AUS DER TIERWELT

Egal ob Eichhörnchen, Kaninchen oder Raubkatze: Alle Säuger verfügen über die Opioidsysteme im Gehirn. Deshalb haben wir alle auch einen ausgeprägten Sinn für Wohlbefinden und Zufriedenheit. Es gibt bahnbrechende Untersuchungen über biochemische Stoffe im Gehirn, die Bindungsverhalten auslösen. In diesen Untersuchungen wurden Säuger mit geringer Oxytocinaktivierung im Gehirn mit Säugern mit hoher Oxytocinaktivierung verglichen. Die Tiere mit geringem Oxytocinausstoß im Gehirn bildeten keine engen Beziehungen und waren lieber allein. Nach dem Sex verließen sie ihre Sexualpartner. Die anderen Säuger, die eine höhere Oxytocinaktivierung im Gehirn aufwiesen, zeigten klare Präferenzen für einen Partner. Sie waren auch gerne in Gesellschaft und weniger aggressiv.

Wurde den aggressiven, isolierten Tieren Oxytocin ins Gehirn injiziert, konnte ein drastischer Rückgang der Aggression beobachtet werden.[5]

Einstellung und die Gefühle solcher Menschen bieten uns Halt in schweren Zeiten. Opioide und Oxytocin, die durch das Lieben in Frieden freigesetzt werden, können darüber hinaus unsere negativen Gefühle, z. B. Pessimismus und Wut, drastisch reduzieren.[3]

Psychische Stärke

Je herzlicher, bedingungsloser und zärtlicher die Beziehung zu Ihrem Kind ist, desto größer ist die Freisetzung von Opioiden, Oxytocin und Prolaktin in seinem Gehirn. Als Folge wird sich Ihr Kind zunehmend wohler in seiner Haut fühlen und unbefangener werden, und wenn es sich Ihrer herzlichen Präsenz bewusst ist, wird es sich in seiner Umwelt sehr sicher fühlen. Ihre Beziehung zu ihm ermöglicht Ihrem Kind, psychische Stärke zu entwickeln, die, wie Forscher herausfanden, mit einer starken Opioidaktivierung zusammenhängt.[4]

Ihr Kind wächst zu einem Menschen heran, der die meiste Zeit in der Lage sein wird,
- unter Stress zu denken und ruhig zu bleiben;
- gesellschaftlich sicher, herzlich und freundlich zu sein;
- Missgeschicke in Chancen zu verwandeln;
- über persönliche Kritik nachzudenken, statt in Wut um sich zu schlagen oder wegzugehen;
- in Konflikten Lösungen zu suchen, statt nur zu schimpfen.

> »Wir schätzen Menschen, die Opioide in unserem Gehirn aktivieren … Sie lassen die Sonne scheinen.«

Zusammen mit weiteren Botenstoffen sind Opioide und Oxytocin im Gehirn der Grundstein für unsere emotionale Gesundheit. Sie können auch beeinflussen, ob wir im Leben, bei der Arbeit oder besonderen Interessen, die wir verfolgen, erfolgreich sind. Als Gehirnforscher einer Gruppe von Tieren kleine Dosen Opioide und einer anderen Gruppe Opiat-Antagonisten, die die Opioide im Gehirn blockieren, verabreichten, stellten Sie fest, dass die Tiere, die Opioide erhielten, bei Spielen mit den anderen als Gewinner hervorgingen.[6]

In größerem Rahmen

Die Wissenschaft der sicheren, liebenden Eltern-Kind-Beziehung lehrt uns eine Menge über die Gräueltaten im Weltgeschehen. Wir wissen aus Studien mit Säugetieren, dass die starke Aktivierung von Opioiden, Oxytocin und Prolaktin im Gehirn ihre Aggressivität und Kampflust eindämmt. Daraus können wir schließen, dass Opioide und Oxytocin starke »Antiaggressiva« sind.[7] Nicht kampflustig zu sein, weder verbal noch körperlich, ist nicht nur in der Familie von großer Bedeutung, sondern wirkt sich auch auf das generelle Verhalten unserer Kinder, ihr Leben als Erwachsene und ihren Einfluss auf die Welt, die sie bewohnen, aus.

■ **Mangel an Liebe führt zu geringem Selbstwertgefühl und mangelnder gesellschaftlicher Sicherheit.**
Fühlt sich ein Kind nicht geliebt oder vertraut nicht darauf, dass die Liebe seiner Eltern konstant ist, ist es psychisch verwundbar. Die Angst, die Liebe der Eltern zu verlieren, kann so bedrohlich sein, dass sie Kampf-oder-Flucht-Reaktionen im Reptiliengehirn auslöst. Flucht macht das Kind depressiv oder gesellschaftlich zurückgezogen. Kampf macht es wütend und unsozial.

Untersuchungen zeigen eine verminderte Aktivität des linken Stirnlappens eines Kindes, dessen Eltern ihm gleichgültig gegenüberstehen.[8] Dieser Teil des Gehirns ist sowohl für positive Gefühle als auch für soziales Annäherungsverhalten verantwortlich. Ein Kind mit emotional gleichgültigen Eltern und einer geringen Aktivität des linken Stirnlappens wird eher negative Gefühle sich selbst und anderen gegenüber haben. Es wird sich aus Angst vor Zurückweisung seinen Eltern nicht nähern und auf andere Kinder nicht freundschaftlich zugehen. Diese Lebenseinstellung kann bis ins Erwachsenenalter anhalten.

Das starke Band der Liebe, das ein Kind mit seinen Eltern knüpft, steht in direkter Relation zur Anzahl gemeinsamer Momente, die die Freisetzung von Opioiden, Oxytocin und Prolaktin in seinem Gehirn bewirken. Eltern, die ihr Kind in die Arme nehmen, wenn es weint oder sich freut, es in die Luft werfen, es liebevoll kitzeln oder auf seinen Bauch prusten, legen den Grundstein für eine tiefe und liebevolle Bindung. Diese einfachen Reaktionen können die »Bindungshormone« stark aktivieren.

Was uns fürsorglich macht

Ein weiteres sehr wichtiges System in unserem Gehirn birgt den Schlüssel zu unserer Fähigkeit, Liebe und Wärme für andere zu empfinden. Die FÜRSORGE, auch bekannt als Brutpflegeinstinkt, ist einer der sieben genetisch angelegten emotionalen Systeme im unteren Teil unseres Gehirns (s. S. 19).

Eine liebevolle Beziehung zu einem Elternteil mit häufigem Knuddeln und Spielen stärkt die emotionale Bindung zwischen Eltern und Kind. Der herzliche Körperkontakt verursacht die Freisetzung von Oxytocin im Gehirn. Das sensibilisiert das Opioidsystem des Gehirns und das Kind fühlt sich ruhig und sicher geliebt.

Ob es uns gefällt oder nicht, wir sind genetisch darauf programmiert, andere Menschen zu benötigen. Bindungsverhalten ist nicht nur auf die Kindheit beschränkt, es bleibt das ganze Leben lang bestehen. Wir entwickeln nur zu wenigen Menschen eine starke emotionale Bindung, normalerweise in einer klaren Hierarchie. Direkte Verwandte und Sexualpartner stehen für gewöhnlich ganz oben auf der Liste. Wir können viele Menschen wirklich mögen, aber eine starke emotionale Bindung entwickeln wir nur zu wenigen. Das FÜRSORGE-SYSTEM in unserem Gehirn richtet dies so ein.

Unsere emotionalen Bindungen

Die Notwendigkeit starker emotionaler Bindungen kann als zu starke Abhängigkeit oder als regressives, infantiles Bedürfnis fehlinterpretiert werden. Dies ist jedoch völlig falsch. Wenn wir unser genetisch programmiertes Bindungsbedürfnis leugnen oder uns dagegen wehren, können wir früher oder später in ein Gefühl der Leere verfallen – etwas Wichtiges fehlt offenbar. Hoffnungslosigkeit und/oder Depressionen können die Folge sein. Und trotzdem, manche Menschen verhalten sich so, als ob sie kein FÜRSORGE-SYSTEM hätten. Sie binden sich stark an Objekte statt an Menschen, beispielsweise an ihr Zuhause oder an ihren Computer. Sie mögen sich in die Arbeit stürzen, um Erfolg und Vermögen zu erlangen; an einem gewissen Punkt werden sie jedoch feststellen, dass diese leeren Alternativen sie nicht vor einem tiefen Gefühl der Bedeutungslosigkeit ihres Lebens schützen können.

Das FÜRSORGE-SYSTEM aktiviert viele wichtige Strukturen im unteren Teil unseres Gehirns mit den dazugehörigen Botenstoffen (s. Kasten unten).[9] Auch andere Säuger haben einen FÜRSORGEINSTINKT, aber die Fähigkeit, für ihre Nachkommen zu sorgen, unterscheidet sich besonders aufgrund der unterschiedlichen Oxytocinsysteme im Gehirn. Wegen unseres ausgeprägten Großhirns gibt es auch entscheidende Unterschiede in der Funktionsart unseres FÜRSORGE-SYSTEMS. Ist es stark aktiviert und arbeitet gut koordiniert mit unserem rationalen Gehirn zusammen, sind wir fähig, unsere Liebe verbal und erfreulich offen auszudrücken. Wir können auch Mitgefühl und Empathie ausdrücken und Akte der Großzügigkeit vollführen. Einige Primaten ziehen es wie wir vor, Artgenossen in Not zu helfen, statt Futter zu suchen. Die meisten Reptilien hingegen haben gar keinen FÜRSORGEINSTINKT, deshalb überlassen sie ihre Nachkommenschaft von Anfang an sich selbst.

»Bindungsverhalten ist nicht nur auf die Kindheit beschränkt, es währt das ganze Leben lang.«

WISSENSWERTES

Das FÜRSORGE-SYSTEM erstreckt sich über das gesamte untere Säugergehirn. Zum Aufbau gehören:
- der anterior-zinguläre Gyrus
- Teile des Hypothalamus
- der ventral-tegmentale Bereich.

Schlüsselstoffe dieses Systems sind Opioide, die in vielen Teilen des Gehirns freigesetzt werden, sowie Prolaktin und Oxytocin aus der Hirnanhangdrüse.

Wenn wir leidenschaftliche Liebe empfinden, wird im ventral-tegmentalen Bereich Dopamin frei, das ähnlich wie Kokain wirkt. Wissenschaftlern zufolge wird in diesem Bereich der Drang zum Fürsorgeverhalten aktiviert.

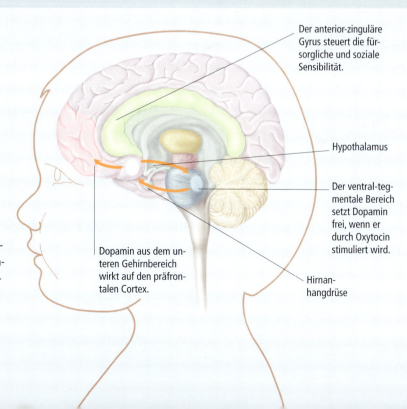

Der anterior-zinguläre Gyrus steuert die fürsorgliche und soziale Sensibilität.

Hypothalamus

Der ventral-tegmentale Bereich setzt Dopamin frei, wenn er durch Oxytocin stimuliert wird.

Hirnanhangdrüse

Dopamin aus dem unteren Gehirnbereich wirkt auf den präfrontalen Cortex.

Die erste Liebe

Es ist wunderbar für Sie, sich in Ihr Baby zu verlieben, und noch wunderbarer ist es, wenn es sich in Sie verliebt. Die folgenden Seiten befassen sich damit, wie Sie die größten Chancen haben, eine zutiefst erfüllende Beziehung zu Ihrem Kind aufzubauen, voller Zuneigung und unvergesslicher Momente.

BEDENKEN SIE …

Die ersten Unterhaltungen. Manche Eltern verlieben sich in ihr Baby, sobald es geboren ist. Bei anderen dauert es etwas länger, weil sie denken, dass ein Baby nicht so interessant ist, solange es nicht zu sprechen beginnt. Sie bemerken jedoch nicht, dass auch sehr kleine Babys zu wunderbaren Unterhaltungen fähig sind (s. S. 92). Weil diese Eltern sich dessen nicht bewusst sind, verpasst ihr Baby einige frühe Möglichkeiten, sein Gehirn zu formen.[10]

Ab etwa zwei bis zweieinhalb Monaten beginnen Babys, sich stark mit ihrem Gesichtssinn zu beschäftigen. Sie lieben es, Gesichter zu betrachten, Objekte sehen sie nicht so lange an. Ihr erfreuter Gesichtsausdruck spiegelt Ihrem Kind wider, wie entzückend es ist. Kinder, die solche intimen Momente mit einem Elternteil wiederholt erleben, sind in der Tat reich.

■ **Diese »Eins-zu-eins«-Momente sind die wichtigsten Grundsteine für das Selbstwertgefühl eines Kindes.**
Die Fähigkeit, Sie zu erfreuen, ist die wichtigste Grundlage für Ihr Baby, um sich selbst als liebenswert zu erfahren, um zu spüren, dass es Spaß macht, mit ihm zusammen zu sein. Kinder, die diese frühen, intensiven und liebevollen »Eins-zu-eins«-Momente nicht erleben, haben später weit größere Probleme mit ihrem Selbstwertgefühl. Sie können nicht verstehen, dass ihre ausdruckslosen, gleichgültigen Eltern einfach nicht gut darin sind, Liebe zu geben oder zu zeigen, weil sie Stress haben, ihnen Unterstützung fehlt oder sie selbst in Ihrer Kindheit zu wenig elterliche Liebe erhalten haben. Deshalb bleiben sie mit dem Gefühl zurück, nicht liebenswert zu sein.

■ **Sich in eine Bezugsperson zu verlieben ist sehr wichtig, weil diese Liebe so oft zu einer Liebe zum Leben wird.**
Nehmen wir z. B. die vierjährige Emma – sie ist einfach verliebt in ihren Papa. Er hat gerade ein paar neue kleine Marmeladengläser für das Frühstück auf den Tisch gestellt. Emma sagt mit

echter Begeisterung: »Wow, das sind die besten kleinen Gläser, die ich je gesehen habe.« Emma hat bereits begonnen, aus ihrer Liebe zu ihrem Vater eine Liebe zum Leben zu machen.

Warum Umarmungen so wichtig sind

Die Annahme, Ihr Kind sei »zu groß« für Umarmungen, wenn es kein Säugling oder Kleinkind mehr ist, ist ein gravierender Fehler. Manche Kinder mit dieser Erfahrung entfernen sich von ihren Eltern. Ohne die Kettenreaktion von Botenstoffen, die durch liebevollen Körperkontakt ausgelöst wird, kann die emotionale Bindung schwächer werden. Kinder, die selten berührt werden, können eine Verteidigungshaltung einnehmen. Sie

> »Zu wenig Berührung kann zu gestörtem Körpergefühl führen.«

stemmen sich gegen Umarmungen oder zeigen offen ihre Ablehnung. Werden Kinder zu wenig berührt, kann sich daraus ein gestörtes Körpergefühl entwickeln. Sie können aus der Tatsache, dass ihr Körper auf die wichtigsten Personen in ihrem Leben scheinbar abstoßend wirkt, besorgniserregende unterbewusste Botschaften erhalten. Selbstzerstörung, Essstörungen, Drogenmissbrauch und körperliche Verwahrlosung können den Mangel an Körperkontakt, tröstenden Worten und körperlichen Eltern-Kind-Spielen ausdrücken.[11]

Intensive Momente

Intensive Beziehungsmomente sind der Schlüssel für Ihr Kind, sich geliebt und liebenswert zu fühlen. Sie sind Augenblicke einer sehr starken emotionalen Verbindung, ohne Ablenkung, ohne sich auf etwas anderes, wie Fernseher oder Computer, zu konzentrieren. Wenn Ihr Kind beispielsweise plötzlich die Arme um Sie schlingt und sagt: »Ich hab' dich lieb«, dann nehmen Sie es auf den Arm, wirbeln es herum und schenken ihm eine herzliche Umarmung.

Untersuchungen zeigen, dass Gesellschaften und Familien, in denen es an körperlicher Zuwendung nicht mangelt, weniger Probleme mit Wut und Aggression haben. Dennoch gibt es in manchen Familien einen starken Rückgang an Umarmungen und körperbetonten Spielen nach dem Säuglingsalter, einen weiteren im Alter von fünf und noch einen weiteren, wenn die Kinder zu Jugendlichen werden. Eine Ablösung von den Eltern ist für Jugendliche normal, dieser Prozess beginnt jedoch weit früher in Eltern-Kind-Beziehungen mit wenig Körperkontakt.[12]

Intensive Momente beinhalten das Verweilen in der reinen Intimität des Augenblicks, das spontane Sichausstrecken nach dem anderen. Solche Kindheitsmomente können im Erwachsenenalter zu geschätzten Erinnerungen werden: »Als ich klein war, hat mich mein Vater an den Beinen gepackt und mich mit dem Kopf nach unten hochgehoben, bis mein Kopf auf seinem Schoß war. Er hat mich gehalten, als ich weinte, und hat es wirklich verstanden, wenn ich Angst hatte.«

■ **Kinder sind großartige Lehrer für intensive Momente, wenn wir offen sind zu lernen.**
Sie können uns alles über emotionale Bindungen beibringen: Babys, die genug intensive Beziehungsmomente erlebt haben, werden schnell zu Experten. Viele Babys beherrschen den intensiven Blickkontakt ausgezeichnet. Sie können sogar mit Fremden richtig »flirten«. Wenn Sie in einem Café sind, fangen sie oft Ihren Blick ein und beginnen einen intensiven Blickkontakt über den mit Menschen gefüllten Raum hinweg. Dennoch, wenn Ihre Fähigkeit zu Nähe zerstört oder in Ihrer Kindheit nie richtig entwickelt wurde, können Babys von Ihnen für diese wichtige Art der Gehirnformung nicht profitieren.

Manche Familien bilden keinen fruchtbaren Boden für positive intensive Beziehungsmomente. Sie verlieren die Gewohnheit, zusammenzukommen, um etwas Schönes gemeinsam zu erleben, vor allem, wenn die Kinder älter werden und das Zuhause nur noch ein Ort für Einzelaktivitäten in verschiedenen Zimmern ist. Manchmal bedarf es wenig, diese Familienkultur zum Besseren zu wenden. Wenn die Situation so festgefahren ist, dass Sie nicht weiter wissen, denken Sie über eine zeitweilige Eltern-Kind- oder Familientherapie nach.

»Manche Familien verlieren einfach die Gewohnheit, zusammenzukommen, um etwas Schönes gemeinsam zu erleben.«

Ihr Selbsttest

Wie viele intensive Beziehungsmomente haben Sie mit Ihrem Kind?

Testen Sie sich selbst: Stellen Sie sich einen Tag vor, an dem Sie kürzlich einige Stunden mit Ihrem Kind verbracht haben. Hat irgendetwas des nachfolgend Beschriebenen stattgefunden?

▪ Sie haben Ihr Kind spontan geknuddelt oder eine andere liebevolle körperliche Geste ausgeführt. Ihr Kind hat Sie spontan umarmt oder geküsst, und Sie haben sich darüber gefreut.

▪ Sie haben Ihr Kind spontan für etwas gelobt.

▪ Sie haben mit Ihrem Kind herumgetobt (s. S. 104).

▪ Sie haben liebevolle Blicke ausgetauscht oder miteinander gelacht.

▪ Sie haben ruhige Momente zusammen verbracht (z. B. aneinander gekuschelt auf dem Sofa gesessen oder zusammen gelesen).

▪ Ihre Begrüßungen und Verabschiedungen waren eher herzlich als gleichgültig.

▪ Ihr Kind wollte Ihnen etwas Wichtiges erzählen oder einfach mit Ihnen plaudern, und Sie haben ihm wirklich mit voller Aufmerksamkeit zugehört.

Wenn einige oder die meisten der o. g. Punkte für gewöhnlich zutreffen, können Sie sich gratulieren. Die Art, wie Sie mit Ihrem Kind umgehen, wird seine Fähigkeit entwickeln, in Frieden zu lieben. Treffen die o. g. Punkte üblicherweise nicht zu, machen Sie sich keine Vorwürfe, sondern suchen Sie auf S. 244–269 nach Lösungen.

WISSENSWERTES

Intensive Beziehungsmomente können Opioide im Gehirn Ihres Kindes aktivieren, wahrscheinlich auch Dopamin. Es besteht eine Verbindung zwischen psychischer Stärke und der Aktivierung von Gehirnopioiden, und optimale Dopaminwerte sind wichtig, damit ein Kind sich richtig lebendig fühlt. Welch eine Kombination: Herzlichkeit, Wohlbefinden und Lebenskraft!

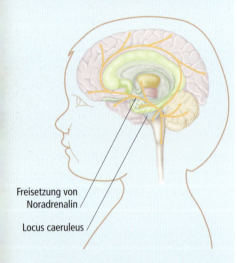

Freisetzung von Noradrenalin
Locus caeruleus

Der Locus caeruleus (blauer Fleck) sitzt tief im Hirnstamm und wird in intensiven Beziehungsmomenten stark aktiviert. Dann überflutet er das Gehirn mit Noradrenalin. Wenn dies geschieht, können sich Ereignisse, Gedanken und Eindrücke besser ins Gedächtnis einprägen. Diese erfreulichen Erinnerungen sind sehr wichtig für Ihr Kind. Es wird das starke Gefühl entwickeln, dass es Spaß macht, mit ihm zusammen zu sein – ein großartiges Gefühl.

■ **»Lass uns«-Zeiten sind eine besondere Form intensiver Beziehungsmomente.**

Dies sind spontane gemeinsame Aktivitäten. Um »Lass uns«-Zeiten mit Ihrem Kind zu erleben, schlagen Sie Aktivitäten vor, die Sie gemeinsam verfolgen können:
■ Lass uns eine Sandburg bauen!
■ Lass uns einen Vulkan machen!
■ Lass uns einen Kuchen backen!

Dem können die meisten Kinder nicht widerstehen. Auch für Kinder, die noch nicht so weit sind, von allein eigene Spiele zu beginnen und die Ihre Anleitung benötigen, ist dies bestens geeignet. Durch die »Lass uns«-Zeiten bildet Ihr Kind auch die Fähigkeit aus, in Beziehungen schöne gemeinsame Zeiten zu erleben.

Aktivitäten für Kinder unter fünf Jahren

Hier sind einige Anregungen für intensive Beziehungsaktivitäten, die sich für Kinder unter fünf Jahren eignen. Wenn Sie Sinn für Spaß und Spiel haben, werden Sie an diesen Vorschlägen Freude haben. Wenn Sie sich jedoch beim körperlichen Spiel mit Ihrem Kind unwohl fühlen, können Sie im Moment nicht viel damit anfangen. Wenn Sie sich dazu zwingen, wird Ihr Kind Ihre Lustlosigkeit bemerken und selbst das Interesse verlieren, weil sein Gehirn die Bindungshormone nicht freisetzt. Stattdessen wird der Spiegel seiner Stresshormone steigen. Wenn Ihnen Spiel und Berührung leicht fallen, werden Sie durch seine Freudenschreie und »nochmal«-Rufe feststellen, dass diese Aktivitäten genau richtig für Ihr Kind sind.

■ **Spielen Sie »Kuckuck« oder Verstecken.**

Bei einem Baby spielen Sie mit einem Tuch, das Sie ihm oder sich über das Gesicht legen, und sagen: »Wo bist du denn?« Wenn es oder Sie das Tuch wegnehmen, sagen Sie erfreut: »Oh, da bist du ja!« Sogar ältere Kinder mögen etwas anspruchsvollere Versionen von »Kuckuck«. Ich habe mit achtjährigen und älteren Kindern gearbeitet, die es immer noch gerne spielten. Mit älteren Kindern können Sie alternativ auch Verstecken spielen.

Fragen Sie: »Wo hast du dich versteckt? Hat jemand Michael gesehen?« Kinder genießen es oft, wenn Sie absurde Vorschläge machen: »Ist er unter dem Teppich?« (Schauen Sie dort nach.) »Ist er im Blumentopf?« (Untersuchen Sie die Topfpflanze.) Enden Sie mit einem begeisterten »Oh, da bist du ja!« Normalerweise bringt das viel Spaß und das Verlangen nach mehr. Wenn Sie mit Kindern unter fünf Jahren spielen, warnen Sie sie rechtzeitig, bevor Sie das Spiel beenden; ein abruptes Ende kann als plötzlicher Verlust empfunden werden und die Schmerzzentren in seinem Gehirn aktivieren. Wir Menschen sind genetisch auf schmerzliche Reaktionen programmiert, wenn wir eine erwartete Belohnung nicht erhalten.

■ Spiele »von Angesicht zu Angesicht«

Der Kontakt von Angesicht zu Angesicht kann die Eltern-Kind-Beziehung stärken – bei den folgenden Spielen sitzen sich alle auf dem Boden einander gegenüber. Sie eignen sich gut für Kinder unter fünf Jahren.
- **Wattebällchenfußball.** Legen Sie ein Wattebällchen auf ein Kissen zwischen sich. Markieren Sie jeweils Ihr Tor, und versu-

> »Wenn ein kleines Mädchen fliegen möchte, sagen Sie nicht, ›Kinder fliegen nicht‹, sondern heben Sie es über Ihren Kopf und tragen es herum …«[13]

chen Sie, ob es Ihnen gelingt, das Wattebällchen in das Tor des anderen zu pusten.
- **Fang die Federn.** Beide werfen viele Federn auf einmal in die Luft und versuchen, so viele wie möglich wieder zu fangen.[14]
- **Machen Sie Seifenblasen,** und versuchen Sie beide, sie mit Fingern und Zehen zum Platzen zu bringen.
- **Kleben Sie** sich gegenseitig Sticker auf Nase, Zehen, Ellenbogen und Bauch.

BEDENKEN SIE …

Begrüßungen und Verabschiedungen können intensive Beziehungsmomente sein oder schwache und fehlende Bindungen zum Ausdruck bringen. Sie können einem Kind ganz klar zeigen, wie stark es geliebt wird. Wurde es vermisst? Freuen Sie sich, es zu sehen? Ein führender Neurologe hat ausführlich über mögliche negative Auswirkungen der elterlichen Gleichgültigkeit auf die Gehirn- und Körpersysteme eines Kindes bei solchen Wiedersehenserfahrungen informiert.[15]

Verfügen Sie über ausreichend Geist, Liebe und Spontaneität, wenn Sie Ihr Kind das nächste Mal begrüßen, um es mit ausgebreiteten Armen zu empfangen und mit einem herzlichen, erfreuten Gesichtsausdruck in die Arme zu nehmen?

»Eine der größten Klagen Erwachsener über ihre eigene Kindheit ist, dass die Eltern kaum mit ihnen gespielt haben.«

■ **Balgereien und sanftes Herumtollen.**
In Kapitel 4 haben wir uns mit den erstaunlichen Auswirkungen von Balgereien auf das Gehirn von Kindern (s. S. 104) befasst. Hier sind einige Vorschläge:

■ **Prusten Sie auf den Bauch Ihres Kindes.**

■ **Geben Sie vor, seinen Fuß zu essen.** Gehen Sie zu Ihrem Kind und sagen etwas Ähnliches wie: »Oh, was für ein leckerer Fuß, ich glaube, den muss ich essen.« Machen Sie viele laute Schmatzgeräusche, wenn Sie den Fuß »essen«.

■ **Jagen, Fangen, Essen.** Kinder lieben es, gejagt zu werden. Sagen Sie: »Ich bin ein hungriger Löwe. Oh, was für ein leckeres Kerlchen zu fressen.« Laufen Sie Ihrem Kind hinterher. Versuchen Sie herauszufinden, ob Ihr Kind gelegentlich gefangen und »gefressen« werden will oder ob ihm die bloße Verfolgung mehr Spaß macht.

■ **»Umgedrehtes« Kind.** Die meisten Kinder lieben es, innerhalb einer sicheren, liebevollen Beziehung mit dem Kopf nach unten hochgehoben oder herumgewirbelt zu werden. Sie werden es an den »nochmal, nochmal«-Rufen erkennen. Sie kön-

Säuglinge und Kleinkinder lieben es, »Kuckuck« zu spielen. Sie genießen die Interaktion mit Ihrem Gesicht und Ihr Mienenspiel – die beste Form des interaktiven Theaters.

Beziehen Sie Ihre Kinder in die tägliche Zubereitung der Mahlzeiten ein, und backen Sie mit ihnen Kekse oder Kuchen. Sie werden es genießen, etwas Besonderes mit Ihnen zu schaffen.

Balgereien und weitere körperbetonte Spiele, wie Fangen und Prusten auf den Bauch, wirken auf Kinder jeden Alters anziehend.

nen spontan zu Ihrem Kind gehen und sagen: »Ah, ich habe ein umgedrehtes Kind gefunden«, es an den Beinen packen und mit dem Kopf nach unten hochheben. Natürlich sollten Sie es sicher halten, am besten über einem Sofa oder Bett.

- **»Was hast du in den Socken?«** Halten Sie den Fuß Ihres Kindes und sagen: »Ich glaube, du hast Murmeln in den Socken.« Normalerweise grinst es und schüttelt den Kopf. Werden Sie immer absurder: »Dann sind es vielleicht Schnecken/Süßigkeiten/Würmer?« Ziehen Sie dann die Socken aus und sagen: »Das sind ja Zehen!«
- **Mabel die Blume.** Nehmen Sie die Hand Ihres Kindes und sagen: »Ich erzähl' dir die Geschichte von der Blume Mabel (oder einer anderen kleinen fiktiven Gestalt).« Zeichnen Sie mit dem Finger die Blume Mabel auf seinen Handrücken oder Unterarm (Sie aktivieren dabei eine Menge wertvolles Oxytocin in seinem Gehirn), erzählen Sie dabei eine Geschichte über Mabel, z. B. Mabel geht angeln oder macht einen Kaffeeklatsch im Wald.
- **Teleskope.** Dieses Spiel geht mit Kindern ab vier Jahren. Geben Sie Ihrem Kind ein zusammengerolltes Blatt Papier oder eine leere Rolle Toilettenpapier und sagen sie ihm, das sei ein Teleskop. Erklären Sie ihm, dass Teleskope Dinge größer oder kleiner erscheinen lassen. Wenn es durchsieht, seien Sie das, was es sieht und Ihnen sagt. Vielleicht sagt es: »Ich sehe einen kleinen Kobold«, oder: »Ich sehe einen Elefanten, der Wolken isst.« Es kann zehn Dinge sehen, dann sind Sie an der Reihe.

Lassen Sie Ihr Kind bestimmen

Eine der größten Klagen Erwachsener über ihre eigene Kindheit ist, dass die Eltern kaum mit ihnen gespielt haben. Für so viele Menschen ist es ein Liebesbeweis ihrer Eltern, wenn sie in der Kindheit mit ihnen spielten. Viele Kinder beschweren sich über die Tatsache, dass »Mama lieber putzt als spielt«.

Wenn Sie durch aktives Spiel die emotionale Bindung zu Ihrem Kind stärken möchten, sollten Sie Ihrem Kind beim Spiel die Führung überlassen und es nicht dominieren. Sue Jenner, die Autorin von »The Parent-Child Game«, die viele Jahre als

»Hallo, lustige Puppe!«

Spielen Sie Puppentheater mit Ihrem Kind. Alles, was Sie dazu benötigen, sind Handpuppen oder Socken mit Knöpfen für die Augen. Lassen Sie die Puppen den Raum erkunden. Sagen Sie z. B.: »Sieh mal, ich habe ein tolles Versteck hinter dem Sofa entdeckt!« Sie können aus Ihrer Entdeckungstour auch ein Lied machen. Die Puppe Ihres Kindes kann Ihnen bei der Erforschung aller Ecken und Winkel durch den Raum folgen. Vielleicht möchte Ihr Kind auch die Führung übernehmen!

Klinikpsychologin im Maudsley Hospital in London praktizierte, gebrauchte das kindgeführte Spiel als Werkzeug, um die emotionale Bindung zwischen Eltern und Kind zu festigen. Wiederholt stellte sie fest, dass schwierige Kinder, die sich schlecht benahmen, zu wenig kindgeführt mit den Eltern spielten. Die Methode des kindgeführten Spiels war so erfolgreich, dass, wurde sie den Eltern beigebracht, die Kinder ihr herausforderndes Benehmen einstellten und man gerne mit ihnen zusammen war.

Auf das Gehirn bezogen, ist die drastische Verhaltensänderung leicht zu verstehen. Kindgeführtes Spiel kann Opioide freisetzen, die den Spiegel der Stresshormone herabsetzen und anti-aggressive Eigenschaften haben. Psychologisch gesehen, vermittelt kindgeführtes Spiel wichtige Botschaften, die der Schlüssel zum Selbstwertgefühl eines Kindes sind: »Meine Ideen sind wertvoll.« – »Ich kann lohnende Dinge geschehen lassen.«

»Kindgeführtes Spiel kann Opioide freisetzen, die den Spiegel der Stresshormone senken.«

■ **Elterndominiertes Spiel kann den Dopaminspiegel im Gehirn eines Kindes herabsetzen und Stresshormone aktivieren.**

Es kann WUT-REAKTIONEN im Säugergehirn eines Kindes auslösen. Wir haben die genetische Veranlagung, auf jede Einschränkung unserer Freiheit mit Wut zu reagieren. Beim elterndominierten Spiel heißt es: »Mach es so und nicht anders.« Außerdem gibt es dabei keine emotionale Verbindung. Vernichtende Botschaften aus dieser Art des Spiels sind: »Meine Ideen sind wertlos. Ich kann nichts richtig machen.« Kinder, die sich selbst schützen, gehen weg und verlieren das Interesse. Folgsame Kinder werden weiterspielen und sich unterdrückt und kontrolliert fühlen.

Kindgeführtes Spiel

Kindgeführtes Spiel bedeutet, dem Spiel des Kindes zu folgen, statt es zu leiten. Versuchen Sie Folgendes:

- Beschreiben Sie, was Ihr Kind macht, z. B.: »Ah, du schüttest das Wasser aus der kleinen roten Gießkanne in den großen roten Eimer?«

- Bringen Sie sich ein: »Was soll ich dabei tun?«

- Berührung: Berühren Sie sanft den Rücken Ihres Kindes, oder kneifen Sie gelegentlich seinen Fuß während des Spiels.

- Lob: »Wow, das ist die schönste Sandburg, die ich je gesehen habe!«

Elterndominiertes Spiel

Elterndominiertes Spiel bedeutet, Ihr Kind durch Anweisungen und Korrekturen zu leiten, z. B.: »Schönes Bild, aber du hast keine Tür an den Stall gemacht. Da muss eine Tür hin.« Erkennen Sie sich im Folgenden selbst?

- Befehle: »Nein, die Menschen sind im Zugabteil. Du hast sie in die Lokomotive gezeichnet. Mach es so.«

- Kritik: »Versuche, ordentlicher mit der Farbe zu sein«, oder: »Nein, mal das weiter oben hin.«

- Belehrung: »Du hast den Tintenfisch falsch gemalt. Schau, du hast zwei Arme vergessen. Tintenfische haben acht Arme.«

- Negative Berührungen und Blicke: Das Kind am Handgelenk packen und mit wütendem Blick sagen: »Sei vorsichtig. Du schmierst Farbe auf die Tischplatte.«

- Übertönen: Den natürlichen Redefluss Ihres Kindes mit Befehlen und Instruktionen unterbrechen.[16]

Eine Probe für die Liebe

Wenn ein Kind meint, die Verbindung zu uns Erwachsenen verloren zu haben, kann es durch provokantes Verhalten versuchen, sie wieder herzustellen. Reagieren wir ärgerlich, oder nehmen wir es als Zeichen, dass wir ihm nicht genug positive Beziehungsmomente geben?

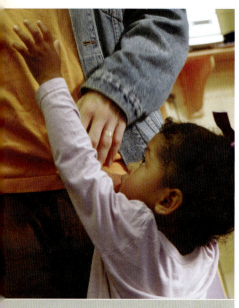

Ein Augenblick der Provokation

Wenn Eltern ihrem Kind zu wenig persönliche Momente schenken, kann es auf provokantes Annäherungsverhalten zurückgreifen, um ihre Aufmerksamkeit zu erhalten. Kleine Kinder sind da oft sehr einfallsreich. Sie schreien Ihnen ins Ohr oder springen Sie an. Es ist, als ob ein Kind sagt: »Mama, ich habe die Verbindung zu dir verloren. Du hast mich so lange nicht mehr beachtet. Deshalb schreie ich jetzt, damit ich eine Reaktion von dir erhalte; besser eine ärgerliche als gar keine.«

▆ **Was machen Sie also? Überlegen Sie sich eine kreative Reaktion, keine ärgerliche.**

Wenn Sie mit einem positiven Beziehungsmoment reagieren, können sie sowohl die Verlockung entkräften, Sie zu ärgern, als auch die emotionale Bindung zwischen Ihnen festigen. Stellen Sie sich vor, Sie telefonieren und haben Ihrem vierjährigen Kind absolut keine Aufmerksamkeit geschenkt. Es kommt zu Ihnen und kneift Sie in den Po. Sie können auf zwei Arten reagieren. Sie sagen ärgerlich: »Das sollst du nicht tun. Okay. Time-out.« Das Ergebnis: Freisetzung von Stresshormonen, sowohl im Gehirn Ihres Kindes als auch in Ihrem. Sie können aber auch spielerisch reagieren und dadurch Bindungshormone bei Ihnen beiden freisetzen: »Ah! Ein Besuch vom Kneifmonster! Ham, ham, ich bin ein Krokodil und fresse gerne Kneifmonster!« (Tun Sie so, als ob Sie es fressen wollten.) Kleine Kinder lieben die Absurdität dieser Situation und freuen sich über die Intensität des Beziehungsmoments. Sie können es

BEDENKEN SIE ...

Kinder lieben Spielzeug mit vielen Funktionen. Auf Knopfdruck kommt ein Geräusch, und sie erhöhen gern die Lautstärke. Wenn Ihr Kind Sie zum Schimpfen oder Schreien bringt, sind Sie das perfekte Spielzeug! Geben Sie ihm aber einen positiven Beziehungsmoment, wiegt die Aktivierung von Opioiden in seinem Gehirn den schnellen Adrenalinkick auf, den es erhält, indem es Sie ärgert.[17]

auch mit der »Autowaschanlage« versuchen. Wenn Ihr Kind versucht, sich Ihnen zu nähern, indem es Sie ärgert, legen Sie es übers Knie und sagen: »Zeit, das Auto zu waschen.« Machen Sie auf seinem Rücken Waschbewegungen und die Geräusche dazu. Der Spaß entspannt die Situation.

Mit der Zeit wird sich Ihr Kind Ihnen von Anfang an spielerisch nähern und es aufgeben, Sie zu ärgern, weil ihm das vergleichsweise unattraktiv erscheint. Sie zeigen Ihrem Kind dadurch auch, wie schön es ist, sich in einer Beziehung mit Freude zu begegnen.

Es tut in der Seele weh

Wir sprechen hier nicht von einer kurzen Umarmung, wenn ein Kind ein aufgeschlagenes Knie hat, sondern davon, eine echte Verbindung zu ihm herzustellen, wenn es sich mit schmerzvollen Emotionen quält. Das bedeutet, sich die Zeit zu nehmen, es zu verstehen und die richtigen Worte für den »besonderen«

Manche Eltern sind ausgezeichnet darin, mit ihren Kindern aufregende Aktivitäten zu starten, die wichtig für die Entwicklung ihres Entdeckerdrangs sind (s. S. 84–109), können ihnen aber nicht so gut bei ihren schmerzvollen Gefühlen helfen. Interessante Aktivitäten aktivieren Dopamin, aber keine Opioide im Gehirn, und die Wissenschaft hat erkannt, dass Dopamin nicht der Schlüssel zu sozialen Bindungen ist.[19] Deshalb ist es zur Bekräftigung der Liebe nicht ausreichend, als Eltern viel mit einem Kind zu unternehmen, wenn die Fähigkeit fehlt, auf seine schmerzlichen Gefühle emotional zu reagieren.

> »Zur echten Liebe gehört auch, den geliebten Menschen zu trösten.«

Schmerz Ihres Kindes zu finden.[18] Damit Ihr Kind später richtig lieben kann, ist Ihr Einfühlungsvermögen in den Seelenschmerz Ihres Kindes von großer Bedeutung. Zu einer echten Liebe gehört natürlich auch, einen geliebten Menschen zu trösten, damit er sich in seinem Schmerz nicht allein gelassen fühlt.

Nehmen wir z. B. die zweijährige Emily. Sie hat gerade großen Spaß in der Badewanne, aber es ist jetzt Zeit, zu Bett zu gehen. Ihre Mutter hebt sie ohne Vorwarnung aus der Badewanne, und Emily bricht vor Wut und Enttäuschung in Tränen aus. Ihre Mutter ist einfühlsam und hat bemerkt, dass sie Emily aus ihrem Vergnügen gerissen hat, und sagt deshalb: »Es tut mit Leid, dass ich dich so schnell aus der Wanne geholt habe.« Emily sieht sie an und sagt: »Ja, das hast du.« Weil ihre Mama auf ihren Schmerz eingegangen ist, ist sie nicht länger verzwei-

F Ist es nicht falsch, Aufmerksamkeit suchendes Verhalten zu belohnen?

Es gibt Arten des Aufmerksamkeit suchenden Benehmens, die ignoriert werden müssen (wie das Treten gegen ein Stuhlbein) und andere (z. B., jemanden zu verletzen), die rasche Maßnahmen erfordern. Es besteht jedoch die Gefahr, Disziplinierungstechniken ohne Differenzierung anzuwenden. Manche Eltern betrachten sogar das Schreien eines Babys als Aufmerksamkeit suchendes Verhalten. Aber solches Verhalten sucht nicht Aufmerksamkeit, sondern Kontakt. Es ist, als ob ein Kind sagt: »Ich brauche den Kontakt zu dir, ich habe das gute Gefühl verloren, und wenn ich dich wiederfinde, ist in meiner Welt wieder alles in Ordnung.«

felt. Es ist das Gefühl, im Schmerz allein gelassen zu werden, das die Schmerzzentren im Gehirn aktiviert.

Wenn Sie sich zu sehr auf das Benehmen Ihres Kindes konzentrieren und nicht genug auf seine Gefühle, laufen Sie Gefahr, jedes Schreien und jeden Wutausbruch als unartiges Verhalten zu sehen. Dann reagieren Sie nicht mehr auf echten Schmerz. Möglicherweise kann Ihr Kind in seine späteren Beziehungen dann nur emotionale Unsensibilität statt Mitgefühl einbringen.

■ **Wenn wir kein Mitgefühl für die Nöte unseres Kindes zeigen, lernt es, dass Menschen mit schmerzlichen Gefühlen nicht geholfen wird.**

Vielleicht wird es denken, dass man mit seinen schmerzlichen Gefühlen selbst ganz allein fertig werden muss. Im späteren Leben bedeutet dies jedoch oft die Flucht in den Alkohol oder die Ausbildung neurotischer oder psychotischer Symptome. Untersuchungen zeigen, dass Kinder Schlüsselentscheidungen wie den Umgang mit schmerzlichen Gefühlen bereits im zarten Alter von einem Jahr treffen. Emotionale Entwicklung ist zum Teil auch die Fähigkeit, den Schmerz einer Erfahrung zuzulassen und darüber nachzudenken, statt ihn zu verdrängen. Ein Kind braucht für seine emotionale Entwicklung Ihre Hilfe.

■ **Bleiben wir realistisch: Alle Eltern machen von Zeit zu Zeit Fehler.**

Solange Sie Ihr Kind nicht einschüchtern, ist es höchst unwahrscheinlich, dass gelegentliches Anschreien negative Langzeiteffekte auf das sich entwickelnde emotionale und soziale Gehirn des Kindes hat. Jedoch kann die Bindung zwischen Ihnen Schaden nehmen. Was dann zählt, ist, ob sie wieder repariert wird oder nicht. Bleibt die Verbindung zu oft unrepariert, kann die Liebe zwischen Ihnen schwächer werden. Wenn Sie einsehen, dass Ihr Kind durch Ihre Reaktion verletzt ist, spricht man von Beziehungsreparatur.[20] Sie können sich mit ihm hinsetzen, es knuddeln und sich entschuldigen, um die Verbindung wiederherzustellen.

Fallstudie

Milly wird verstanden

Die vierjährige Milly ist wütend, weil ihr Cousin heute auf dem Platz im Auto sitzt, auf dem sie sonst sitzt. Auf das Gehirn bezogen, wissen wir aus der Forschung, dass vertraute Lieblingsplätze genau wie vertraute, geliebte Menschen Opioide im Gehirn freisetzen können. Nicht auf ihrem Lieblingsplatz im Auto sitzen zu dürfen kann einen schmerzhaften Opioidabfall in ihrem Gehirn hervorrufen. Milly war nicht darauf vorbereitet, dass dies passieren würde, deshalb sinken wegen der enttäuschten Erwartung auch ihre Dopaminwerte. Zudem wird ihr WUT-SYSTEM aktiviert.

Millys Vater ist versucht zu sagen, sie solle deshalb »keinen Wind machen«, aber er versucht eine andere Taktik: »Ich weiß, es ist wichtig für dich, auf deinem Platz zu sitzen, und ich verstehe, dass du dich jetzt aufregst.« Milly hört auf zu weinen und hält die Hand ihres Vaters fest. Mitgefühl und Trost kann die Bindung zwischen Eltern und Kind stark festigen. Ihr Vater lässt Milly trotzdem nicht auf ihrem Platz sitzen. Kindern in ihrem emotionalen Schmerz beizustehen bedeutet nicht, ihnen das zu geben, wonach sie verlangen.

VERSUCHEN SIE ES …

Wenn Ihr Kind sich schreiend weigert, die Badewanne zu verlassen, oder weint, weil es noch einen Schokoladenkeks möchte, müssen Sie den Protesten oder Forderungen nicht nachgeben. Klare Grenzen zu setzen und auf eine Art Nein zu sagen, die die Würde eines Kindes nicht verletzt (und nicht ärgerlich oder beschämend ist), wird die liebevolle Bindung zwischen Ihnen niemals zerstören. Im Gegenteil, es trägt dazu bei, dass sich Ihr Kind sicher fühlt, weil Sie sich in der Verantwortung zeigen.

Das ist ein großartiges Vorbild für Ihr Kind und ein wichtiger Betrag für seine Fähigkeit, im späteren Leben in Frieden zu lieben. Wenn es in seinen Beziehungen Streit gibt, wird es eher wieder einlenken, statt in ein primitives Reptilien-Kampf-oder-Flucht-Verhalten zu verfallen und um sich zu schlagen oder wegzugehen. Viele Partnerschaften leiden darunter, dass keiner von beiden die Kunst der Beziehungsreparatur erlernt hat.

Den Schaden reparieren

Beispiel: Der dreijährige Eric isst mit seiner Familie in einem Restaurant und fährt mit seinem Spielzeug in die Spaghetti. Er ist nicht unartig, er weiß noch nicht, wie man sich in einem Restaurant richtig verhält. Erics Vater ist das sehr peinlich, und er schreit ihn an: »Hör sofort damit auf!« Eric bricht in Tränen aus, läuft weinend zu seinem Vater und klettert auf seinen Schoß. Er liebt seinen Vater und möchte die zerbrochene

> »Wenn Sie der Liebe Ihres Kindes immer mit Wohlwollen begegnen, kann es fühlen, dass seine Güte eine starke Macht besitzt.«

Verbindung reparieren. Wohl wissend, dass er überreagiert hat, tröstet der Vater den Sohn. Das ist Beziehungsreparatur. Eric wird keine emotionalen Narben dieses Ereignisses davontragen. Bleiben zerbrochene Verbindungen wiederholt unrepariert, können Kinder jedoch beginnen, enge Beziehungen zu scheuen, weil diese mit Schmerzen verbunden sind.

■ **Auch Kinder können Beziehungen reparieren.** Es ist sehr wichtig, dass Sie jeden Akt der Beziehungsreparatur seitens Ihres Kindes mit Wohlwollen aufnehmen. Es mag keine Worte benutzen, aber stattdessen beginnt es Ihnen bei einer Tätigkeit zu helfen, ein Bild für Sie zu malen oder Ihnen etwas zu »schenken«. Mit Wohlwollen darauf zu reagieren bedeutet, sich auf seine Höhe zu begeben, Augenkontakt herzustellen und ihm herzlich zu danken. Das Problem dabei ist, das Kinder oft bereit sind zu reparieren, wenn die Eltern noch ärgerlich sind. Wenn das der Fall ist, ist es in Ordnung zu sagen: »Ich bin dir immer noch zu böse, um jetzt gut auf dich zu reagieren. Aber ich verspreche dir, ich komme zu dir, wenn ich mich über die Sache nicht mehr ärgere.«[21]

Gehen Sie mit der Liebe des Kindes vorsichtig um
Wenn Ihr Kind sich mit einer liebenden Geste nach Ihnen ausstreckt, ist es sehr verletzlich. Es ist nicht nur empfänglich für die Erwiderung seiner Liebe, sondern auch für die Scham und Demütigung, wenn sie nicht erwidert wird. Stellen Sie sich vor, ein Kind sieht seiner Mutter liebevoll lächelnd in die Augen und sieht nur Gleichgültigkeit. Es streckt seine Arme nach ihr aus, doch sie schiebt es zur Seite, weil sie mit Alltagsaktivitäten beschäftigt ist. In diesem Moment ist es, als ob alle leidenschaftlichen Gefühle in den Spalt zwischen ihnen fallen. Wiederholte Momente wie diese bewirken, dass ein Kind nur allzu leicht folgende Schlüsse zieht:
▪ »Meine Liebe ist für meine Mama wertlos, deshalb bin auch ich wertlos.«
▪ »Ich liebe meinen Papa, aber er reagiert nicht darauf, deshalb muss etwas mit mir nicht stimmen. Ich bin uninteressant/unerwünscht/nicht liebenswert oder gar abstoßend.«

Lebenslange Probleme mit dem Selbstwertgefühl können auf diese Weise entstehen. Nehmen wir den Fall der siebenjährigen Mary, deren Mutter an einer Depression litt, die ihre Liebesfähigkeit beeinträchtigte. In der Spieltherapie dachte sich Mary folgende Geschichte aus: »Das kleine Mädchen ist ertrunken. Die Mutter hätte sie retten können, tat es aber nicht, weil ihr das Mädchen nicht hübsch genug war.«

Manche Kinder beginnen zu hassen, wenn sie merken, dass ihre Liebe nichts bewirkt. Dadurch ist garantiert, dass sie immer eine Reaktion innerhalb der Familie und im weiteren Umfeld erhalten. Das gibt ihnen das Gefühl von Macht, das sie suchen.[22]

»Ich hab dich lieb, Mami«

Wenn Ihr Kind Sie spontan mit den Worten »Ich hab dich lieb, Mami« knuddelt, sollten Sie alle Tätigkeiten ruhen lassen und seiner Liebe herzlich und mit warmer Stimme begegnen. Sagen Sie etwas wie »wie wunderbar!« oder: »Da bin ich aber sehr froh.« Ein gleichgültiger Gesichtsausdruck der Mutter kann eine hohe Kortisonausschüttung in einem Kind hervorrufen. In wissenschaftlichen Studien, in denen Mütter gebeten wurden, einen starren Gesichtsausdruck zu zeigen, waren ihre Kinder dadurch völlig verstört.[23] Wenn Sie der Liebe Ihres Kindes nicht mit Wohlwollen begegnen, können Sie auch sein Annäherungsverhalten im späteren Leben behindern.

Wenn Kinderherzen brechen

Was passiert, wenn ein Kind Schmerzen erleidet durch das Auseinanderbrechen der Familie oder einen Todesfall oder fühlt, dass es einen Elternteil an Drogen, eine Langzeiterkrankung oder ein neues Baby verloren hat? Dieser Abschnitt handelt davon, der Trauer oder dem Schmerz eines Kindes mit Liebe zu begegnen.

BEDENKEN SIE ...

Professor Jaak Panksepp vergleicht die Trauer über den Verlust einer Bezugsperson oder einer Liebe mit dem Schmerz durch Heroinentzug (Heroin greift künstlich in das Opioidsystem des Gehirns ein).[24]

Heroinentzug
- psychischer Schmerz
- Weinen
- Appetitlosigkeit
- Mutlosigkeit
- Schlaflosigkeit
- Aggressivität

Verlust einer Bezugsperson
- Einsamkeit
- Weinen
- Appetitlosigkeit
- Depression
- Schlaflosigkeit
- Reizbarkeit

Wie wir gesehen haben, können die Opioide, die durch das Zusammensein mit einem geliebten Menschen freigesetzt werden, das Gefühl in uns hervorrufen, dass in unserer Welt alles in Ordnung ist. Und wenn wir diese Liebe verlieren oder diese Liebe in irgendeiner Art bedroht ist, ist das Wohlbefinden völlig verschwunden.

■ **Sehen wir, was im Gehirn eines trauernden Kindes passiert.**

Trauer kann einen Opioidabfall zusammen mit einer Verminderung weiterer Bindungshormone – Oxytocin und Prolaktin – in wichtigen Bereichen des Gehirns verursachen. Das bewirkt eine merkliche Zunahme von negativen sowie einen Rückgang von positiven Gefühlen.[25] Sind diese Bindungshormone optimal im Gehirn aktiviert, können sie auf natürliche Weise unsere Anspannungen, Ängste und Stressreaktionen verringern. Sinkt der Opioidspiegel, sind Angst und Stress nicht mehr in gleicher Weise reguliert und können mit Vehemenz zurückkehren.

Bei einem Kind mit gebrochenem Herzen ist die TRENNUNGSANGST im Säugergehirn stark aktiviert (s. S. 24). Sie bewirkt Trauer, Trostlosigkeit, Einsamkeit und oft auch Panik. Der Schlüssel zum TRENNUNGSANGST-SYSTEM ist der Botenstoff Glutamat, der eine wichtige Rolle für unsere Fähigkeit spielt, Gedanken zu formen. Trauer kann das Glutamat zu stark aktivieren. Das kann heftiges Weinen verursachen und uns für die tröstende Wirkung z. B. von Musik oder der Anwesenheit von Freunden blockieren.[26]

Wir kennen den Schmerz eines gebrochenen Herzens in der Kindheit aus Beobachtungen an verwaisten Primaten wie Schimpansen, die innerhalb weniger Wochen nach dem Verlust ihrer Mutter aus Trauer sterben, obwohl sie körperlich in der Lage sind, zu überleben.[27] Nach dem Völkermord von Ruanda haben viele Kinder, die zusehen mussten, wie ihre Eltern umgebracht wurden, sich aufgegeben und starben.[28]

■ **Liebe kann zornig gemacht werden.**
Angesichts der biochemischen Situation im Gehirn ist das keine Überraschung. Wir haben bereits gesehen, dass Trau-

»Trauer kann einen Opioidabfall in wichtigen Bereichen des Gehirns verursachen.«

»Es ist so traurig!«

Ein Kind kann auch Schmerzen erleiden, ohne eine Bezugsperson durch Tod oder Scheidung zu verlieren. Eltern, die zwar körperlich anwesend, aber nicht fähig sind, genug Liebe zu zeigen, können das Herz eines Kindes ebenso brechen. Unzuverlässige elterliche Liebe (ständiger Wechsel zwischen liebevoll und emotional abwesend) ist eine Achterbahnfahrt für den Opioidspiegel im Gehirn eines Kindes. Ein Kind kann in einen Zyklus zwischen starker Opioidaktivierung und plötzlichem schmerzlichen Opioidabfall gefangen sein. Dieser Zyklus weckt Sehnsucht und kann oft eine Abhängigkeit von diesem Elternteil aufbauen. Das kann dazu führen, dass ein Kind im späteren Leben nur unter Qualen lieben kann.[29]

»Leider fällt es der Gesellschaft nur allzu leicht, Kinder zu hassen, die durch ihr gebrochenes Herz zornig geworden sind.«

er zu einem Opioidabfall führen kann. Da Opioidsysteme an der Regulierung von emotionalen Zuständen beteiligt sind, bedeutet ein Opioidabfall, dass wir wütend und angespannt sind, ohne fähig zu sein, unsere Gefühle richtig zu regulieren. Opioide und Oxytocin sind auch wirksame Anti-Aggressionsstoffe, deshalb führt ihr Abfall zu noch größerer Wut. Zusätzlich aktiviert Liebesschmerz CRH.

■ **CRH (Corticotropin-releasing-Hormon).** Ein hoher Spiegel dieser Stresshormone blockiert die Freisetzung von Dopamin, Serotonin und Noradrenalin, was die Neigung zu Ausbrüchen von Gereiztheit, Wut oder Zorn verstärkt.

■ **Acetylcholin.** Fallen die Opioidwerte ab, werden im Gehirn so genannte »gegnerische Kräfte« freigesetzt. Zu deren Wirkungen gehört die Freisetzung großer Mengen eines als Acetylcholin bekannten Stoffes. Optimale Acetylcholinwerte helfen uns, aufmerksam und konzentriert zu sein, zu hohe Werte jedoch machen uns wütend, feindselig und häufig gereizt.

»Papa soll bleiben!«

Ob sich ein trauerndes Kind wieder fängt oder nicht, kann in hohem Maße davon abhängen, ob eine mitfühlende Lehrkraft sich die Zeit nimmt, einem trauernden Kind zu helfen. Manchmal ist es einfacher für ein Kind, mit einer Lehrkraft oder einem Therapeuten zu sprechen als mit einem Elternteil, aus Furcht, dass »sich Mama aufregt, wenn ich darüber spreche, dass Papa uns verlässt«.

■ **Viele Kinder mit gebrochenem Herzen verhalten sich aufgrund der geänderten Chemie in ihrem Gehirn wütend und aggressiv.**

Tragischerweise fällt es der Gesellschaft nur allzu leicht, Kinder zu hassen, die durch ihr gebrochenes Herz zornig geworden sind. Sie würde sie am liebsten ausschließen – aus Schulen und dem Gesellschaftsleben generell. Solche Kinder brauchen Hilfe, keine Bestrafung. Es ist zu hoffen, dass die wachsende Kenntnis der Veränderungen im Gehirn eines Kindes, die durch den Verlust eines geliebten Elternteils oder den Verlust seiner Liebe entstehen, in der Gesellschaft die Bereitschaft weckt, verstärkt Therapieressourcen zur Verfügung zu stellen.

■ **Kinder mit gebrochenem Herzen müssen nicht zu zornigen oder gewalttätigen Erwachsenen werden.**

Wenn ein trauerndes Kind einen Menschen an seiner Seite hat, der seinen Schmerz erkennt (auch wenn es ihn gut verbirgt) und ihm Trost bietet, dann hat es auch alle Chancen, ein emotional stabiler Erwachsener zu werden. Die chemische Situation in seinem Gehirn, die den Weg für Feindseligkeit und Gewalt im späteren Leben bereitet, kann verändert werden. Der körperliche Trost von Trauer setzt Opioide und Oxytocin frei, die wiederum die toxischen Stoffe, die im Gehirn den Schaden anrichten, deaktivieren.

Deshalb ist es so wichtig für ein Kind, das unter einem Verlust leidet, liebevolle Zuwendung zu erhalten – auch wenn es sich nichts anmerken lässt. Besonders Schulen sollten auf Kinder achten, die eine Bezugsperson verloren haben oder die allem Anschein nach zu Hause Liebesqualen erleiden. Rechtzeitige Hilfe kann solchen Kindern oft jahrelanges Leid ersparen.

Wenn sich die Liebe eines Kindes in Zorn verwandelt oder es in seiner Trauer verharrt, können daraus auf lange Sicht ernstliche Verhaltensstörungen und Lernschwierigkeiten entstehen. Mehr als 75 Prozent aller Gefängnisinsassen litten in der Kindheit unter kaputten Beziehungen.

»Die schreckliche chemische Situation im Gehirn eines Kindes, die den Weg für Feindseligkeit bereitet, kann verändert werden.«

Geschwisterrivalität

Einem älteren Kind mit neuem Geschwisterchen sieht man die Qual darüber an, dass alles, was ihm einst zuteil wurde, jetzt dem neuen Baby geschenkt wird. Der Schmerz der Geschwisterrivalität darf nicht unterschätzt werden. Das Wohlbefinden kann durch den Gedanken »ich bin für meine Mutter nicht so liebenswert wie meine kleine Schwester« vollkommen verloren gehen.

BEDENKEN SIE …

Wenn die Aufregung und der Reiz des Neuen nachlässt, können beim älteren Kind schmerzliche Gefühle an die Oberfläche treten:

- das Gefühl, das fünfte Rad am Wagen zu sein
- das Gefühl, dass das Geschwisterchen bevorzugt wird
- das Gefühl, im direkten Vergleich mit seinem Rivalen die Mutterliebe nicht wert zu sein
- das Gefühl, unsichtbar zu sein
- das Gefühl, dass nicht genug Liebe für alle da ist
- das Gefühl: »Mein Platz in den Gedanken meiner Mutter ist zu unsicher. Meine Bindung zu ihr ist zu zerbrechlich.«

Zur Rivalität unter Geschwistern gehört oft der Schmerz über die liebevolle Zweisamkeit der Mutter mit einem Rivalen, der den gleichen Anspruch auf ihre Zuneigung hat. Der Psychotherapeut Weininger beschreibt den Kern dieses Liebesschmerzes so: »Es gibt zwei Menschen, die das haben, was ich möchte, und sie geben es sich nur gegenseitig, aber nicht mir.«[30] Gehirnscans bestätigen, dass das Gefühl, »außen« zu stehen, Schmerzzentren im Gehirn aktivieren kann.[31] Das aggressive Verhalten und die Impulsivität durch den Schmerz der Eifersucht werden meist durch den Opioidabfall im Gehirn verursacht, der durch die Wahrnehmung des Außenseiterstatus entsteht.

Hilfe bei Geschwisterrivalität

Ihr Kind wird nicht zu Ihnen kommen und sagen: »Ich glaube, du magst meinen Bruder lieber als mich, und das tut mir weh.« Eher zeigt es Ihnen seinen Schmerz, indem es den Geschwistern weh tut oder trotzig und launisch ist.[32]

Um Ihren Kindern beizustehen, beobachten Sie sie sorgfältig; und seien Sie besonders wachsam, wenn ein Kind einen liebevollen persönlichen Moment mit Ihrem anderen Kind beobachtet. Wenn die Eifersucht auf ein Geschwisterchen in Streit ausartet, sprechen Sie mit Ihrem Kind. Vielleicht haben Sie einige Puppen im Haus, die Ihrem älteren Kind helfen können, schwierige Gefühle auszudrücken.

Hier ist das Beispiel einer Mutter, die einen Weg zur Lösung dieses Problems gefunden hat. Sie benutzte Handpuppen, um

»Warum hasst er mich?«

Es ist wichtig, dass Eltern die Rivalität unter Geschwistern ernst nehmen. Potenzielle Risiken für die Entwicklung des Gehirns eines Geschwisterchens entstehen, wenn es mit unerklärbarem Hass fertig werden muss, sobald die Eltern ihm den Rücken kehren.

Das menschliche Gehirn ist sehr anpassungsfähig, besonders in den ersten Lebensjahren; das Gehirn eines häufig attackierten Kindes passt sich schnell an ein Überleben in einer tyrannischen Welt an (s. S. 234).

ihre Tochter Laura davon abzuhalten, ihren kleinen Bruder Georgie zu drangsalieren. Sie fragte Laura, ob sie Lust hätte, mit ihr zu spielen, und bat sie, die Puppen auszusuchen. Laura wählte eine Robbe für sich selbst und für ihre Mutter einen Braunbären. Die Mutter bat Laura, mit dem Daumen nach oben zu zeigen, wenn die Robbe ihre Gefühle richtig beschrieb, und nach unten, wenn nicht. Lauras Mutter hatte eine Puppe in jeder Hand und führte die Konversation. Sie ließ die Robbe sprechen: »He Braunbär, es war viel besser, bevor Baby Georgie da war. Ich hatte dich ganz für mich allein. Jetzt ist Georgie da, und es ist, als ob mein Herz wehtäte.«

»Wenn Eifersucht in Streit ausartet, versuchen Sie, mit Ihrem Kind darüber zu sprechen!«

Fallstudie

Der magische Stein

Wenn Joe so wütend wird, dass er am liebsten um sich schlagen würde, weil seine kleine Schwester die ganze Aufmerksamkeit der Mutter in Anspruch nimmt, steckt er einen besonderen Stein in die Tasche seiner Mutter. Sie schlug ihm vor, dies zu tun, weil sie fand, dass er gegenüber seiner Schwester immer aggressiver wurde, seine Gefühle aber nicht mit Worten ausdrücken konnte.

Der Stein ist ein Hinweis, Joe ein ganz besonderes Lächeln oder eine feste Umarmung zu geben, und soll die Mutter daran erinnern, mehr persönliche Momente mit ihm zu verbringen. Sie lobt Joe und sagt ihm, was für ein großartiger kleiner Junge er sei, sie so gut auf seinen Schmerz hinzuweisen. Sie reagiert so herzlich und liebevoll, dass Opioide, Oxytocin und Prolaktin wieder in seinem Gehirn aktiviert werden. Wie wir gesehen haben, haben Tiere mit hohen Opioid- und Oxytocinwerten keine Lust zu kämpfen, und sicherlich wird auch Joe seine kleine Schwester nicht mehr drangsalieren.

Laura zeigte sehr entschieden mit dem Daumen nach oben. Der Bär antwortete: »Es tut mir Leid zu hören, dass du solche Herzschmerzen hast, kleine Robbe. Wie mutig du bist, mir das zu sagen. Aber du bist meine ganz besondere Robbe, und Baby Georgie kann niemals den ganz besonderen Platz in meinem Herzen einnehmen, der ganz allein dir gehört. Ich hab dich so sehr lieb, und es tut mir Leid, dass ich manchmal vergesse, es dir zu zeigen.« Der Bär gab der Robbe eine dicke Umarmung und einen Kuss auf die Nase.[33]

Ein derartiges Mitgefühl kann Opioide im Gehirn eines Kindes aktivieren und ihm ein Gefühl großer Sicherheit geben. Laura ist jetzt gegenüber ihrem Bruder nicht mehr aggressiv.

Es ist nie zu spät, sich in Ihr Kind zu verlieben

Es ist ein Mythos, dass Eltern alle ihre Kinder gleich lieben. Sie lieben sie mit unterschiedlicher Intensität und auf verschiedene Weise. Wenn Sie finden, dass Sie einem Kind mehr Liebe geben, sollten Sie aktiv etwas unternehmen, um auf eine besondere Art die Verbindung zu dem anderen Kind wiederherzustellen. Planen Sie jede Woche gute »Eins-zu-eins«-Zeiten ein, wie ein kindgeführtes Spiel oder ein Besuch im Zoo.

Manchmal ist es schwierig, ein Kind zu lieben. Vielleicht sind Sie blockiert und begegnen Ihrem Kind mit Wut oder sehen es als Feind. Möglicherweise waren Sie das benachteiligte Kind in Ihrer Familie und wiederholen dies jetzt unbewusst mit einem Ihrer eigenen Kinder. Wenn das der Fall ist, brauchen Sie Beistand, keine Kritik. Werden die Bindungshormone nicht ausreichend aktiviert, wenn Sie mit Ihrem Kind zusammen sind, können Sie ihm gegenüber auch keine Liebe empfinden. Der erste Schritt besteht darin, herauszufinden, was das FÜRSORGE-SYSTEM in Ihrem Säugergehirn blockieren könnte. Wenn Sie denken, Ihre Kindheit beeinträchtigt Ihre Liebesfähigkeit, sollten Sie in Erwägung ziehen, eine Eltern-Kind-Therapie zu machen oder sich selbst psychologisch beraten zu lassen (s. a. S. 244–269). Sie können sich immer noch in Ihr Kind verlieben, auch wenn Sie einen holprigen Start hatten.

Merksätze

- **Um ein Leben lang in Frieden lieben zu können**, müssen sich Kinder der Liebe ihrer Eltern sicher sein.

- **Wenn Kinder unter Qualen lieben**, kann sich das dauerhaft auf ihre Beziehungsfähigkeit auswirken.

- **Intensive »Eins-zu-eins«-Momente** mit Ihnen sind die Grundsteine für das Selbstwertgefühl Ihres Kindes.

- **Wenn Sie Ihrem Kind** beim Spiel die Führung überlassen, tragen Sie dazu bei, herausforderndes Benehmen einzudämmen.

- **Nehmen Sie sich Zeit**, die schmerzlichen Gefühle Ihres Kindes zu verstehen. Das stärkt Ihre Beziehung.

- **Kinder mit gebrochenem Herzen** brauchen besonders viel Mitgefühl und Verständnis.

Die soziale Intelligenz Ihres Kindes

Die Fähigkeit, bedeutsame menschliche Beziehungen aufzubauen, ist die Grundlage für mentale Gesundheit und Zufriedenheit. Es ist die Qualität des Kontakts, den wir zu anderen Menschen haben, die der wahrscheinlich ausschlaggebende Faktor für die Lebensqualität ist – eine erfüllte Verbindung zu sich selbst und zum Leben an sich. Außerdem lernen wir uns selbst nur durch Beziehungen zu anderen kennen und entwickeln uns auch nur durch sie.

Sozialverhalten entwickeln

Mit anderen Menschen auszukommen erfordert soziale Intelligenz – das hat überhaupt nichts mit Klugheit zu tun. Es gibt so viele kluge Menschen, die über eine geringe soziale Intelligenz verfügen und es deshalb schwierig finden, tief gehende Gespräche zu führen oder dauerhafte Freundschaften zu pflegen.

BEDENKEN SIE …

Auf emotionale Signale anderer zu reagieren ist der Schlüssel zu sozialer Intelligenz. Studien zeigen, dass Elfjährige, die auf die Gefühle eines anderen Kindes gut reagieren, vermutlich Eltern haben, die selbst auf die Gefühle ihres Kindes gut ansprechen.[1]

Die Gespräche solcher Menschen sind meist flach, schwerfällig und humorlos, sie interessieren sich nicht für den Menschen, mit dem sie sprechen. Sie sind vielleicht erfolgreich im Beruf, versagen aber im Privatleben. Studien in der Geschäftswelt zeigen außerdem, dass nicht die draufgängerischen und entschlossensten Wirtschaftsbosse die erfolgreichsten sind, sondern diejenigen, die das größte Gespür für die Gefühle und Bedürfnisse anderer haben.

Es gibt kein Gen für soziale Intelligenz. Wie wir in diesem Kapitel sehen werden, braucht Ihr Kind Ihre Unterstützung, um ein sozial entwickelter Mensch zu werden.

Soziale Fähigkeiten erlernen

Einige Wege zur sozialen Intelligenz können Kindern durch das Lernen bestimmter Fähigkeiten eröffnet werden, andere nicht. Sie können Ihrem Kind grundlegende soziale Fähigkeiten beibringen, z. B. wie man jemanden um seine Freundschaft bittet, über seine Gefühle spricht, wie man etwas ablehnt und wie man um etwas bittet. Soziale Intelligenz ist jedoch weit mehr als das. Sie können Ihr Kind nicht lehren, vom Schicksal anderer ergriffen oder emotional herzlich zu sein – entweder es ist es, oder es ist es nicht. Sie können Ihrem Kind weder das natürliche Interesse an einem anderen Menschen beibringen noch die Fähigkeit, es so auszudrücken, dass sich die andere Person geschätzt und interessant fühlt. Ebenso wenig können Sie Ihr Kind die Fähigkeit lehren, einen Menschen zu beruhigen und zu trösten, wenn er in Nöten ist. All diese menschlichen

Eigenschaften können sich nur entwickeln, wenn Ihr Kind zusätzlich zur aufrichtig gemeinten Zuwendung die notwendigen Pfade und biochemischen Reaktionssysteme in seinem Gehirn angelegt hat, zusammen mit einer wirklich verinnerlichten Reaktion. Diese Entwicklung kann nur durch besondere Beziehungserfahrungen erfolgen, die mit den Eltern beginnen. Es gibt Erwachsene, die in ihrer Kindheit niemals die notwendigen bereichernden und emotional persönlichen Momente erlebt haben und deshalb in ihrer Entwicklung im Stadium der sozialen Intelligenz eines Kleinkinds stehen geblieben sind.

Soziale Intelligenz entwickeln

Soziale Intelligenz beinhaltet die koordinierte Zusammenarbeit der Pfade zwischen rationalem und emotionalem Gehirn. Sie als Eltern haben starken Einfluss darauf, ob sich diese Netzwerke im Gehirn Ihres Kindes gut entwickeln (s. S. 21).

Es gibt drei Schlüsselbereiche für soziale Intelligenz: die Gesprächskunst, die Fähigkeit zu lösungsorientiertem Verhandeln und Teamarbeit sowie die Fähigkeit zu Mitgefühl und Betroffenheit. Eine gute Erziehung kann sie alle drei ausbilden.

■ **Sie haben die Kunst des Gesprächs mit anderen erworben.**
Das bedeutet, wenn Sie mit anderen zusammen sind, können Sie deren Körpersprache und soziale Signale exakt deuten. Dieser Prozess erfordert eine Reihe subtiler Reaktionen und Entscheidungen, die in Millisekunden während der Betrachtung von Gesicht und Körper der anderen ablaufen.
Sie müssen:
■ **deren mentalen Zustand erkennen;**
■ **Ihren Einfluss auf die andere Person einschätzen** und Ihr Verhalten anpassen. Auf diese Weise werden Sie z. B. schnell bemerken, wenn die andere Person Sie langweilig, aufdringlich oder nervtötend findet;
■ **auf Ihre eigenen** emotionalen Reaktionen und die des anderen gleichzeitig achten;

Fallstudie

Verletzungen heilen
Als Sarah ein Kind war, wurde sie von ihrer depressiven Mutter ständig angeschrien. Ihr Vater war unfähig, eine gute Beziehung zu Kindern aufzubauen, deshalb hatte er wenig Kontakt zu Sarah. Der Austausch mit seiner Tochter drehte sich die meiste Zeit darum, sie »auf den richtigen Weg« zu bringen. Keiner ihrer Elternteile konnte einfühlsam auf Sarahs Gefühle reagieren, weil seine Eltern nicht einfühlsam auf seine Gefühle reagiert hatten.

Dadurch lernte Sarah, dass Beziehungen Macht, Verletzung und Zurückweisung bedeuten. Wenn Sarah im Laufe ihres Lebens nette Leute kennen lernte, wollte sie sie daher immer kontrollieren und schlug sie dadurch in die Flucht. Sie kannte einfach keine andere Art, mit Menschen umzugehen. Als Sarah ihren Arbeitsplatz verlor, weil sie dort ihre Kollegen mobbte, wurde ihr klar, dass sie eine Therapie benötigte. Mit ihrem Therapeuten konnte sie über ihre einsame Kindheit sprechen. Sarah wurde mit der Zeit fähig, herzlicher und sanfter mit anderen umzugehen. Jetzt ist sie glücklich verheiratet, und ihre Kinder fühlen sich sicher und geliebt bei ihr.

> »Teamfähig sein heißt geben und nehmen, statt nur dem eigenen Willen zu folgen.«

Diese Jungen sind erst vier Jahre alt, und doch beherrschen sie bereits die Kunst des Gesprächs miteinander. Sie können einander gut zuhören und ihre Antworten richtig »timen«. Sie fühlen sich in der Gegenwart des anderen wohl.

■ **das richtige Gleichgewicht finden** zwischen Sprechen und Zuhören, Interesse an der anderen Person zeigen und Informationen über sich selbst mitteilen;

■ **eine angemessene Körpersprache haben**, z. B. nicht zu nahe an eine Person herantreten und nicht zu weit weg stehen;

■ **das subtile Timing eines Dialogs** aus Aussage und Antwort erfassen, es vermeiden, zu schnell oder zu langsam zu antworten und vom Thema abzuschweifen.

■ Sie sind fähig zu lösungsorientiertem Verhandeln und Teamarbeit.

Das bedeutet: Wenn Sie mit einer anderen Person zusammen sind, können Sie geben und nehmen, statt darauf zu bestehen, dass alles nach Ihrem Willen verläuft. Außerdem können Sie:

■ **sich sowohl anpassen als auch die Führung übernehmen;**

■ **Anregungen anderer aufgreifen** und selbst Anregungen einbringen;

■ **Ihre Gefühle so im Griff haben**, dass Sie Ihre Beziehungen nicht durch Anfälle von Wut und Gereiztheit ruinieren;

■ **in klarer, nicht aggressiver** und nicht vorwurfsvoller Weise ausdrücken, was Sie möchten und was nicht;

■ **bei Konflikten und Unstimmigkeiten** verhandeln und offen für einen anderen Blickwinkel sein. Sie versuchen Lösungen zu finden, statt zu streiten. All das macht es so angenehm, Sie um sich zu haben!

■ Sie kennen Mitgefühl und Betroffenheit und können sie zeigen.

Sie sind von Leiden und Nöten anderer Menschen tief bewegt – nicht nur in Bezug auf Personen aus Ihrem Kulturkreis, mit Ihrer Hautfarbe oder Religion.

■ **Sie sind mutig genug, Schmerzen zuzulassen**, Ihre eigenen und die anderer, statt sie zu leugnen oder zu verdrängen.

■ **Sie sind fähig, eine andere Person in ihrer Not zu beruhigen** und zu trösten, statt nur Ratschläge zu geben oder vorzuschlagen, »es durchzustehen« oder »sich zusammenzureißen«.

F Warum hat die Erziehung so starken Einfluss auf das soziale Gehirn eines Kindes?

Starke Beziehungen im späteren Leben können die Schlüsselsysteme für die soziale Intelligenz entwickeln, jedoch nur, wenn Ihr Kind so aufwächst, dass es offen dafür ist. Das Problem ist, dass ein Kind so leicht von der Art seiner Beziehungen in der Kindheit geprägt werden kann.

Hat ein Kind beispielsweise nur oberflächliche emotionale Bindungen zu Hause erlebt, werden ihm im späteren Leben tiefere Bindungen zu anderen Menschen vermutlich verschlossen bleiben. Es weiß einfach nicht, wie man intensive Beziehungen zu anderen Menschen aufbaut. War die Wechselbeziehung zwischen Eltern und Kind hauptsächlich einschüchternd, beschämend oder verletzend, kann ein Kind äußerst misstrauisch werden und alle Annäherungen in Freundschaft, Freundlichkeit und Mitgefühl abwehren. Erlebt ein Kind nur ärgerliche und wütende Interaktionen, die von Macht und Kontrolle geprägt sind, wird es diese prägende Erfahrung auf seine späteren Beziehungen übertragen.

Das empfindsame Gehirn

Verschiedene Bereiche im Gehirn Ihres Kindes spielen für seine soziale Intelligenz eine Schlüsselrolle. Durch einen emotional einfühlsamen Erziehungsstil können sich neue Pfade und Vernetzungen in diesen Bereichen entwickeln.

Neue Vernetzungen im Orbitofrontalbereich des Großhirns werden Ihr Kind mit der Zeit dazu befähigen, die sozialen und emotionalen Signale einer Person genau zu lesen und sensibel darauf zu reagieren. Interessanterweise ist dieser Teil des Gehirns bei depressiven Kindern und Erwachsenen weniger aktiv, was ihre soziale Empfindsamkeit vermindert.

Neue Pfade, die den Orbitofrontalbereich mit dem unteren Bereich des Gehirns verbinden, befähigen Ihr Kind, seine primitiven Impulse von Furcht und Wut im Zaum zu halten und starke körperliche Erregungszustände zu regulieren.[2] Gehirnscans rumänischer Waisenkinder zeigten in diesem Bereich des Gehirns Defizite – ein direktes Ergebnis ihrer mangelnden emotional sensiblen Erziehung.

▪ Eine gute Erziehung kann neue Pfade zwischen Stirnlappen und Kleinhirn anlegen.

Das Kleinhirn sitzt hinter dem Hirnstamm am untersten Teil des Gehirns (s. S. 18). Nervenpfade zwischen diesem Bereich und dem Großhirn befähigen Ihr Kind, seine Antworten auf Aussagen anderer Personen exakt zu »timen« und ihnen die richtige Betonung und emotionale Färbung zu verleihen. Sie ermöglichen ihm auch, seine Aufmerksamkeit problemlos von einem zum anderen Aspekt einer Konversation umzuleiten. Erst vor kurzem haben Wissenschaftler herausgefunden, dass das Kleinhirn am Sozialverhalten beteiligt ist. Untersuchungen bei autistischen Kindern zeigen nahezu immer Fehlbildungen in diesem Bereich des Gehirns.[4]

▪ Auch die Parientallappen sind von Bedeutung.

Eine emotional einfühlsame Erziehung kann auch die Anlage wichtiger neuer Pfade zwischen den Parientallappen und Stirn-

---

WISSENSWERTES

Ein Schlüsselbereich der Stirnlappen für die soziale Intelligenz ist der Orbitofrontalbereich, der sich direkt über der Augenhöhle befindet. Vernetzungen an dieser Stelle des Gehirns helfen uns, auf andere Menschen gut zu reagieren.

Ein weiterer wichtiger Bereich des Großhirns ist der Ventromedialbereich. Vernetzungen in diesem Teil sind sehr wichtig für Ihr Kind zur Entwicklung seines Selbstbewusstseins und der Fähigkeit zu verhandeln, Entscheidungen zu treffen, Konflikte zu lösen und gute Teamarbeit zu leisten. Starke Verbindungen vom Ventromedialbereich zum unteren Teil des Gehirns können starke Gefühle beruhigen und es befähigen, darüber nachzudenken, statt sie in Anfällen von Aufregung, Wut oder Angst zu entladen.[3]

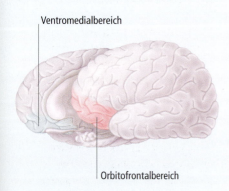

Orbitofrontal- und Ventromedialbereich – Teile der Stirnlappen sind an unserer sozialen Intelligenz beteiligt.

lappen eines Kindes unterstützen. Die Parientallappen sind am Gefühl für Bewegung und an der Navigation im Raum beteiligt. Diese Pfade (besonders auf der rechten Seite des Gehirns) sind verantwortlich für die Einschätzung des richtigen körperlichen Abstands zu anderen Personen.

Ein niedriger Serotoninspiegel kann Beziehungen verderben.

Der Botenstoff Serotonin ist ein Hauptfaktor für soziale und emotionale Intelligenz. Optimale Serotoninwerte können die Stimmung stabilisieren und Aggressionen reduzieren. Wissenschaftliche Untersuchungen haben gezeigt, dass Affen, die in ihrer Sippe stark respektiert wurden und in der Hierarchie an der Spitze standen, optimale Serotoninwerte hatten.[5] Niedrige Serotoninwerte im Gehirn sind mit impulsivem Verhalten ver-

> »Niedrige Serotoninwerte im Gehirn sind mit impulsivem Verhalten verbunden.«

bunden. Wenn Sie nicht fähig sind, Ihr impulsives Verhalten zu unterdrücken, werden häufige Ausbrüche von Wut und Gereiztheit möglicherweise Ihre Beziehungen ruinieren. Sie haben vermutlich auch häufiger schlechte Laune. Menschen mit niedrigen Serotoninwerten kann es schwer fallen, negative Gefühle auf ruhige und diplomatische Weise auszudrücken.

Der Serotoninspiegel wird durch zwischenmenschliche Beziehungen beeinflusst, zum Besseren oder zum Schlechteren. Untersuchungen zeigen, dass sich Stress im frühen Leben negativ auf das Serotoninsystem im sich entwickelnden Gehirn eines Kindes auswirken kann und dass liebevolle Beziehungsmomente eine positive Wirkung auf den Serotoninspiegel im ventromedialen Cortex haben können. Verbringt Ihr Kind viele schöne Stunden mit Ihnen, kann es sich an einen optimalen Serotoninspiegel in seinem Gehirn gewöhnen, was dann einen Teil seiner Grundpersönlichkeit ausmacht.

AUS DER TIERWELT

Niedrige Serotoninwerte sowohl bei Menschen als auch bei Tieren sind mit impulsivem Verhalten verbunden. Werden Sie ärgerlich, verhalten Sie sich eher richtig wütend statt nur leicht gereizt. Wir wissen, dass Affen mit niedrigen Serotoninwerten impulsiv und aggressiv sind: »Wenn sie die Möglichkeit erhalten, werden sie gefährliche Sprünge von Baum zu Baum machen, die andere Affen erst gar nicht versuchen. Sie kämpfen auch häufiger.«[6]

Sozialerziehung des Gehirns

Positive Situationen mit einer Bezugsperson können die Entwicklung wichtiger Nervenpfade im Großhirn eines Kindes unterstützen und die Botenstoffe, die es liebenswert machen, optimal aktivieren. Wie können Eltern diese Information richtig umsetzen? Hier sind einige Beispiele.

BEDENKEN SIE …

Manche Babys sind sehr empfindlich, deshalb müssen Konversationen »von Angesicht zu Angesicht« genau im richtigen Moment stattfinden. Wenn einem sensiblen Baby die Kommunikation mit Ihnen in irgendeiner Art nicht angenehm ist, kann es wegsehen und sich zurückziehen. Wenn Sie dennoch auf einer Reaktion bestehen, wird es sich vielleicht noch weiter zurückziehen. Um Frustrationen auf beiden Seiten zu vermeiden, sollten Sie deshalb den Hinweisen Ihres Kindes folgen (s. rechts).

Alles beginnt mit dem »Gesichtskontakt« in der frühen Kindheit. Wenn Sie viele Konversationen »von Angesicht zu Angesicht« mit Ihrem Säugling führen, werden sich Nervenpfade in seinem Großhirn ausbilden, die der Schlüssel zur Kunst von Beziehungen sind.

■ **Untersuchungen zeigen, dass Babys vom ersten Lebenstag an in der Lage sind, Gesichter zu erkennen.** Bestimmte Gruppierungen von Gehirnzellen in den Stirnlappen sind nur für das Erkennen und Registrieren von Gesichtern zuständig! »Im Alter von zwei bis drei Monaten wird ein Säugling lachen, wenn er einen Luftballon mit aufgemalten Augen sieht, und zu lächeln aufhören, wenn das ‚Ballongesicht' weggedreht wird.«[7]

■ **Wenn Sie Ihre eigene soziale Intelligenz** im »Gesichtskontakt« mit Ihrem Kind anwenden, ist das von unschätzbarem Wert (s. S. 92). Das bedeutet, Ihrem Baby Zeit zu lassen, auf Sie zu reagieren, es nicht zu drängen, es gewähren zu lassen, wenn es wegsehen möchte, und nicht darauf zu bestehen, Sie wieder anzusehen, bevor es bereit dazu ist. Sie sollten auch vermeiden, Ihr Baby durch zu viele Bewegungen und Geräusche oder durch Nervosität zu stressen. Liebevolle »Gesichtskontakte« sind nicht nur für das soziale Gehirn eines Babys von Vorteil; sogar über Fünfjährige möchten sie immer noch.

■ **»Kuckuck«-Spiele** sind ebenfalls hervorragend geeignet, neue Pfade im sozialen Gehirn Ihres Kindes zu entwickeln.

■ **Momente geteilter Aufmerksamkeit im Kleinkindalter** sind Momente, in denen Ihnen Ihr Kind etwas Bestimmtes zeigen möchte: einen bestimmten Ausblick, einen Vogel, ein nettes

Spielzeug. Damit zeigt es, dass es ein eigenes Bewusstsein entwickelt hat und andere Menschen als eigenständige Wesen begreift, die sich von ihm selbst unterscheiden. Autistische Kinder bilden hierbei eine Ausnahme. Sie haben echte Probleme mit Momenten gemeinsamer Aufmerksamkeit und einem eigenen Bewusstsein, was ihre Fähigkeit, Freundschaften zu entwickeln, behindert. Es gibt keinen klaren »anderen«, mit dem man eine Freundschaft aufbauen könnte!

▪ **Finden Sie passende Worte, um Ihrem Kind zu helfen**, seine Gefühle mit Gedanken zu verbinden. Antworten Sie nicht in langen Sätzen; durch einen Wortschwall in »Erwachsenensprache« kann es das Interesse verlieren. Gehen Sie auf seine Gefühle ein, und benutzen Sie viele kurze Sätze.

▪ **Planen Sie täglich qualitativ gute Kommunikationszeiten** mit Ihrem Kind in den Tagesablauf ein. Tun Sie dies im Rahmen eines Spiels, wenn es Ihrem Kind leichter fällt. Fragen Sie es, was es mit Ihnen spielen möchte, und gehen Sie auf die

»Seien Sie wirklich interessiert und begeistert von dem, was Ihr Kind Ihnen zeigt.«

»Du machst mich so glücklich!«

Miteinander Spaß zu haben ist die beste Voraussetzung für optimale Dopamin- und Serotoninwerte im Gehirn Ihres Kindes. Mit der Zeit wird Ihr Kind beginnen, zwischenmenschliche Beziehungen mit dem guten Gefühl emotionaler Wärme und Verspieltheit zu assoziieren. Das ist der Schlüssel für seine Fähigkeit, bereichernde Beziehungen im Laufe seines Lebens zu entwickeln.

Wenn Ihr Kind heranwächst, achten Sie darauf, was es zu Ihnen sagt. Manche Eltern können ausgezeichnet »über« Ihr Kind sprechen, ihm selbst aber nicht zuhören. Beugen Sie sich zu ihm hinunter, wenn es zu Ihnen spricht, damit Sie Augenkontakt haben, wenn es Ihnen die Dinge erzählt, die es am meisten bewegen. Lassen Sie ihm Zeit, und antworten Sie altersgerecht. Sprechen Sie mit starker Betonung, das wirkt auf Kinder sehr stimulierend, während eine flache, unbetonte Stimme sie nicht zum Weitersprechen anregt.

Vorschläge Ihres Kindes mit Freude ein. Alarmierende Statistiken zeigen, dass Kinder sich durchschnittlich nur 38 Minuten pro Woche mit den Eltern unterhalten, aber 21 Stunden wöchentlich vor dem Fernseher sitzen.[8]

■ **Zeigen Sie in der Erziehung** bei Konflikten und Unstimmigkeiten, wann immer möglich, Vernunft und Ruhe, statt auf Schimpfen oder Wutausbrüche zurückzugreifen. Dazu benötigen Sie selbst auch emotionale Unterstützung (s. S. 244).

■ **Disziplinieren Sie mit ruhiger Entschlossenheit**, aber ohne Wut, durch das Festlegen klarer Grenzen und Konsequenzen (s. S. 110 u. 158).

Wann Sie sich Sorgen machen sollten

Es lohnt sich in jedem Fall, professionelle Hilfe in Anspruch zu nehmen, wenn sich Ihr Baby nicht für Gesichter interessiert, besonders im Alter zwischen zwei und sechs Monaten. Untersuchungen zeigen, dass sich in ein Baby in dieser Zeit am meisten für Gesichter interessiert und die Entwicklung des sozialen Gehirns besonders stark ist.[9] Suchen Sie Hilfe, wenn:

■ **Ihr Baby in diesen Monaten den Augenkontakt** mit Ihnen regelmäßig vermeidet und oft ins Leere starrt;

■ **Ihr Baby mit zwei Monaten einfach zu ruhig ist**, nur daliegt und Ihre Aufmerksamkeit nicht sucht.

Das können frühe Anzeichen eines Entwicklungsproblems sein, wie eine autistische Störung – z. B. Autismus oder Asperger-Syndrom. Autismus ist ein Problem der sozialen »Verschaltung« des Gehirns. Obwohl körperlich gesunde Menschen mit Autismus von normaler Intelligenz sind, zeigen Sie Abnormitäten in ihrem sozialen und emotionalen Verhalten, wie Kanner es treffend formuliert: »Es trifft das Herz dessen, was uns menschlich macht«.[10] Der Autismus hält ein Kind davon ab, emotionale Bindungen mit anderen einzugehen. Einige Menschen mit Autismus sind sozial so zurückgezogen, dass es unmöglich scheint, mit ihnen in Verbindung zu treten. Viele Menschen denken, dass alle Formen des Autismus einem Todesurteil gleichkommen, aber neueste Arbeiten aus Paris und aus Israel zeigen, dass dies für viele Kinder nicht so sein muss. Das Mifne Center in Israel kann eine Erfolgsrate von 75 Prozent in der Behandlung von Babys mit schwerem Autismus vorweisen. Die Behandlung besteht aus einem dreiwöchigen intensiven emotionalen Training, anfangs allein, dann zusammen mit den Eltern. Dabei erhält das Baby 300 Stunden bester Beziehungsaktivitäten mit Wasser und Seifenblasen und persönliche Momente mit einem emotional geschulten Erwachsenen, der es sanft wiegt, liebevoll zu ihm spricht und sehr sensibel eine Beziehung zu ihm aufbaut. Viele Fälle wurden mittels Videoaufnahmen dokumentiert, und die Aufnahmen von Babys und Kleinkindern, die »ins Leben zurückkehren«, sind zutiefst bewegend.[11]

Es ist außerordentlich wichtig, dass Interventionen wie diese in den ersten fünf Lebensjahren stattfinden, bevor im Gehirn der normale Prozess des »Prunings« beginnt, bei dem nicht benötigte Vernetzungen gelöscht werden. Die erste

> »Das Mifne Center in Israel hat eine Erfolgsrate von 75 Prozent in der Behandlung von Babys mit schwerem Autismus mittels dreiwöchigem intensivem Training.«

»Bringen wir's in Ordnung.«

Es ist eine wahre Kunst der Eltern, ihren Kindern bei schmerzvollen Auseinandersetzungen zu helfen, bei denen so viele primitive Instinkte in ihrem Gehirn aktiviert wurden.

Hier hilft ein liebevoller Vater diesen Zweijährigen, indem er darüber spricht, wie schmerzlich es für beide ist, das Spielzeugauto mit dem anderen zu teilen.

Welch ein Geschenk für die Eltern, ihren Kindern zeigen zu können, dass auch die schmerzlichsten Konflikte gelöst werden können.

WISSENSWERTES

Menschliches Mitgefühl und Betroffenheit ist in Gehirnscans sichtbar. Einer der aktiven Bereiche, wenn wir uns um einen Menschen in Not sorgen, ist der anterior-zinguläre Gyrus, ein Teil des FÜRSORGE-SYSTEMS unseres Säugergehirns (s. S. 190).

Als Eltern können Sie das Einrichten von starken Vernetzungen zwischen dem anterior-zingulären Bereich und dem Großhirn Ihres Kindes beeinflussen und dadurch seine Fähigkeit stärken, sowohl über das Leid eines anderen nachzudenken als auch Mitgefühl zu empfinden.

Fehlfunktionen im anterior-zingulären Bereich können einen Mangel an Mitgefühl zur Folge haben. Affen mit Schädigungen in diesem Bereich behandeln andere Affen wie leblose Objekte und treten einfach auf sie.[12] Das erinnert an ähnlich herzloses menschliches Verhalten.

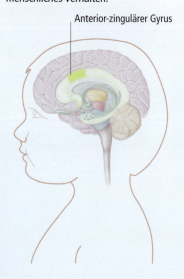

Anterior-zingulärer Gyrus

Pruning-Periode beginnt ungefähr im Alter von zwei Jahren. Bei manchen emotional »abgeschnittenen« Kindern, die keine Behandlung erhalten, kann dieses Pruning die Weichen für lebenslangen Autismus stellen.

Das Erbe gleichgültiger Eltern

Ohne eine emotional einfühlsame Erziehung und ohne ausreichende »Eins-zu-eins«-Zeiten können die Schlüsselbereiche im sozialen Gehirn eines Kindes für das Entwickeln von Freundschaften unterentwickelt bleiben. Ein Kind kann dadurch Schwierigkeiten haben, Freunde zu finden:

- **Sein »Timing« ist falsch.** Es unterbricht, reagiert zu schnell oder zu langsam. Die Konversation gestaltet sich dadurch zäh und ohne richtigen Faden, es gibt keinen Gesprächsfluss.
- **Es kann dem anderen Kind nicht richtig zuhören** und die sozialen Signale des anderen Kindes nicht lesen.
- **Es versagt in der richtigen Bestimmung des mentalen** oder emotionalen Zustandes des anderen Kindes. Es bemerkt z. B. nicht, ob das andere Kind aufgeregt, traurig oder ärgerlich ist. Da das andere Kind sich emotional unverstanden fühlt, wird es sich vermutlich einen anderen Spielgefährten suchen.

> »Ohne eine emotional einfühlsame Erziehung … kann ein Kind Schwierigkeiten haben, Freunde zu finden.«

- **Auch kann es die emotionalen Informationen** eines anderen Kindes nicht richtig verarbeiten. Wissenschaftler, die mit Fünfjährigen arbeiteten, fanden heraus, dass die Kinder, deren Eltern in frühester Kindheit nicht auf ihren Kummer reagiert hatten, nicht fähig waren, den Kummer anderer Kinder in deren Gesichtern zu erkennen.[13]
- **Es hat eine unpassende Körpersprache** und kein Gefühl für den richtigen Körperabstand zu anderen, deshalb können

sich andere Kinder z. B. bedrängt fühlen, weil es ihnen ständig zu nahe kommt.

■ **Wachsen solche Kinder heran**, können sie lange Perioden der Einsamkeit erleben, oft ohne zu verstehen, warum sie kaum Freunde haben. Wenn Sie Freundschaften schließen, sind diese nur allzu oft kurzlebig und enden wegen mangelnder oder abgebrochener Verbindung.

Manchmal haben Kinder mit gleichgültigen, unsensiblen Eltern (oft waren bereits deren Eltern gleichgültig oder unsensibel) das Glück, wichtige Beziehungen zu anderen Familienangehörigen oder empfindsamen Erwachsenen zu entwickeln. Diese Erwachsenen sind bereit, Zeit zu investieren, und dadurch können diese Kinder die Nervenpfade, die für Beziehungen wichtig sind, doch noch entwickeln.

Die Entwicklung von Mitgefühl und Betroffenheit

Eine Erziehung, die die Fähigkeit eines Kindes für Mitgefühl und Betroffenheit entwickelt, hat tief greifenden positiven Einfluss sowohl im familiären Rahmen als auch auf die Gesellschaft im Ganzen.

Grausamkeit, ob Mobbing in der Schule oder Völkermord, tritt auf, wenn Menschen kein Mitgefühl entwickelt haben und auf Verwundbarkeit, Verzweiflung oder Leiden anderer, ungeachtet der Hautfarbe, Überzeugung oder Religion, nicht betroffen reagieren. Viele Menschen zeigen zwar Betroffenheit, aber nur für die Menschen innerhalb ihrer eigenen Familie, ihres sozialen, kulturellen oder religiösen Umfelds.

Es ist sehr wichtig, dass sich Regierungen mehr mit dem Einfluss üblicher Erziehungspraktiken auf das Gehirn befassen, um das schreckliche Ausmaß menschlichen Leids auf Erden einzudämmen. Die Chance, dass dies gelingt, ist größer als je zuvor, weil wir jetzt weit mehr darüber wissen, wie durch eine emotional-reaktive Erziehung das soziale Gehirn eines Kindes besser für Mitgefühl geformt werden kann. Nach jahrhundertelanger Grausamkeit wissen wir jetzt mehr denn je, wie wir unsere Welt freundlicher gestalten können.

AUS DER TIERWELT

Manche Tiere sind nicht zu Mitgefühl gegenüber anderen fähig, die verletzlich, schutzlos oder leidend sind, weil ihr Gehirn biochemisch und anatomisch nicht dafür ausgerichtet ist. Reptilien haben keinen FÜRSORGEINSTINKT, viele von ihnen überlassen ihre Nachkommenschaft von Anfang an sich selbst.

Die weibliche Meeresschildkröte z. B. gräbt ein Loch in den Sand, um ihre Eier zu vergraben. Dabei wird Vasotocin (die Reptilienversion des Oxytocins) in ihrem Gehirn freigesetzt. Nachdem sie ihre Eier vergraben hat, wird dieser »Bindungsstoff« wieder abgebaut, und sie kehrt ins Meer zurück. Das bedeutet, dass die kleinen Meeresschildkröten nach dem Schlüpfen ohne Mutter auskommen müssen. Für die Kleinen ist es ein Wettlauf mit der Zeit, ob sie das Meer erreichen, bevor sie gefressen werden.[14]

Linkes und rechtes Gehirn

Vom Leiden anderer kann man nur tief bewegt sein, wenn das rationale Gehirn in Koordination mit dem FÜRSORGE-SYSTEM des unteren Teil des Gehirns (s. S. 190) zusammenarbeitet. Mit einem unteraktivierten FÜRSORGE-SYSTEM kann ein Mensch seine Empathie verlieren und von kalter Logik bestimmt sein.

Den Kummer eines Kindes zu ignorieren kann bewirken, dass es lernt, sich im späteren Leben von anderen zu isolieren. Es ist wichtig, für den emotionalen Schmerz eines Kindes empfänglich zu sein und gegenüber seiner echten Verzweiflung Mitgefühl zu zeigen.

Indem Sie Ihrem Kind konsequent bei seinen schwierigen Gefühlen beistehen und bei seinem echten Kummer und Schmerz jederzeit Mitgefühl zeigen, helfen Sie ihm, FÜRSORGE in seinem Säugergehirn zu entwickeln. Wenn Sie Ihr kleines Kind so lange schreien lassen, bis es einschläft, arbeiten Sie dem entgegen. Die Wissenschaft hat uns gezeigt, wie leicht es für ein Kind ist, gefühlsmäßig abzustumpfen, wenn seine Schreie nicht erhört werden (s. S. 62). Das kann auch dazu führen, dass es für die Leiden anderer nicht empfänglich ist.

Vernetzungen im Gehirn

Die Erziehung kann auch einen anderen Teil des Gehirns beeinflussen, der eine wichtige Rolle für die Fähigkeit zu Mitgefühl und Betroffenheit spielt. Linke und rechte Seite unseres Großhirns (Stirnlappen) verarbeiten jeden Moment unseres Geschehens auf unterschiedliche Weise. Die linke Seite beherbergt unsere Sprachzentren, die für das Verstehen und Bilden von Sprache verantwortlich sind. Hier liegt der Schlüssel für das Finden der richtigen Worte für unsere Gefühle. Ohne Informationen aus der rechten kann die linke Großhirnseite emotionalen Schmerz (unseren und den anderer) kaum registrieren.

Die rechte Großhirnhälfte ist die nichtverbale Seite unseres Gehirns. Sie registriert schmerzliche Gefühle sehr gut und nimmt die emotionale Atmosphäre sehr schnell wahr. Sie ist weitaus stärker mit dem Körper verbunden als die linke Seite, deshalb kann sie exakt wahrnehmen, wie unser Körper ein emotionales Ereignis registriert.

Auch ist sie enger mit unserem Alarmsystem im unteren Teil unseres Gehirns (Amygdala) verbunden. So gut, wie das linke Großhirn im Detail ist, so gut ist das linke im Gesamtüberblick.

Ein Band von Nervenfasern, das Corpus callosum, ist eine Verbindung der beiden Gehirnhälften (und der beiden unterschiedlichen Wahrnehmungsarten). Bei Menschen mit geringer sozialer Intelligenz funktioniert das Corpus callosum meist nur schlecht in der emotionalen Verarbeitung, deshalb ist die Kommunikation zwischen beiden Gehirnhälften nicht sehr gut.[15]

■ **Beim Säugling ist die Kommunikation zwischen den Gehirnhälften noch schwach.**

Das Corpus callosum befindet sich bei kleinen Kindern noch in der Entwicklung, deshalb ist der Informationsfluss zwischen dem rechten und linken Stirnlappen bei Ihrem Baby noch sehr schwach. Das bedeutet, dass Ihr Kind mit einem »gespaltenen« Gehirn lebt. Manchmal beschreibt es seine positiven Gefühle sehr wortreich (starke Aktivierung der linken Großhirnhälfte), und plötzlich wälzt es sich wie ein kleines Baby wortlos auf dem Boden (starke Aktivierung der rechten Großhirnhälfte). Durch eine emotional einfühlsame Erziehung wird Ihr Kind mit der Zeit immer mehr dazu fähig sein, Worte (Aktivierung der lin-

> »Durch eine emotional-reaktive Erziehung wird Ihr Kind immer mehr dazu fähig sein, Worte für starke Gefühle zu finden.«

ken Hälfte) für starke Gefühle (Aktivierung der rechten Hälfte) zu finden, statt sich auf eine primitive Entladung dieser Gefühle (z. B. in einem Wutanfall) zu beschränken. Die Vernetzung der beiden Gehirnhälften entwickelt sich und kann Informationen zwischen den beiden Gehirnhälften immer besser übertragen. Noch einmal: Sie können mithelfen, dass linke und rechte Ge-

WISSENSWERTES

Das Corpus callosum ist ein Fasernetzwerk, das die Kommunikation zwischen der rechten und der linken Seite des Gehirns ermöglicht. Es spielt eine wichtige Rolle in der sozialen Intelligenz, weil es in Millisekunden Informationen über unsere Empfindungen von einer Seite unseres Großhirns zur anderen weiterleitet. Er hilft uns, unsere Gefühle und Gedanken in jeder Situation klar zu erfassen.

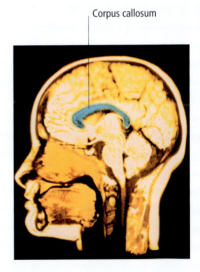

Eine Magnetresonanzaufnahme des Gehirns zeigt das Corpus callosum deutlich (blau). Dieses Faserband besteht aus Nervenfasern (ungefähr 300 Millionen im Gehirn eines vollständig entwickelten Erwachsenen) und fungiert als Informationsautobahn zwischen den Gehirnhälften.

> »Wenn Sie Ihrem Kind helfen, über seine Gefühle nachzudenken, fördern Sie wahrscheinlich die Entwicklung seines Corpus callosum.«

hirnhälfte Ihres Kindes gut miteinander kommunizieren. Jedes Mal, wenn Sie Ihrem Kind helfen, seine Erlebnisse in Gedanken und Worte zu fassen, fördern Sie wahrscheinlich die Entwicklung anspruchsvollerer Kommunikationsnetzwerke im Corpus callosum Ihres Kindes.

■ **Ein schlecht funktionierendes Corpus callosum kann der Grund für mangelndes Mitgefühl und mangelnde Betroffenheit sein.**

Einige Wissenschaftler vertreten die Ansicht, dass ein Schlüsselfaktor für mangelndes Mitgefühl eines Menschen gegenüber anderen im ineffektiven Informationsaustausch zwischen den beiden Gehirnhälften durch das Corpus callosum liegt.[16] Menschen, die vom Leid anderer emotional unberührt bleiben, verarbeiten ihre Wahrnehmung weit mehr mit der linken Gehirnhälfte als mit der rechten. Hierbei spricht man von einer Dominanz der linken Hemisphäre: »Das linke Gehirn hat begonnen, als Untersystem des gesamten Bewusstseins zu fungieren.«[17] Wenn das passiert, ist eine Person weit weniger sozial empfindsam und emotionsbewusst. Eine Linkshirndominanz bedeutet, dass ein Mensch Worte finden kann, um schmerzliche Gefühle wegzurationalisieren und um zu rechtfertigen, dass er andere ihrem Schmerz überlässt und weggeht, ohne zu helfen.

Ein Mann sagte einmal, als er ein Kind gesehen hatte, dass verzweifelt nach seiner Mutter rief: »Ich konnte sehen, dass andere Menschen Gefühle für das weinende Kind hatten, persönlich fühlte ich aber nichts.« Solche Menschen können es auch rechtfertigen, wenn andere Menschen verletzt werden.

Da die linke Großhirnhälfte weit weniger Verbindungen zu den starken Gefühlen des unteren Teils des Gehirns und des Körpers hat als die rechte, wird eine linkshirndominierte Person das Leiden anderer wohl nie besonders gut registrieren.

Viele Psychologen sind der Meinung, dass der Mangel an Mitgefühl auch daraus resultiert, dass diese Person in der Kindheit selbst nicht genügend Mitgefühl für seine schmerzlichen Gefühle erhalten hat.

Wenn Sie dem Kummer Ihres Kindes konsequent mit Empathie begegnen, braucht es sich von seinem Schmerz oder dem von anderen nicht emotional abzusondern und in einer Weise zu leben, die von der linken Gehirnhälfte dominiert wird. Manchen Eltern fällt das leichter als anderen, meist aufgrund ihrer eigenen Kindheitserfahrungen.

F Wie kann ich sichergehen, dass mein Kind nicht sozial unsensibel für den emotionalen Schmerz anderer heranwächst?

■ Setzen Sie Ihrem Kind klare Grenzen, und disziplinieren Sie es auf eine Art, die seine Würde nicht verletzt. Beschämende Bestrafungen können bewirken, dass es emotional abstumpft und dadurch weitgehend seine Menschlichkeit verliert.[18] (s. S. 158)

■ Studien auf Spielplätzen haben gezeigt, dass Kindern, die selbst kein Mitgefühl für ihren Kummer erlebt haben, eine Betroffenheit gegenüber weinenden Kindern fehlt. Einige versuchen sogar, sie durch Bloßstellen oder Angreifen mundtot zu machen.[19] Kinder mit einem Hintergrund, der von Freundlichkeit und Mitgefühl geprägt ist, können bereits in frühem Alter Empathie zeigen.

Langzeitwirkungen

Manche Menschen behaupten, dass Einschüchterung nicht auf der gleichen Stufe wie Kindesmissbrauch stünde. Aber hinsichtlich der Langzeitwirkungen von schwerem psychischem Stress, z. B. durch Mobben oder Tyrannisieren im Namen der Disziplin, gibt es kaum Unterschiede.

BEDENKEN SIE ...

Über 50 Prozent aller Schulkinder geben an, schon einmal von anderen tyrannisiert worden zu sein. Jedes Jahr begehen in England ungefähr 20 gemobbte Kinder Selbstmord. Natürlich sind wir als Gesellschaft betroffen, aber wenn wir uns in Gehirnscans betrachten, wie es das Gehirn eines Kindes verändern kann, gemobbt zu werden, sind wir offensichtlich nicht betroffen genug.

Das Problem besteht darin, dass sich das menschliche Gehirn in den ersten Lebensjahren formt und sich dadurch an seine Umwelt anpasst. Erstaunlicher- wie tragischerweise kann das Gehirn eines tyrannisierten Kindes sich so verändern, dass es besser in eine tyrannische Welt passt. Das Resultat können übertriebene Wachsamkeit, Kampf-oder-Flucht-Verteidigungsmechanismen des Reptiliengehirns oder ein überaktives WUT- oder FURCHT-SYSTEM im Säugergehirn (lymbisches System) sein.

Bei einigen Kindern bewirkt dies emotionale Kälte und unteraktive soziale und emotionale Systeme im unteren Teil des Gehirns. Wie andere Formen des Kummers auch, können häufiger, starker Stress und belastende Beziehungen in der Kindheit

»Das Gehirn eines tyrannisierten Kindes kann sich so verändern, dass es besser in eine tyrannische Welt passt.«

dauerhaft überreaktive Stressreaktionen im Gehirn eines Kindes nach sich ziehen. Zusätzlich können sich durch die ständige Angst, in der Schule und/oder zu Hause tyrannisiert zu werden, über einen längeren Zeitraum tatsächlich Veränderungen in den Schlüsselstrukturen des Gehirns zeigen. Wird ein Kind tyrannisiert, kann dieser Teil des Gehirns überempfindlich werden und deshalb auf kleinste Stressoren so reagieren, als wären sie starke Bedrohungen. Das nennt man »Furchtentfachung.« Dies bedeutet, dass Furcht ein fest verankerter Bestandteil der Persönlichkeit des Kindes werden kann. Weitere Studien mit tyrannisierten Kindern zeigen eine mangelnde Aktivierung der Amygdala, was eine mangelnde Reaktion auf die Furcht anderer zur Folge hat.[20]

■ **Wird Ihr Kind tyrannisiert, kann sein soziales Vertrauen ernstlich erschüttert werden, und es kommt zu nachhaltigen Veränderungen seines Gehirns.**

Wir wissen seit langer Zeit, dass durch Einschüchterung psychische Narben entstehen können, hatten aber die Hoffnung, ein tyrannisiertes Kind könnte mit Hilfe und Unterstützung schnell mit seinen Erfahrungen fertig werden. Doch neuere Gehirnscans zeigen ein weitaus hoffnungsloseres Bild, nämlich viele dauerhafte strukturelle und biochemische Veränderungen in den Gehirnen von Kindern, die unter dem intensiven Stress durch psychischen Missbrauch gelitten haben. Es können tatsächlich irreversible Schäden im Gehirn entstehen.

»Furcht kann ein fest verankerter Bestandteil der Persönlichkeit des Kindes werden.«

»Ich hasse das, was sie tun.«

Wenn die Einschüchterung subtil ist, kann sie unbemerkt bleiben. Getuschel und Schimpfnamen, Ausgestoßenwerden und Isolation können ebenso Stress und Langzeitschäden verursachen wie körperliche Angriffe. Deshalb ist es sehr wichtig, dass Eltern und Lehrer auf Anzeichen dafür achten (s. S. 239). Schultage sind lang, und kein Kind sollte die Stunden seines Wachseins in Furcht verbringen.

Auswirkungen von Mobbing

Kindern mit Mobbingerlebnissen können eine Abneigung gegen die Schule entwickeln, mit dem Bettnässen beginnen oder andere psychische Symptome zeigen. Wissenschaftler haben auch viele bedenkliche Veränderungen in Gehirnen tyrannisierter Kinder gefunden.

- **Zelltod und/oder verminderte Aktivität im anterior-zingulären Gyrus.** Dieser Bereich hilft, die Furchtreaktion im Gehirn einzudämmen, und ist der Schlüssel zur Empathie.[21]
- **Langzeitveränderungen in Verschaltung und Systemen** des Gehirns, die für Stressmanagement verantwortlich sind. Ein Kind kann ein überreaktives Stressreaktionssystem entwickeln, das häufig zu Aggressivität oder Ängstlichkeit führt.
- **Langzeitveränderungen in den Adrenalinsystemen** des Gehirns. Eine zu starke Freisetzung von Adrenalin und Noradrenalin weckt Angstgefühle und macht klares Denken unmöglich.
- **Verminderung der Durchblutung und Störungen** des »Vermis cerebelli« (Kleinhirnwurm) im Hirnstamm. Abnormitäten in diesem Bereich werden mit ADHS (s. S. 106), Depression und gestörter Aufmerksamkeitsfähigkeit in Verbindung gebracht. Auch ist dieser Bereich an der Regulierung der elektrischen Aktivität des Gehirns beteiligt, woraus noch mehr Aggression und Reizbarkeit entstehen kann.

Die Auswirkung von Mobbing sind anhand von EEG-Irregularitäten in der Stirn- und Schläfenregion feststellbar. Die Regionen sind sehr wichtig für die Regulation von Stress und intensiven Gefühlen.

Anhaltender Stress kann eine Verkleinerung des Hippocampus und der Amygdala verursachen. Ein normal ausgeprägter Hippocampus ist wichtig für die Gedächtnisfunktion; eine Verkleinerung der linksseitigen Amygdala wird mit Depressionen und Reizbarkeit in Verbindung gebracht.

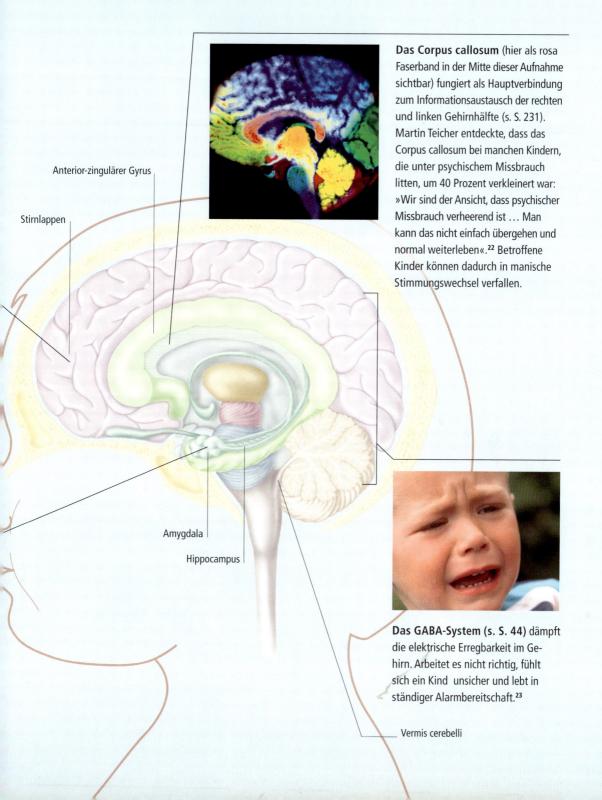

Das Corpus callosum (hier als rosa Faserband in der Mitte dieser Aufnahme sichtbar) fungiert als Hauptverbindung zum Informationsaustausch der rechten und linken Gehirnhälfte (s. S. 231). Martin Teicher entdeckte, dass das Corpus callosum bei manchen Kindern, die unter psychischem Missbrauch litten, um 40 Prozent verkleinert war: »Wir sind der Ansicht, dass psychischer Missbrauch verheerend ist … Man kann das nicht einfach übergehen und normal weiterleben«.[22] Betroffene Kinder können dadurch in manische Stimmungswechsel verfallen.

Das GABA-System (s. S. 44) dämpft die elektrische Erregbarkeit im Gehirn. Arbeitet es nicht richtig, fühlt sich ein Kind unsicher und lebt in ständiger Alarmbereitschaft.[23]

Schutz vor Mobbing

In der Schule wie zu Hause können richtige Maßnahmen Ihr Kind davor schützen, gemobbt oder selbst zum Tyrannen zu werden. Als Eltern können Sie den Selbstschutz Ihres Kindes stärken, indem Sie ihm helfen, emotionale Stärke und Aufgeschlossenheit zu entwickeln.

Was Schulen unternehmen können

Bei der Wahl einer geeigneten Schule können Sie zwar nicht alle Mobbing-Risiken eliminieren, aber Sie können sich von bestimmten Kriterien leiten lassen. Wenn der Schulleiter eine sehr herzliche Person ist, ist das ein gutes Zeichen. Die Schule sollte eine höchst effektive Strategie gegen Einschüchterung verfolgen. Ich bin der Ansicht, dass wir, was das Mobbing an Schulen betrifft, kläglich versagen – denn die Hälfte aller Schulkinder wurde schon einmal tyrannisiert, viele davon in der Schule.

■ **Viele Schulleiter sagen, dass sie den Pausenhof nicht ausreichend bewachen und mit dem wenigen Personal nicht jedes einzelne Kind schützen können.**

Wenn an den Schulen die Auswirkungen von Mobbing auf das Gehirn eines Kindes bekannt wären, würden sich meiner Meinung nach die Prioritäten ändern. Ich würde an jedem Pausenhof (Mobbing findet zumeist dort statt) Überwachungskameras installieren. Man wird einwenden, dass ein solches Vorgehen ein Eingriff in die Rechte der Kinder bedeute, jedoch haben wir auch die Pflicht, jedes Kind vor den Schädigungen im Gehirn und den oft lebenslangen psychischen Narben zusammen mit dem unerträglichen Gefühl der Machtlosigkeit und Einsamkeit zu schützen. Es gibt aber auch Schulen, die die Notwendigkeit der Einrichtung wirkungsvoller Maßnahmen gegen jegliche Form der Tyrannei einsehen. Wenn in jeder Schule sichergestellt werden soll, dass die sich entwickelnden Gehirne

Manche gemobbten Kinder leiden an einer posttraumatischen Belastungsstörung. Das wichtigste Erregungssystem im Gehirn ist schwer betroffen. Solche Kinder können Schlaf-, Ess- und Atemstörungen haben und unter Kopfschmerzen und weiteren Symptomen leiden. Sie fühlen sich nicht sicher genug, um sich auf das Lernen zu konzentrieren; deshalb sind die schulischen Leistungen oft sehr schlecht. Durch Therapie und psychologische Beratung können sie jedoch enorme Fortschritte machen.

der Kinder vor Schäden geschützt werden, dann muss Mobbing in den Schulen verhindert werden, auch wenn dem Staat deshalb durch den Einsatz von mehr Personal (besonders auf den Pausenhöfen der Schulen) Mehrkosten entstehen. Wir können nicht das Zuhause jedes Kindes in einen sicheren, geschützten Ort verwandeln, aber wir müssen dies mit unseren Schulen tun.

Was Sie zu Hause tun können

Bei manchen Formen der Disziplinierung, wie Schreien, Bloßstellen und Schlagen (s. S. 160), handelt es sich um Mobbing unter einem anderen Namen. Achten Sie auf Ihre eigenen Methoden im Umgang mit schwierigem Verhalten, und sprechen Sie mit Ihrem Partner und Ihren Verwandten, wenn Sie der Meinung sind, dass deren Behandlung Ihres Kindes an Mobbing grenzt.

BEDENKEN SIE …

Wenn Sie den Verdacht haben, dass Ihr Kind gemobbt wird, achten Sie darauf, ob Ihr Kind von Kriegs-, Kampf- und Bombardierungsspielen so stark besessen ist, dass es nichts anderes mehr spielt. Viele Kinder haben Spaß an solchen Spielen, die hohe Intensität und die ständige Wiederholung dieser Spiele während des ganzen Tages ist jedoch bedenklich. Ist ein Kind von dieser Art von Spielen besessen, kann das ein Hinweis darauf sein, dass es versucht, die angstvollen Gefühle zu kontrollieren, in einer Welt zu leben, die es nicht vor Tyrannei schützen kann.

● Ihr Kind kann selbst in tyrannisierendes Verhalten fallen, sozusagen als letzte Verteidigungsmaßnahme nach dem Motto: »Wenn du sie nicht schlagen kannst, verbünde dich mit ihnen.«

● Manche Kinder, die eingeschüchtert werden, entwickeln eine Schulphobie, beginnen mit dem Bettnässen oder zeigen andere körperliche Symptome.

»Seien Sie auf der Hut vor Freunden oder Lehrern, die Mobbing mit Sprüchen wie ‚Jungs sind eben so' verharmlosen.«

■ **Halten Sie sich mit Kritik zurück, und loben Sie häufig.**
Wenn Eltern ihr Kind ständig kritisieren, ohne es auch zu loben, wird es sich daran gewöhnen, in einer Welt der Einschüchterung zu leben. Wenn es dann auch noch in der Schule drangsaliert wird, gelangt es nur allzu leicht zur Einstellung: »Ich verdiene es nicht anders«, oder: »Das ist normal, die Welt ist so rau.« Einem Kind, das ein warmes, freundliches Zuhause hat, fällt es wesentlich leichter, seine Eltern um Hilfe zu bitten. Dieses Kind hat auch eher die Einstellung: »Ich bin eine wertvolle Person, ich verdiene es, gut behandelt zu werden.« Schulen und Familien können eine Menge dazu beitragen, dass ein Kind ein solches Bewusstsein entwickelt.

F Ich habe entdeckt, dass mein Kind regelmäßig
drangsaliert wird. Was kann ich tun?

Wenn Ihr Kind schon seit längerer Zeit eingeschüchtert wird, sollten Sie eine psychologische Beratung oder Therapie für Ihr Kind in Erwägung ziehen (s. S. 281). Kinder können ihre Gefühle von Furcht und Machtlosigkeit gut verstecken. Viele Erwachsene sind immer noch benommen vom Schmerz Jahre zurückliegenden Mobbings. Untersuchungen zeigen, dass die durch die Einschüchterung entstandenen Schäden im Gehirn teilweise behoben werden können, z. B. durch Klavierspielen, was die Zusammenarbeit der beiden Gehirnhälften fördert.[24]

■ **Nehmen Sie den Geschwisterkampf sehr ernst.**

Der Kampf unter Geschwistern trägt stark zur Einschüchterungsepidemie an unseren Schulen bei.[25] Beim kleinen Kind ist die Fähigkeit der Stirnlappen, seine Emotionen zu reflektieren, noch nicht entwickelt. Wird es von seinen Geschwistern verletzt, kann es seinen Schmerz verdrängen und stattdessen auf primitive Kampf-oder-Flucht-Impulse verfallen, sogar selbst ein anderes Kind verletzen – ein Tyrann wurde geboren.

■ **Helfen Sie Ihrem Kind, eine selbstbewusste Persönlichkeit zu entwickeln.**

Die Persönlichkeitsgene werden als »erfahrungsabhängig« bezeichnet, das bedeutet: Obwohl ein Kind die genetische Veranlagung für bestimmte Persönlichkeitsmerkmale haben kann, z. B. zur Schüchternheit oder Ungeduld, müssen diese dennoch nicht sein Schicksal sein. Erziehung bedeutet auch, einem

> »Eine Person, mit der die meisten Menschen gern zusammen sind, ist lebensfroh und ausgeglichen.«

solchen Kind zu helfen, eine selbstbewusste Persönlichkeit zu werden. Oft wird die Persönlichkeit eines Menschen und seine Reaktion auf andere dadurch getrübt, wie es der Psychoanalytiker Allan Schore ausdrückt, »eine Über- oder Untererregung zu zeigen, die der Situation nicht angemessen ist«. Übererregt zu sein bedeutet angespannt oder ärgerlich zu werden bei Dingen, die andere Menschen problemlos bewältigen, oder ständig eine manische Energie zu haben, die für andere sehr anstrengend ist. Untererregung beschreibt die emotionale Flachheit, die einen für andere langweilig erscheinen lässt. Eine Person, mit der die meisten Menschen gerne zusammen sind, verfügt über einen optimalen Erregungszustand, ist lebensfroh, ruhig und ausgeglichen.[26]

Fallstudie

Wie die Tyrannei beginnt

Joe wird aus Eifersucht von seinem siebenjährigen Bruder Sam drangsaliert. Die Mutter befiehlt ihnen halbherzig, mit der Rauferei aufzuhören, doch sobald sie ihnen den Rücken kehrt, quält Sam seinen Bruder weiter. Manchmal rennt Joe zur Mutter, die ihn drückt und Sam auffordert, nicht mehr auf seinem Bruder herumzuhacken. Doch gibt es für Sam keine ernsthaften Konsequenzen. Manchmal bekommt er von seinem Vater eine Ohrfeige, aber die lässt ihn nur noch gemeiner werden.

Jedes Mal, wenn Joe geschlagen wird, lernt er mehr über Gewalt, und sein Gehirn beginnt sich mehr und mehr an ein Leben in einer tyrannischen Welt anzupassen. Er hört auf, seine Mutter um Hilfe zu bitten. Eines Tages schlägt er den kleinen George auf dem Pausenhof. Jetzt fühlt sich Joe plötzlich sehr stark. Georges Eltern und die Schule sind sehr betroffen und tadeln Joe, doch hat die Schule nicht genügend Personal, um die Kinder auf dem Pausenhof richtig zu schützen. Zu Hause beginnt George, seinen kleinen Bruder zu drangsalieren, und so setzt sie sich fort, die epidemische Verbreitung von Gewalt und Einschüchterung.

Wissenschaftler wissen jetzt eine Menge darüber, was im Gehirn eines Menschen geschieht, der eine emotional flache Persönlichkeit entwickelt. Oft blockiert der linke Stirnlappen (der rationalere Teil des Gehirns) die Kommunikation mit dem rechten. Die rechte Gehirnhälfte registriert emotionalen Schmerz stärker als die linke und hat eine stärkere Verbindung zu den empfindungsstarken unteren Teilen des Gehirns und zum Körper. Emotional »flache« Menschen können körperliche Empfindungen verdrängen, haben oft auch eine flache Atmung, einen niedrigen Adrenalinspiegel und eine Rüstung aus Muskeln – eine ständig angespannte Muskulatur, die die Kommunikation zwischen Gehirn und Körper vermindert.[27] Die Entwicklung einer solchen Persönlichkeit hängt sehr stark mit der Erziehung zusammen.

■ **Zeigen Sie Ihrem Kind die Kunst, Freundschaften zu schließen.**

Wenn Sie Kinder beobachten, bei denen sich eine besondere Freundschaft gebildet hat, wird klar, dass sie wichtige Pfade in ihrem sozialen Gehirn entwickelt haben. Vielleicht haben sie noch keinen großen Wortschatz, doch sie können trotzdem über ein anspruchsvolles Niveau sozialer Intelligenz verfügen. Kinder, die bereitwillig Freundschaften schließen, können aus dem Beispiel Erwachsener gelernt haben, die auf ihre emotio-

Alle Kinder profitieren von sanften und gefühlvollen menschlichen Interaktionen. Selbstwertgefühl und Selbstvertrauen beginnen in der Kindheit mit dem Gefühl, geliebt zu werden.

> »Eltern können zur Fähigkeit ihrer Kinder beitragen, Freundschaften zu schließen.«

nalen Bedürfnisse eingehen. Eltern können zur Fähigkeit ihrer Kinder beitragen, Freundschaften zu schließen. Die spielerische Kommunikation »von Angesicht zu Angesicht« (s. S. 92) im Säuglingsalter kann ein Anfang sein. Wird das Kind älter, helfen ihm viele gute Gesprächszeiten, die Kunst des Freundschaftschließens zu lernen.

Merksätze

- **Bedeutsame Beziehungen** zu anderen Menschen sind grundlegend für geistige Gesundheit und Zufriedenheit.

- **Eine gute Erziehung** kann die soziale Intelligenz Ihres Kindes – einschließlich Beziehungs- und Teamfähigkeit – entwickeln.

- **Beschäftigen Sie sich mit** Ihrem Kind in jeder Phase seines Lebens, beginnend mit den »Unterhaltungen von Angesicht zu Angesicht« in der frühen Kindheit.

- **Mobbing kann** schädigende Langzeitwirkungen auf das Gehirn haben und muss von Eltern, Lehrern und Aufsichtspersonen sehr ernst genommen werden.

- **Helfen Sie Ihrem Kind** durch den Aufbau von Selbstvertrauen und sozialen Fähigkeiten, Mobbing (als Täter und als Opfer) zu vermeiden.

Achten Sie auf sich selbst

Kindererziehung gehört zu den stressreichsten Aufgaben überhaupt. Neben den wunderbaren Zeiten voller Freude und tiefer Erfüllung werden Sie auch Zeiten mit wenig Schlaf und außergewöhnlich hohen Anforderungen an Ihre Geduld und Ihre Nerven erleben. Es ist Ihre Aufgabe, Ihrem Kind bei der gesamten Bandbreite seiner Gefühle beizustehen, von Jähzorn und Wut bis hin zu Aufregung und Freude. Damit Sie ausgeglichene, liebende und mitfühlende Eltern sein können, müssen Sie gut auf sich achten. Das bedeutet auch zu erkennen, wenn Sie niedergeschlagen sind, die notwendige Unterstützung zu suchen und sich die Zeit zu nehmen, um Ihr psychisches und physisches Gleichgewicht wiederherzustellen.

Stressfreie Schwangerschaft

Es ist wichtig, dass Sie psychisch und physisch auf sich achten, wenn Sie schwanger sind. Ihr emotionaler Zustand kann die Entwicklung des Gehirns Ihres ungeborenen Babys beeinflussen. Wenn Sie sich in diesem Zustand gestresst, depressiv oder angespannt fühlen, benötigen Sie besondere Hilfe.

BEDENKEN SIE ...

Ein ungeborenes Kind ist in den letzten drei Schwangerschaftsmonaten besonders anfällig für einen hohen Spiegel von Stresshormonen der Mutter, denn während dieser Zeit erfährt sein Gehirn einen wichtigen Wachstumsschub. In dieser Phase sollten Sie sich so oft wie möglich entspannen und sehr viel emotionale Unterstützung erhalten.

Von der siebten Woche an können glücklich machende Opioide im Blutstrom eines Ungeborenen nachgewiesen werden. Doch wissen wir auch, dass durch regelmäßigen starken Stress der Mutter in den letzten drei Schwangerschaftsmonaten große Mengen Stresshormone (Kortison und Glutamat) durch die Plazenta in das Gehirn des Babys übertragen werden können.

Einige Untersuchungen zeigen, dass ungeborene Babys, werden sie übergroßen Mengen Stresshormonen ausgesetzt, später sowohl als Kinder wie auch als Erwachsene Stress schlechter abbauen können. Starker Stress während der Schwangerschaft ist einer der Risikofaktoren für Depressionen und Drogenabhängigkeit im späteren Leben.[1] Erhält ein schon vor

> »Schon vor der Geburt kann ein Baby unter großem Stress stehen.«

der Geburt gestresstes Baby viel Beruhigung und Trost – wie in diesem Buch beschrieben –, kann seine Fähigkeit, mit Stress umzugehen, verbessert werden.

In manchen Fällen hat sich gezeigt, dass zu viel Stress während der Schwangerschaft auch die genetische Entfaltung wichtiger Botenstoffe und Hormone des Ungeborenen beeinträchtigt. Das bedeutet, dass bestimmte Schlüsselgene nicht das tun, was sie tun sollten. Sie platzieren sich an der falschen Stelle im Gehirn. Bei männlichen Föten z. B. kann zu viel Stress der Mutter das Verhältnis von Testosteron und Östrogen verändern. Untersuchungen mit Säugetieren zeigen, dass männliche Junge mit einem »verweiblichten« Gehirn geboren werden können, was Folgen für die spätere Sexualität haben kann.³

Alkohol, Medikamente und Rauchen

Wenn Sie während der Schwangerschaft sehr angespannt oder gestresst sind, gönnen Sie sich eine Auszeit. Eine Kopf- oder Fußmassage leistet gute Dienste. Lassen Sie sich nicht verleiten, auf Alkohol oder nicht verordnete Medikamente zurückzugreifen. Auch Drogen wie Kokain oder Ecstasy und Alkohol können die Entwicklung des Gehirns eines Ungeborenen verändern. Alkohol erhöht zudem die Kortisonwerte des ungeborenen Kindes. Kinder von Alkoholikerinnen können nach der Geburt ein überreaktives Stressreaktionssystem haben. Gehirnscans von Kindern, deren Mütter während der Schwangerschaft sehr viel Alkohol tranken, zeigen oft ein kleineres, schwächer gefaltetes Großhirn. Auch das Kleinhirn (das

»Wenn Sie während der Schwangerschaft sehr angespannt oder gestresst sind, gönnen Sie sich eine Kopf- oder Fußmassage.«

»Machen Sie Pause.«

Erschöpfung während der Schwangerschaft kann sich negativ auf das Verhältnis zu Ihren Kindern auswirken. Tägliche Aktivitäten wie Arbeit oder Einkaufen können Sie stärker als erwartet ermüden. Versuchen Sie, nicht dringend erforderliche Aufgaben zu reduzieren, und teilen Sie sich die Versorgung Ihrer Kinder mit Freunden und Verwandten.

Koordination und Bewegung kontrolliert) und der Hirnstamm (verantwortlich für Grundfunktionen wie Atmung und Körpertemperatur) können geschädigt werden. Das Gehirn eines Kindes mit Alkoholembryopathie (hervorgerufen durch exzessives Trinken der Mutter) entwickelt sich nicht vollständig, was mentale und emotionale Störungen bedeuten kann. Alkoholkonsum während der ersten drei Schwangerschaftsmonate gefährdet das Kind mehr als während der restlichen

»Schaffen Sie eine Verbindung zu Ihrem ungeborenen Kind.«

Die Schwangerschaft zu »feiern« kann tief greifende Auswirkungen haben, nicht nur auf Sie und Ihr ungeborenes Baby, sondern auf den Rest Ihrer Familie. Ihr Gefühl des Wohlbefindens wird sich auf die Menschen in Ihrer Umgebung übertragen. Ist Ihr Kind dann geboren, ist es wahrscheinlich ausgeglichen und leichter zu beruhigen.

Schwangerschaft. Die meisten Studien stimmen darin überein, das ein Glas eines alkoholhaltigen Getränks pro Tag während der Schwangerschaft keine Auswirkungen auf das Kind hat,[4] jedoch der einzige Weg, wirklich sicherzugehen, ist, während der Schwangerschaft völlig auf den Alkoholkonsum zu verzichten.

■ **Wenn Sie während der Schwangerschaft rauchen, setzen Sie Ihr sich entwickelndes Kind schädlichem Nikotin, Teer und Kohlenmonoxid aus.**

Zudem beeinträchtigen Sie die Sauerstoffversorgung Ihres Babys. Untersuchungen zufolge kann das Rauchen während der Schwangerschaft auch zu Veränderungen in Struktur und Funktion des Gehirns Ihres Babys führen. Sie setzen es dadurch dem Risiko aus, Verhaltensstörungen und Lernschwierigkeiten zu entwickeln. Bei Schwangeren, die mehr als zehn Zigaretten täglich rauchten, war die Wahrscheinlichkeit bedeutend größer, dass ihr Kind eine Verhaltensstörung entwickelte. Kinder von Müttern, die während der Schwangerschaft rauchten, hatten im späteren Leben auch ein höheres Risiko für Alkohol- oder Drogenmissbrauch und Depressionen.[5]

Sie verlieben sich in Ihr Baby … oder nicht

Läuft während und nach der Geburt alles gut, wird Ihr Gehirn auf natürliche Weise große Mengen Oxytocin (s. S. 37) freisetzen. Dadurch können sie tiefe Glückseligkeit empfinden und sich völlig stressfrei eins mit Ihrem Baby fühlen. Bei der postnatalen Depression ist die Freisetzung dieser frühen Bindungshormone blockiert, kann aber durch professionelle Hilfe wieder in Gang gesetzt werden. Unbehandelt kann sich die postnatale Depression negativ auf den Spiegel der Stresshormone, auf Schlaf- und Essverhalten sowie auf das Immunsystem Ihres Kindes auswirken. Etwa eine von zehn Müttern ist von postnataler Depression betroffen. Antidepressiva und/oder Psychotherapie helfen meist gut. Sie bewirken, dass das positive Erregungssystem und stimmungsstabilisierende Botenstoffe wieder richtig arbeiten und Stresshormone reduziert werden.[6]

Untersuchungen zeigen, dass das Stillen sich sehr positiv auf die Stimmung der Mutter auswirkt, weil es das Stressreaktionssystem im Gehirn beruhigt. Weil die Mutter ruhig und entspannt ist, fällt es ihr leichter, ihr Baby zu beruhigen und zu trösten. Durch das Stillen erhält das Baby auch sehr wichtige, mehrfach ungesättigte Fettsäuren, die die Produktion der wichtigen Botenstoffe Dopamin und Serotonin im Gehirn verstärken können. Einige Studien haben aber auch gezeigt, dass nicht nur das Stillen, sondern auch die Flaschenfütterung Stresshormone reduzieren kann. Solange das Kind beim Füttern nah am ruhigen Körper der Mutter gehalten wird, gibt es keine signifikanten Unterschiede in der Wirkung.[7]

Sie haben jetzt Kinder

Als Eltern haben Sie die Aufgabe, nicht nur für die körperlichen Bedürfnisse Ihres Kindes zu sorgen, sondern auch für seine emotionalen und psychischen. Sie sind ständig in Bereitschaft – auf Zeichen von eigenem Stress zu reagieren, ist daher eine wichtige elterliche Fähigkeit.

Ein Tag aus dem elterlichen Leben

Ihr Dreijähriger hat gerade ein neues Spielzeug bekommen – einen großen roten Bus –, und durch Ihren Enthusiasmus verstärken Sie seine Freude darüber. Dann springt er Sie an und möchte zehn Minuten mit Ihnen herumbalgen. Sie wissen, dass diese Art von Spiel ausgezeichnet für die Entwicklung seines Gehirns ist, wie könnten Sie es ablehnen? Als Nächstes geben Sie ihm einen Keks, und Ihr Sohn bricht in Tränen aus, weil er ihn zerbricht. Als Sie ihm erklären, dass Sie den Keks nicht reparieren können, wirft er eine Tasse voll Milch auf den Boden. Jetzt müssen Sie einen guten Weg suchen, ihm zu erklären, das sein Benehmen nicht akzeptabel ist.

Später helfen Sie ihm zu akzeptieren, dass er sein Haustier, einen Hamster, nicht mit ins Wohnzimmer nehmen kann. Dann beenden Sie eine Schlägerei mit seinem Bruder. Langsam fühlen Sie sich ein wenig erschöpft, aber Ihr Kind möchte, dass Sie zusehen, wie er den »Tuuut«-Knopf seines gelben Spielzeuglasters betätigt. Als Sie »super« sagen, zaubert das ein breites Grinsen auf sein Gesicht. Dieses Lächeln bereitet auch Ihnen Freude, aber nach dem achtzehnten Mal wird es ein wenig ermüdend. Doch Sie wissen, dass Aufmerksamkeit und Lob zur Einrichtung positiver chemischer Erregungssysteme im Gehirn Ihres Kindes beitragen. Zur Schlafenszeit helfen Sie Ihrem Kind bei seiner Wut darüber, dass es jetzt ins Bett muss. Und Ihre anderen Kinder brauchen Sie auch noch.

Nach einigen Stunden mit kleinen Kindern sehnen Sie sich nach Ruhe. Was ist los mit Ihnen? Ganz klar, Sie können die

Nach einigen Stunden mit Ihrem Kind werden Sie sich vielleicht nach Ruhe sehnen. Wenn Sie ein paar freie Minuten haben, versuchen Sie, es sich gut gehen zu lassen. Zwischendurch ein wenig aufzutanken gibt Ihnen die Kraft, ruhig zu bleiben und Mitgefühl für Ihr Kind zu empfinden.

Emotionen Ihres Kindes für diese lange Zeit nur regulieren, wenn Sie selbst keine emotionale Regulation benötigen. Neurologisch ausgedrückt: Sie sind biochemisch unausgeglichen. Ihr körperliches Erregungssystem ist aus dem Gleichwicht.

Sind Sie unausgeglichen?

Wenn Sie sich ausgebrannt fühlen, ärgerlich sind und jederzeit explodieren könnten, wenn Ihr Kind sich schlecht benimmt, dann ist das ein Zeichen dafür, dass Sie biochemisch unausgeglichen sind. Statt Ihr Großhirn zu benutzen, um sich die beste Reaktion zu überlegen, wird Ihr WUT-SYSTEM ausgelöst. Ihr Großhirn wird von Stresshormonen überflutet, und infolgedessen verlieren Sie die Fähigkeit für Empathie und klares Denken. Ihnen ist zum Schreien zumute!

»Wenn Sie sich ausgebrannt fühlen, ärgerlich sind und jederzeit explodieren könnten, dann sind Sie biochemisch unausgeglichen.«

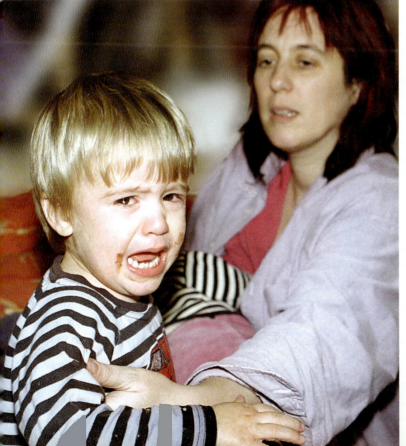

»Jetzt nur ruhig bleiben.«

In Ihrer Eigenschaft als emotionaler Regulator ist es Ihre Aufgabe, Ihrem Kind zu helfen, mit der unkontrollierbaren Intensität seiner Gefühle fertig zu werden. Dabei helfen Sie ihm, in seinem Gehirn wichtige Pfade und Systeme anzulegen, die es schließlich dazu befähigen werden, dies selbst zu tun. Erhalten Kinder keine wirksame Regulation ihrer Gefühle, kann ihr späteres Leben sehr hart für sie sein (s. S. 228).

Nahrung für die Seele

Einige der wichtigsten Botenstoffe, die Ihre Stimmung beeinflussen, werden aus Ihrer Nahrung gewonnen. Wenn Sie bestimmte Sachen essen und andere vermeiden, können Sie Ihre Gefühle stabilisieren. Regelmäßiges Essen hilft, das Wohlbefinden zu erhalten.

Eine variationsreiche, ausgeglichene und nahrhafte Ernährung ist für jeden wichtig, besonders aber für geplagte Eltern. Bestimmte Nahrungsmittel sind die Grundlage zur Produktion wichtiger Botenstoffe des Gehirns, ohne die Sie sich elend und müde fühlen können.

Wenn Sie wissen, welche Botenstoffe aus welchen Nahrungsmitteln im Körper hergestellt werden, kann das für die kraftraubende Aufgabe als Eltern sehr nützlich sein. So sollten Sie sich gelegentlich fragen: »Reizt mich mein Kind wegen der stressigen Situation oder weil mir wichtige Vitamine fehlen?« Die so genannten »Gefühlsstoffe« arbeiten harmonisch zusammen, jedoch ist die Zusammenarbeit sehr störanfällig. Sie können aber durch den Verzehr bestimmter Nahrungsmittel das Gleichgewicht wiederherstellen.

Nahrung, die Ihre Stimmung stabilisiert

Serotonin verbessert Ihre Stimmung, die Stabilität Ihrer Gefühle und die Qualität Ihres Schlafs. Menschen mit niedrigem Serotoninspiegel können sich depressiv oder aggressiv fühlen.

Tryptophan ist eine Vorstufe von Serotonin und wird aus der Nahrung gewonnen. Um genügend Tryptophan zu erhalten, sollte Ihre Nahrung einen hohen Anteil an Bananen, Brot, Nudeln und fetten Fisch, wie Lachs und Makrele, enthalten. Sie können auch Fischölpräparate einnehmen.

Um eine effektive Herstellung von Serotonin im Gehirn zu gewährleisten, brauchen Sie Nahrungsmittel, die Vitamin B_6, B_{12} und Folsäure enthalten. Bananen, Avocados, Fisch, Gemüse, Kartoffeln, Hühnchen und Rindfleisch sind gute Quellen für diese Vitamine. Sie können auch ein Vitamin-B-Präparat einnehmen (da alle B-Vitamine notwendig sind, sollten Sie ein Komplexpräparat bevorzugen). Vitamin B_6 ist zur Serotoninproduktion besonders wichtig – nur ein Milligramm zu wenig pro Tag kann Ihren Gemütszustand schwer beeinträchtigen. Untersuchungen zufolge können Depressionen zurückgehen, wenn man ausreichend Vitamin B_6 und B_{12} zu sich nimmt. Auch die Schlafqualität verbessert sich. Je älter Sie werden, desto mehr Vitamin B_6 und B_{12} brauchen Sie, weil der Körper mit den Jahren diese Vitamine schlechter aufnimmt.

Nahrung, die Sie als Eltern motiviert erhält

Optimale Dopaminwerte sind zusammen mit anderen Botenstoffen der Schlüssel für Ihren Antrieb, sich in vollem Ausmaß mit dem Leben und Ihren Kindern zu beschäftigen. Ist Dopamin in Ihrem Gehirn nicht ausreichend aktiviert, können Sie sich lethargisch und reizbar fühlen, ohne Motivation, interessante Aktivitäten für Ihre Kinder zu organisieren.

»Bei gestörter Harmonie der Botenstoffe fühlen Sie sich miserabel.«

Zur Herstellung von Dopamin benötigt das Gehirn Tyrosin, das in eiweißreichen Nahrungsmitteln wie Fisch, Fleisch, Nüssen und Käse vorkommt, sowie wichtige Vitamine und Mineralien. Richtige Ernährung kann helfen, die Aktivierung von Dopamin zu steigern und die Optimalwerte aufrechtzuerhalten.[9]

Nahrung, die Sie unter Stress stabilisiert

Fetter Fisch enthält eine Omega-3-Fettsäure, die so genannte Docosahexaensäure (DHA). DHA spielt in der Biochemie des Gehirns eine große Rolle. Ungefähr die Hälfte des Fetts der Zellmembranen der Gehirnzellen besteht aus DHA. Sie sorgt für Aufbau und Erhalt geschmeidiger Zellstrukturen, damit das Gehirn effektiv arbeiten kann und chemische Botschaften problemlos durch das gesamte Gehirn gesandt werden können. Es hat sich gezeigt, dass DHA durch die Ankurbelung der Serotoninproduktion stimmungsaufhellend wirken kann. DHA wird ausschließlich aus der Nahrung gewonnen.

BEDENKEN SIE ...

Wenn Sie sich ausgelaugt fühlen, überlegen Sie, welche Ursachen dafür in Frage kommen. Haben Sie richtig gegessen? Wird Ihr Gehirn nicht ausreichend mit Glukose und dem notwendigen Protein versorgt, fühlen Sie sich müde.

Waren Sie den ganzen Tag im Haus? Ein »Tapetenwechsel«, ein Treffen mit anregenden Menschen, ein Spaziergang oder eine interessante Tätigkeit können Ihren Dopaminspiegel erhöhen.

Gehen Sie nicht gestresst schlafen. Der hohe Kortisonspiegel kann bewirken, dass Sie bereits vor Tagesanbruch erwachen. Nehmen Sie ein entspannendes Bad, oder kuscheln Sie mit Ihrem Partner.

> »Bei Menschen, die nicht frühstücken, ist die Neigung zu Depressionen doppelt und die zu Angespanntheit viermal so hoch.«

Untersuchungen über den Fischölkonsum in verschiedenen Ländern haben ergeben, dass bei höher werdendem Konsum die Depressionsrate geringer wird.[10] Je niedriger der DHA-Spiegel ist, desto stärker können Depressionen ausgeprägt sein. Die Ernährung der meisten Menschen weist einen schweren Mangel an DHA auf. Deshalb ist es sehr wahrscheinlich, dass beim Konsum von fettem Fisch oder DHA-Präparaten das Gehirn sich das meiste davon »schnappt«.

Sardinen, Lachs, Tunfisch, Makrele und kaltgepresstes Lein- oder Flachsöl sind reich an DHA. Sie können DHA auch in Form von Fischölpräparaten einnehmen, aber lesen Sie den Beipackzettel, bevor Sie ein Präparat kaufen, denn einige enthalten nur Eicosapentaensäure (EHA). Je älter Sie werden, desto mehr DHA

> »Frühstück ist wichtig.«

Ein proteinreiches Frühstück hebt Ihren Tyrosinspiegel und verbessert Ihre Konzentration und problemlösenden Fähigkeiten. Menschen, die richtig frühstücken, sind während des ganzen Tages viel effektiver und kreativer.[11]

Die Art der Kohlenhydrate ist ebenfalls von Bedeutung. Essen Sie lieber Vollkornbrot statt Weißbrot, das Sie nur für ca. eine Stunde mit Energie versorgt. Komplexe Kohlenhydrate wie Haferflocken lassen Ihren Blutzuckerspiegel über einige Stunden langsam ansteigen, dadurch bleiben Energieniveau und Stimmung stabil.

benötigen Sie. Auch Nikotin- und Alkoholgenuss verringern den DHA-Spiegel.

Sich den ganzen Tag lang wohl fühlen

Nicht ausreichend oder das Falsche zu essen, kann sich dramatisch auf Ihren Tag auswirken. Wenn Sie Mahlzeiten auslassen oder sich mit Koffein und Süßem über Wasser halten, haben Sie nicht genügend Energie. Folgende Regeln sind sinnvoll:

- **Frühstücken Sie gut, und essen Sie richtig zu Mittag.** Untersuchungen zeigen, dass bei Menschen, die nicht frühstücken, die Neigung zu Depressionen doppelt und die Neigung zu Angespanntheit viermal so hoch ist wie bei Menschen, die ihren Tag mit einem Frühstück beginnen.[12] Ohne Frühstück bleibt Ihr Blutzuckerspiegel niedrig. In diesem Zustand kann Ihr Gehirn nicht richtig arbeiten, und Ihre Nebennieren reagieren mit einer hohen Freisetzung von Adrenalin und Kortison, die Sie angespannt und nervös werden lassen kann.

- **Vermeiden Sie zuckerhaltige Snacks und Getränke.** Das Schlimmste, was Sie tun können, ist, statt einer richtigen Mahlzeit aus Zeitmangel Kekse und Schokolade zu essen. Nach der anfänglichen Freisetzung von Glückshormonen in Ihrem Gehirn geht es rapide bergab. Auf leeren Magen lassen zuckerhaltige Lebensmittel Ihren Blutzuckerspiegel stark ansteigen. Ihr Körper setzt Insulin frei, um ihn wieder zu senken – dadurch kann er jedoch unter den Anfangswert sinken. Das kann Sie sehr müde und reizbar machen.

- **Essen Sie Obst oder Proteinhaltiges.** Damit Sie und Ihre Kinder Energie erhalten, essen Sie lieber Obst. Obst enthält Fruchtzucker (Fructose), der keine Insulinfreisetzung bewirkt. Nehmen Sie für unterwegs eine Banane mit. Sie versorgt Sie mit Tryptophan, das Sie zur Herstellung des stimmungsstabilisierenden Serotonins benötigen, und sorgt für eine langsame Zuckerfreisetzung ins Blut, die Sie für eine Weile aufrecht hält. Nüsse sind ebenfalls ein wertvoller Snack. Sie aktivieren Tyrosin, den Schlüssel zur Herstellung von Dopamin, das für positive Erregung im Gehirn sorgt.

Ein proteinreiches Mittagessen bestehend aus Fleisch oder Fisch hilft Ihrem Körper, Tyrosin herzustellen und dadurch den optimalen Dopaminspiegel im Gehirn aufrechtzuerhalten. Das hält Sie wach und konzentriert für den Rest des Tages. Wenn Sie mittags kohlenhydratreich essen, fühlen Sie sich nachmittags eher schläfrig.

- **Essen Sie kohlenhydratreiche Speisen am Abend.** Dadurch wird Tryptophan, eine Schlüsselkomponente für Serotonin, aktiviert. Gute Serotoninwerte helfen, den Schlaf zu regulieren. Wenn Ihre Kinder müde werden sollen, gilt die Regel: Keine proteinreichen Snacks vor dem Schlafengehen!
- **Trinken Sie täglich sechs Gläser Wasser.** Das ist sehr wichtig zur Ausschwemmung von Abfallprodukten. Wenn Sie nicht ausreichend trinken, bleiben sie in Ihrem Körper und machen Sie müde und schlapp. Durst ist kein Gradmesser für den Wasserbedarf. Wenn Sie durstig sind, sind Sie bereits dehydriert.
- **Ziehen Sie Ergänzungspräparate in Betracht.** Manchmal ist es schwierig, eine ausreichende Versorgung mit Vitaminen und Mineralien in der Nahrung zu gewährleisten, die für die Herstellung bestimmter biochemischer Stoffe im Gehirn notwendig sind – jener Stoffe nämlich, die wichtig sind, um dem elterlichen Stress standzuhalten. Wie ein Wissenschaftler feststellte »bedarf es 46 Tassen Spinat oder acht Tassen Mandeln täglich, um die optimale Menge Vitamin E zu sich zu neh-

> »Keine proteinreichen Snacks vor dem Schlafengehen!«

men.« In vielen Teilen der Erde ist in der Nahrung zu wenig des wichtigen Spurenelements Selen enthalten. Zu geringe Selenwerte sind stark verbunden mit Anspannung, Energiemangel, Reizbarkeit, Depression und Erschöpfung.[13] Co-Enzym Q10 unterstützt die Energiegewinnung aus der Nahrung. Die Werte sinken mit dem Älterwerden, deshalb ist die umsichtige Anwendung eines Ergänzungspräparats manchmal notwendig.
- **Trinken Sie Kamillentee.** Kamillentee ist ein leichtes Beruhigungsmittel und wirkt auf die Benzodiazepin-Rezeptoren im Gehirn und damit gegen Anspannungen. Kamillentee ist ideal vor dem Schlafengehen und während des Tages als Ersatz für ein koffeinhaltiges Getränk wie Kaffee.

F **Was kann dazu beitragen, meine Stimmung zu verbessern?**

Gehen Sie im Sonnenschein spazieren. Niedrige Serotonin- und Dopaminwerte im Gehirn hängen auch mit grauem Himmel zusammen, deshalb sind manche Menschen dabei depressiv, antriebslos und leiden unter Konzentrationsmangel. Vitamin D kann nur mit Hilfe von Sonnenlicht synthetisiert werden; aus diesem Grund ist es sinnvoll, jeden Tag für eine gewisse Zeit im Freien zu verbringen. Auch ein Mangel an Vitamin D kann zu Depressionen führen.

F **Ist Kaffee schlecht? Ich brauche mindestens vier Tassen pro Tag.**

Ihr Kind wacht um 6.30 Uhr auf. Sie sind müde, und deshalb greifen Sie zu Kaffee, um sich wenigstens halbwegs menschlich zu fühlen. Koffein, das in Kaffee, Tee, manchen Softdrinks und Medikamenten enthalten ist, ist eines der am weitesten verbreiteten stimmungsverändernden Substanzen. Koffein kann Ihre Laune verbessern, Sie munter und energetischer machen und Sie motivieren, weil es Noradrenalin, Adrenalin und Dopamin im Gehirn stimuliert und Ihren Blutzuckerspiegel erhöht. Es blockiert Adenosin, einen Stoff im Gehirn, der Sie schläfrig macht und Ihren Schlaf unterstützt.

Die Koffeintoleranz variiert von Mensch zu Mensch. In bescheidenem Maße kann Koffeein Sie aufmuntern, auf leeren Magen aber sehr problematisch sein. Nach einem anfänglichen Hoch fällt der Blutzuckerspiegel ab, und Sie können sich müde und reizbar fühlen. Und es gibt einen Gewöhnungseffekt: Je mehr Sie trinken, desto mehr brauchen Sie.

»Auftanken« ist notwendig

Emotionales Auftanken ist notwendig, um Ihre Stresshormone in Gehirn und Körper wieder auf Normalmaß zu bringen. Sonst kann es leicht passieren, dass Sie chronisch gestresst und schlechter Stimmung sind. Ihr Zustand wird sich auf die Kinder übertragen, die sich durch Ihren Stress auch gestresst fühlen und sich deshalb wahrscheinlich schlecht benehmen.

Machen Sie regelmäßige Pausen. Wenn Sie sich keine Zeit für sich nehmen, werden Sie leicht gereizt, launisch, angespannt und neigen die meiste Zeit dazu, sich zu ärgern. Stress kann auch Ihre Schlafqualität drastisch verschlechtern, sodass Sie während des Tages zusätzlich noch müde sind.

»Auftanken« bedeutet, Zeit für sich zu haben, um etwas Entspannendes und Angenehmes ohne Kinder zu tun, statt auf schnelle Lösungen mit Nebenwirkungen wie Alkohol oder Zigaretten zurückzugreifen. Alle Eltern, seien sie noch so gut, die in eine ständige Bereitschaftshaltung ohne emotionales Auftanken verfallen, geraten früher oder später in einen Übererregungszustand mit zu vielen Stresshormonen im Gehirn. Wenn Sie bemerken, dass Sie zunehmend reizbar sind und wenig Geduld mit Ihren Kindern haben, kaum noch Lust, mit ihnen zu spielen oder sie zu knuddeln, sollten Sie auftanken. Denn statt Ihre Kinder als Freude zu betrachten, sehen Sie sonst nur noch Anforderungen, die Sie zu erfüllen haben. Mit der Zeit werden Sie geübt darin, die Zeichen einer biochemischen Dysregulation in Ihrem Gehirn zu erkennen: den Anstieg der Stresshormone und den Abfall stimmungsstabilisierender Botenstoffe.

Was ist emotionales Auftanken?

Es gibt zwei Arten des emotionalen Auftankens: die Autoregulierung und die interaktive Regulierung. Autoregulierung bedeutet, dass Sie allein etwas tun, um die Chemie in Ihrem Gehirn zu ändern, wie lesen, spazieren gehen oder sich in einem warmen Bad entspannen. Interaktive Regulierung bedeutet, eine schöne Zeit mit anderen zu verbringen, mit Ihrem Partner oder mit Freunden. Wenn wir als menschliche Wesen emotional gesund bleiben wollen, benötigen wir regelmäßig beides.[14]

Warum schnelle Lösungen nicht funktionieren

Manche Menschen greifen auf schädliche Arten der Bewältigung des elterlichen Stresses zurück, wie Alkohol zu trinken oder Zigaretten zu rauchen – mit ernsten Langzeitwirkungen.

■ **Warum finden wir es so anziehend, Alkohol zu trinken und zu rauchen?**

Alkohol aktiviert das Anspannungen entgegenwirkende GABA-System (s. S. 44) im Gehirn. Es erhöht auch kurzzeitig den Serotonin- und Dopaminspiegel, wir fühlen uns in Gesellschaft selbstsicher, munter und entspannt. Zu viel Alkohol kann jedoch schnell ins Gegenteil des gewünschten Effekts umschlagen. Wenn Sie zu viel trinken, fallen Ihre Oxytocin-, DHA-, Tryptophan- und Glukosewerte. Durch den niedrigen Blutzucker- und Serotoninspiegel kann Ihre Laune ins Bodenlose sinken.

Nach ein paar Gläsern kann der Alkohol die Funktionen des Großhirns, wie Sprache und Gefühlsregulierung, merklich beeinträchtigen; dann übernimmt der instinktive Teil des Gehirns die Führung. Betrunkene Menschen werden oft wütend, gewalttätig oder depressiv. Diese Führung des instinktiven Gehirns erklärt die Tatsache, dass häusliche Gewalt und Kindesmissbrauch sehr häufig unter Alkoholeinfluss stattfinden.

■ **Rauchen fördert die Freisetzung von Acetylcholin (ein anregender Botenstoff) und Dopamin und stimuliert die Adrenalinproduktion der Nebennieren.**

Rauchen aktiviert auch Niacin, das das GABA-System unterstützt, deshalb fühlen Sie sich weniger angespannt. Es senkt die Herzfrequenz und unterstützt die Muskelentspannung. Einige wissenschaftliche Untersuchungen zeigen auch, dass die saugende Mundbewegung Oxytocin aktiviert, wie der Schnuller bei einem Säugling.

Natürlich haben beide dieser schnellen Lösungen einen lebensbedrohlichen Preis, deshalb sollten Sie eine Methode des emotionalen Auftankens finden, die Ihrer körperlichen und geistigen Gesundheit nicht schadet.

BEDENKEN SIE …

Aus dem Haus zu gehen, um Luft zu holen, kann für die ganze Familie lohnend sein. Frische Luft, Sonnenschein und Freiraum können sowohl Eltern als Kinder beruhigen. Es gibt viele Studien, die belegen, dass körperliche Bewegung Endorphine und Dopamin freisetzen kann. Bewegung senkt den Spiegel der Stresshormone Adrenalin, Noradrenalin und Kortison. Bewegung an der frischen Luft kann Sie durch die bessere Sauerstoffversorgung des Gehirns munter machen. Einer Studie zufolge sind Menschen, die viel sitzen, depressiver, haben einen niedrigeren Endorphinspiegel und eine höhere Freisetzung von Stresshormonen als Menschen, die sich regelmäßig bewegen.[15]

Die Balance zurückgewinnen

Sie haben Ihre schlechte Laune als Anzeichen von Stress erkannt. Ihre Kinder belasten Ihre Nerven, und Sie haben das Gefühl, bei Dingen zu explodieren, die Sie normalerweise locker wegstecken – Zeit, Ihre Stresshormone wieder auf Normalmaß zu bringen.

BEDENKEN SIE ...

Untersuchungen haben gezeigt, dass folgende Aktivitäten das Anti-Stresshormon Oxytocin stimulieren können:

- Meditation
- Akupunktur
- Massage und körperliche Zuneigung
- Yoga
- Ein warmes Bad oder Sprudelbad
- Ans Licht gehen, entweder Tageslicht oder gutes künstliches Licht.

Aktivitäten, die Sie beruhigen

Wenn Sie eine beruhigende Tätigkeit gefunden haben, bedeutet das, dass Ihr Gehirn wahrscheinlich das Anti-Stresshormon Oxytocin freisetzt. Die Wissenschaftlerin Kerstin Uvnas-Moberg, die sehr viel darüber geschrieben hat, sagt: »Wir können Aktivitäten wählen, die Oxytocin aus unserer persönlichen inneren Apotheke freisetzen ... Dieser natürliche heilende Nektar ist das Gegengift für die negativen Auswirkungen unseres temporeichen Lebensstils mit Stress und Anspannung.«[16] Untersuchungen zeigen, dass Oxytocin:

- eine entspannende Wirkung haben kann;
- Blutdruck und Puls senken kann;
- verhindern kann, dass der Blutstrom mit Stresshormonen überflutet wird;
- die effektive Verdauung der Nahrung fördern kann;
- Aufgeregtheit reduzieren kann;
- Geselligkeit erhöhen kann.

Wenn Sie für sich die richtige entspannende Aktivität gefunden haben, sollten Sie Wert auf Regelmäßigkeit legen. Wenn Ihnen beispielsweise Massagen gut tun, sollten Sie wöchentlich eine erhalten, statt nur einmal monatlich. Oder planen Sie jedes Wochenende Zeit für Yogaübungen ein. Nur so bleibt Ihr Oxytocinwert auf optimalem Niveau. Alternativ können Sie sich auch einfach in einen Garten oder Park setzen. Die Ruhe wird Ihre körperliche Übererregung senken und den beruhigenden und zentrierenden Zweig Ihres autonomen Nervensystems (s. S. 44) aktivieren.

»So kann ich entspannen.«

Yoga kann den Blutdruck senken. Yogabewegungen beruhigen den Körper durch die Aktivierung des Vagusnervs (s. S. 45). In Untersuchungen war Yoga bei manchen Menschen wirkungsvoller gegen Anspannungen als das Entspannungsmedikament Diazepam.[17]

Meditation kann bei Langzeitanwendern Blutdruck und Kortisonwerte senken und Anspannungen lösen. Sie kann zudem ein überaktiviertes Stressreaktionssystem durch die Beruhigung der Amygdala (Detektor für Bedrohungen im unteren Teil des Gehirns) normalisieren.[18]

■ **Einer der besten Wege, Stress abzubauen, ist, Zeit mit emotional warmen Erwachsenen zu verbringen.**

Sehr leicht kann man sich auf bestimmte Nahrungsmittel oder Aktivitäten konzentrieren und dabei den besten Weg zur Verbesserung der Stimmung vergessen – mit liebenswerten Menschen zusammen zu sein. Eine anregende Unterhaltung mit der richtigen Person kann den Spiegel Ihrer Stresshormone senken, die optimalen Dopamin- und Noradrenalinwerte herstellen, die Opioide im Gehirn aktivieren und für ein wunderbares Gefühl des Wohlbefindens sorgen. Handelt es sich um eine Liebesbeziehung, haben diese Opioide sogar eine noch tiefere Wirkung auf Sie – wegen des sensibilisierenden Effektes von Oxytocin auf das Opioidsystem. Dieser biochemische Zustand ist vermutlich der emotional am meisten erfüllende von allen. Wir kennen ihn aus den Momenten reinster Wonne, wenn

»Gemeinsame Zeit mit einem lieben Menschen, mit dem Sie sich sicher fühlen, kann für ein wunderbares Gefühl des Wohlbefindens sorgen.«

> »Eine der wichtigsten elterlichen Fähigkeiten ist, zu erkennen, wann Sie ausgebrannt sind.«

BEDENKEN SIE ...

Es ist wichtig festzustellen, welche Menschen in Ihrem Leben Sie emotional dysregulieren – mit anderen Worten, wer Ihre Stresshormone stark aktiviert und Ihren Körper in den Zustand der Übererregung treibt. Menschen, die üblicherweise andere emotional dysregulieren, sprechen zu Ihnen (nicht mit Ihnen) in langen Monologen, sind sehr angespannt oder aufgeregt oder bieten sehr wenig Gegenseitigkeit in Ihrer Wechselbeziehung zu Ihnen. Sie fragen kaum, wenn überhaupt, wie es Ihnen geht, zeigen kein Interesse an Ihrem Leben oder benutzen Sie als ihren eigenen emotionalen Regulator (oder schlimmer, als Therapeuten) und zeigen niemals Empathie für die Probleme in Ihrem Leben.

wir uns in den Armen eines Menschen räkeln, den wir lieben. Nehmen Sie sich Zeit für ein tröstendes Telefongespräch mit einem Freund oder für eine Menge herzlichen Austausches und Lachens mit einem lieben Menschen. Sie werden in der Lage sein, auch dem provozierendsten Verhalten Ihres Kindes ruhig zu begegnen und unter Stress klar zu denken.

Eine der wichtigsten elterlichen Fähigkeiten ist, zu erkennen, wann Sie ausgebrannt und emotional dysreguliert sind und die Gesellschaft von Erwachsenen mit ihren emotional erfüllenden Qualitäten benötigen. Alle Eltern brauchen andere Erwachsene um sich herum, damit sie ruhig und kontrolliert bleiben. Warten Sie damit nicht, bis Sie sich isoliert und ausgelaugt fühlen.

▪ So sehr Sie die Gesellschaft Ihrer Kinder genießen, es bedarf emotional bewusster Erwachsener, damit Sie den nötigen emotionalen Ausgleich erhalten.

Emotional bewusste Erwachsene haben die Funktionen des Mitgefühls, der Empathie und Betroffenheit und die Fähigkeit, sie auch in Worten auszudrücken, in ihren Großhirnen entwickelt. In der Kindererziehung ist die emotionale Regulierung zwangsläufig ein einseitiger Prozess, deshalb ist es niemals angebracht, Ihr Kind als Ihren kleinen Vertrauten oder Berater zu behandeln. Kinder brauchen ihre gesamte Zeit, um mit ihren eigenen Gefühlen zurechtzukommen, und können nicht auch noch die Ihren auf sich nehmen.

▪ Manchmal sind die Ihnen liebsten Erwachsenen nicht die besten emotionalen Regulatoren für Sie.

Vielleicht sind diese Menschen selbst die meiste Zeit emotional dysreguliert, etwa weil sie in der Kindheit zu wenig emotionale Regulierung erfahren haben. Als Ergebnis können sie sehr oft angespannt, wütend oder depressiv sein. Durch ihre Gesellschaft werden die Botenstoffe, die Sie für Ihr Wohlbefinden benötigen, in Ihrem Gehirn nicht aktiviert. Versuchen Sie herauszufinden, welche Menschen in Ihrem Leben Sie wirklich beruhigen und trösten können.

■ **Sie benötigen besondere Hilfe, wenn die starken Gefühle Ihres Kindes Ihren eigenen Kindheitsschmerz wieder aufrühren.**

Die intensiven Gefühle eines Kindes können den emotionalen Schmerz, den Sie vielleicht jahrelang erfolgreich begraben hatten, wieder hervorholen. Dann können die Weinanfälle oder Wutausbrüche Ihres Kindes Sie so sehr zur Verzweiflung treiben, dass Sie nur noch um sich schlagen möchten.

»Es ist niemals angebracht, Ihr Kind als Ihren kleinen Vertrauten oder Berater zu behandeln.«

»Es tut so gut, mit dir zu sprechen.«

Wenn Sie die meiste Zeit mit Ihren Kindern allein sind, versorgt Sie niemand mit dem wichtigen emotionalen Ausgleich, den Sie benötigen, um das Niveau Ihrer körperlichen Erregung zu senken. Zeit mit anderen Erwachsenen zu genießen kann den Zustand Ihres Gehirns von gestresst in ruhig umändern. Sie könnten beispielsweise Elterngruppen besuchen, um Erwachsene zu treffen.

Kulturen, in denen ein Kind von der ganzen Sippe oder vom ganzen Dorf großgezogen werden, sorgen dadurch für das emotionale Wohlbefinden von Eltern und Kindern. Das Gleiche gilt auch für viele Tierarten, die ihren Nachwuchs in der Herde oder im Rudel aufziehen.

»Die intensiven Gefühle eines Kindes können den emotionalen Schmerz, den sie jahrelang erfolgreich begraben hatten, wieder hervorholen.«

Wenn Sie sich oft so fühlen, sollten Sie zuerst prüfen, ob Ihr emotionaler Zustand nicht von einem oder mehreren Umständen abhängt, die Ihre positive Chemie im Gehirn aus dem Gleichgewicht bringen können, wie Müdigkeit, Hunger, schlechte Ernährung, zu viel Kaffee oder zu viel Zeit allein. Wenn Sie sicher sind, dass nichts davon der Grund dafür ist, können es Erinnerungen aus der Kindheit sein. Erwarten Sie nicht, dass Sie eine klare Erinnerung daran haben, was Sie jetzt so aus der Fassung bringt. In der Kindheit werden sensitive Erinnerungen (z. B. Empfindungen, Gefühle und Bilder) gespeichert, die aber noch nicht so weit »verdrahtet« sind, um sie unter »Ereignisse«, wie »Mama hat dies zu mir gesagt und das mit mir gemacht« abspeichern zu können. Hat man Sie als Säugling lange schreien lassen, werden Sie sich an das Ereignis selbst nicht erinnern, aber an das Gefühl der Trostlosigkeit und Verzweiflung. Wenn Sie diese Gefühle häufig verspüren, ist es am besten, eine psychologische Beratung oder Therapie in Anspruch zu nehmen.

»Ich schaffe das alles nicht allein.«

Sie brauchen Unterstützung, wenn Sie über längere Zeit der einzige emotionale Regulator Ihrer Kinder sind. Studien über Isolation zeigen, dass durch langes Alleinsein der Spiegel der positiven Botenstoffe sinken und der der Stresshormone steigen kann. Eine Studie hat sogar ergeben, dass Isolation ein größeres Gesundheitsrisiko als das Rauchen sein kann.[19]

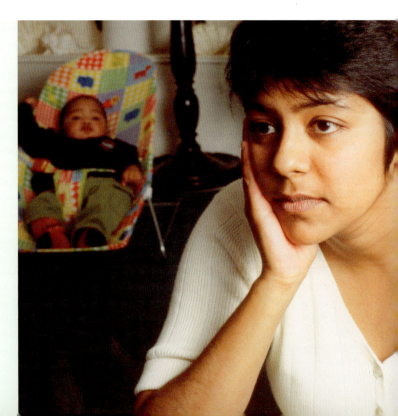

■ **Sie brauchen auch besondere Hilfe, wenn sie unter Depressionen leiden.**

Die klinische Depression unterscheidet sich von den vorübergehenden depressiven Verstimmungen, die die meisten Menschen von Zeit zu Zeit haben. Die echte Depression ist eine Erkrankung, bei der das Gehirn ständig mehr und mehr Stresshormone freisetzt. Dadurch wird die Freisetzung positiver Botenstoffe im Gehirn blockiert. Das Ergebnis ist eine Art »Hölle auf Erden«.[20] Die Welt verliert ihre ganze Freundlichkeit. Sie verlieren das Interesse oder die Freude an nahezu all Ihren Aktivitäten. Sie können Schlafstörungen haben oder zu viel schlafen. Sie sind sprachlos und haben ein ausgeprägtes und unangebrachtes Schuldgefühl. Sie erfreuen Sie nicht an Ihren Kindern und machen sich auch keine Sorgen, dass ihnen etwas zustoßen könnte, da die klinische Depression auch das FÜRSOR-

»Depressionen sind kein Grund, sich schuldig zu fühlen.«

GE-SYSTEM und den SPIELTRIEB im unteren Teil des Gehirns blockieren und Sie Ihrer mütterlichen Gefühle berauben kann. Sie verspüren keinen Drang, mit Ihren Kindern zu spielen.

Wenn Sie meinen, an ernsthaften Depressionen zu leiden, sollten Sie sich nicht schuldig fühlen oder einsam leiden. Suchen Sie Ihren Arzt auf und erklären Sie ihm Ihre Gefühlssituation. Untersuchungen zeigen, dass Antidepressiva in Kombination mit einer psychologischen Beratung oder Therapie die wirkungsvollste Behandlung darstellen.

■ **Verlust oder Trauma sind weitere Gründe dafür, spezielle Hilfe in Ihrer Rolle als Elternteil zu benötigen.**

Wenn Sie sich gerade in einer sehr stressreichen Situation befinden, werden sich Ihre Gefühle einen Weg in die Erziehung Ihrer Kinder bahnen. Es funktioniert eben nicht, die Gefühle einschneidender Ereignisse unter den Teppich zu kehren.

BEDENKEN SIE …

Lehrer brauchen genau wie Eltern den interaktiven Ausgleich, wenn sie die Emotionen der Kinder in ihrer Obhut regulieren sollen. Idealerweise sollten alle Lehrer deshalb regelmäßige Beratung erhalten. Das Unterrichten als Teil eines Lehrerteams kann auch bedeuten, dass sich die Teamkollegen untereinander die notwendige interaktive Regulierung geben (s. S. 258).

Für viele Kinder, die zu Hause keine herzliche, emotional sensible Erziehung genießen durften, bietet die Schule eine zweite Chance, ihr emotionales und soziales Gehirn zu entwickeln. Sind die Lehrer chronisch gestresst, erhalten die Kinder in ihrer Obhut diese zweite Chance nicht. Dies sind wichtige Überlegungen für jede Regierung und jedes Schulsystem.

Ob es Ihnen gefällt oder nicht, Kinder sind Barometer für den Stress und den Schmerz der Eltern. Tatsächlich ist der rechte Stirnlappen in der Lage, die emotionale Atmosphäre und die unterdrückten Gefühle einer anderen Person in Millisekunden genau zu erfassen. Ihr Kind wird auf Ihren Stress nicht mit Worten reagieren, seine Reaktion wird sich vielleicht durch schlechtes Benehmen oder Symptome wie Bettnässen, Ess- oder Schlafstörungen zeigen. Manche emotional eloquenten Kinder können darüber sprechen. Wie die sechsjährige Gemma sagte: »Es ist wirklich schwierig, eigene Gefühle zu haben, wenn Papa seine die ganze Zeit hat.«

Untersuchungen zeigen, dass der emotionale Ballast der Eltern nur allzu leicht dazu führen kann, dass auch ihre Kinder im späteren Leben unter Depressionen, Anspannungen oder Aggressionen leiden.[21] Noch einmal: Die Lösung für Ihr Problem ist eine psychologische Beratung oder Therapie.

»Emotionaler Ballast der Eltern kann Anspannung bei Kindern bewirken.«

Wie kann eine Therapie helfen?

Psychotherapie ist ein Oberbegriff für viele verschiedene Arten der Gesprächstherapie, die Ihnen helfen sollen zu verstehen, wie sich Ihre eigene Kindheit immer noch auf Ihr jetziges Verhalten auswirkt. Eine psychologische Beratung ist im Allgemeinen kürzer und problembezogener, kann Ihnen aber ebenfalls dabei helfen, sich über Ihre Gefühle klar zu werden, wie Sie sich selbst und andere jetzt und in der Vergangenheit betrachten. Auch wenn Sie nicht ausreichend Mitgefühl, Verständnis und dauerhafte emotionale Regulierung von Ihren Eltern erhalten haben, ist es noch nicht zu spät. Eine Therapie kann diese Defizite ausgleichen. Ihr Großhirn ist formbar und immer noch fähig, sich zu verändern, sogar im Erwachsenenalter.

F Können mich die intensiven Gefühle meines Kindes überfordern?

Manche Eltern finden es schwierig, die starken Gefühle ihres Kindes zu ertragen, und verstehen vielleicht nicht, dass diese dem Alter und der Entwicklung ihres Kindes entsprechen. Das rührt üblicherweise daher, dass diese Eltern in ihrer eigenen Kindheit zu wenig emotionale Regulierung erhalten und das Gefühl entwickelt haben, dass starke Gefühle »gefährlich« sind. Deshalb befinden sie sich immer wieder in der Situation, von ihren Kindern nur »freundliche« Gefühle zu verlangen, bestrafen Gefühlsregungen, obwohl sie der Entwicklung ihres Kindes entsprechen, und das Kind ist mit seinen unkontrollierbaren Gefühlen sich selbst überlassen. Eine Psychotherapie oder Beratung der Eltern ist wirklich ein Geschenk für das Kind. Eine Therapie kann Ihnen helfen, mit der emotionalen Intensität Ihres Kindes umzugehen, statt ihm die Botschaft zu vermitteln, dass Leidenschaft und Erregung nicht akzeptabel sind.

VERSUCHEN SIE ES...

Verbringen Sie Zeit mit Menschen, an denen Ihnen etwas liegt. Herzliche, bedeutungsvolle Interaktionen mit anderen bringen die Chemie Ihres Gehirns und Ihre körperliche Erregung in einen optimalen Zustand zurück. Umarmungen und warme, liebevolle Berührungen Ihres Partners lösen die Freisetzung von Oxytocin aus. Das gibt Ihnen ein warmes, beruhigendes Gefühl.

▪ **Eine Therapie kann eine starke emotionale Interaktion bieten, durch die Sie effektive Stressregulationssysteme in Ihrem Gehirn anlegen können.**

Sie kann auch gewohnheitsmäßigen negativen emotionalen Zuständen ein Ende setzen, die verursachen, dass Sie sich wiederholt angespannt, wütend oder depressiv fühlen. Manchen Menschen ermöglicht eine Therapie, sich zum ersten Mal in ihrem Leben wirklich ruhig und in Frieden mit sich selbst zu fühlen.[22]

▪ **Es heißt: »Die Vergangenheit soll man ruhen lassen.« Wenn Sie jedoch einen qualvollen Verlust erlitten oder eine schmerzvolle Kindheit hatten, sollten Sie genau das nicht tun.**

Die Vergangenheit wird nur dann zur Vergangenheit, wenn Sie sich in der Gegenwart mit jemandem an sie erinnern, der Ihnen die Sicherheit gibt, gefahrlos über Ihr frühes Leben nachdenken zu können. Das ist die Rolle eines psychologischen Beraters oder Therapeuten. Untersuchungen zeigen, dass Erwachsene, die sich ihren emotionalen Schmerz eingestehen, die emotional unzureichende Erziehung, die sie selbst erhalten haben, bei ihren eigenen Kindern nicht wiederholen.[23] Normalerweise können

> »Eine Gesellschaft, die Wert auf Kinder legt, muss die Eltern schätzen.«

Sie diese Art der emotionalen Regulierung nicht von einem Freund, Partner oder Verwandten erhalten, weil diese Beziehungen wechselseitig sind. Ein Therapeut ist nur für Sie allein da.

Vielleicht sollten wir mit einem Zitat des sechsjährigen Jamie enden, dessen Mutter nach dem Tod ihres Vaters eine Therapie benötigte. Eines Tages sagte Jamie zu seinem Lehrer: »Heute bin ich im siebten Himmel, mit meinem glücklichsten Gesicht.« Als er gefragt wurde, warum, antwortete er: »Jemand hilft meiner Mama mit ihrem schlechten Wetter in ihrem Herzen. Es war sehr kalt und nass in unserer Familie!«

Merksätze

- **Schonen Sie sich**, wenn Sie schwanger sind – wenn Sie gestresst sind, ist es auch Ihr ungeborenes Kind.

- **Als Bezugsperson** verbringen Sie viel Zeit damit, die Gefühle Ihres Kindes zu regulieren. Aber auch Sie müssen emotional auftanken – durch eine kinderfreie Zeit mit ausgeglichenen, beruhigenden Erwachsenen.

- **Gönnen Sie sich Schonung.** Wenn Sie immer weitermachen, obwohl Sie sich gestresst fühlen, spürt Ihr Kind die negative Chemie Ihres Gehirns.

- **Finden Sie Aktivitäten,** die die Freisetzung natürlicher beruhigender Botenstoffe im Gehirn fördern.

- **Wenn Sie wirklich Probleme haben**, sprechen Sie mit Ihrem Arzt oder konsultieren Sie einen Psychotherapeuten.

Quellennachweis

DAS GEHIRN IHRES KINDES

1. Panksepp J (1998) *Affective Neuroscience: The Foundations of Human and Animal Emotions*, Oxford University Press, Oxford: 75.

2. Sagan C (2005) *Dragons of Eden: Speculations on the Evolution of Human Intelligence*, Black Dog & Leventhal, New York (dt. *Und werdet sein wie Götter. Das Wunder der menschlichen Intelligenz*, Droemer Knaur, München 1978).

3. MacLean PD (2003) *The triune brain in evolution: Role in paleocerebral functions*, Plenum Press, New York.

4. Sagan C (2005) *Dragons of Eden: Speculations on the Evolution of Human Intelligence*, Black Dog & Leventhal, New York (dt. *Und werdet sein wie Götter. Das Wunder der menschlichen Intelligenz*, Droemer Knaur, München 1978). • Eccles JC (2005) *Evolution of the Brain*, Routledge Books, London (dt. *Die Evolution des Gehirns: Die Erschaffung des Selbst*, Piper, München 2002).

5. Panksepp J (1998) *Affective Neuroscience: The Foundations of Human and Animal Emotions*, Oxford University Press, Oxford: 47.

6. Raine A, et al. (1998) Reduced prefrontal and increased subcortical brain functioning assessed using positron emission tomography in predatory and affective murderers, *Behavioural Sciences and the Law* 16: 319-32. • Dawson G, et al. (2000) The role of early experience in shaping behavioral and brain development and its implications for social policy, *Development and Psychopathology* Autumn; 12(4): 695-712.

7. Schore A (2003) *Affect Regulation and Disorders of the Self*, WW. Norton and Co., New York: 9-13. • Hofer MA (1990) *Early symbolic processes: Hard evidence from a soft place.* • In Gick RA & Bore S (Eds), *Pleasure beyond the pleasure principle*, New Haven; Yale University Press: 55-78.

8. Blunt Bugental D, et al. (2003) The hormonal costs of subtle forms of infant maltreatment, *Hormones and Behaviour* Jan; 43(1): 237-44. • Gunnar MR, et al. (2002) Social regulation of the cortisol levels in early human development, *Psychoneuroendocrinology* Jan-Feb; 27(1-2): 199-220. • Anisman H, et al. (1998) Do early-life events permanently alter behavioral and hormonal responses to stressors? *International Journal of Developmental Neuroscience* Jun-Jul; 16(3-4): 149-64.

9. Beatson J, et al. (2003) Predisposition to depression: the role of attachment, *The Australian and New Zealand Journal of Psychiatry* Apr; 37(2): 219-25. • Gordon M (2003) Roots of Empathy: responsive parenting, caring societies, *The Keio Journal of Medicine* Dec; 52(4): 236-43. • de Kloet ER, et al. (2005) Stress, genes and the mechanism of programming the brain for later life, *Neuroscience and Biobehavioral Reviews* Apr; 29(2): 271-81.

10. Hariri AR, et al. (2000) Modulating emotional responses: effects of a neocortical network on the limbic system, *Neuroreport* Jan 17; 11(1): 43-8. • Barbas H, et al. (2003) Serial pathways from primate prefrontal cortex to autonomic areas may influence emotional expression, *Neuroscience* Oct 10; 4(1): 25.

11. Davidson RJ, et al. (2000) Dysfunction in the neural circuitry of emotion regulation – a possible prelude to violence, *Science* Jul 28; 289(5479): 591-94. • Davidson RJ, et al. (2000) Probing emotion in the developing brain: functional neuroimaging in the assessment of the neural substrates of emotion in normal and disordered children and adolescents, *Mental Retardation and Developmental Disabilities Research Reviews* 2000; 6(3): 166-70.

12. Cozolino, LJ (2002) *The Neuroscience of Psychotherapy: Building and Rebuilding the Human Remain*, W. W. Norton & Co., London. • Lacroix L, et al. (2000) Differential role of the medial and lateral prefrontal cortices in fear and anxiety, *Behavioral Neuroscience* Dec; 114(6): 1119-30.

13. Ito M, et al. (2003) Why »Nurturing the brain« now? *Brain Science Institute* Mar; 35(2): 117-20. • Rosenfeld P, et al. (1991) Maternal regulation of the adrenocortical response in preweanling rats, *Physiology & Behavior* Oct; 50(4): 661-71.

14. Bowlby J (1973) *Attachment and Loss, Volume 2: Separation, Anxiety and Anger*, Hogarth Press, London (dt. *Trennung: Psychische Schäden als Folge der Trennung von Mutter und Kind*, Kindler, München 1976).

15. Sanchez MM, et al. (2001) Early adverse experience as a developmental risk factor for later psychopathology, *Development and Psychopathology* Summer; 13(3): 419-49. • Preston SD, et al. (2002) Empathy: Its ultimate and proximate bases, *The Behavioral and Brain Sciences* Feb; 25(1): 1-20; discussion 20-71. • Field T (1994) The effects of mother's physical and emotional unavailability on emotion regulation, *Monographs of the Society for Research in Child Development* 59; (2-3): 208-27.

SCHREIEN UND ALLEINGELASSEN-WERDEN

1. Panksepp J, et al. (1978) The biology of social attachments: opiates alleviate separation distress, *Biological Psychiatry* Oct 13: 607-18.

2. Kitzinger S (2005) *Understanding your Crying Baby*, Carroll and Brown, London.

3. Leach P (2003) *Your Baby & Child*, Dorling Kindersley, London: 273 (dt. *Die ersten Jahre deines Kindes*, dtv, München 2001).

4. Dawson G, et al. (2000) The role of early experience in shaping behavioural and brain development and its implications for social policy, *Developmental Psychology* Autumn; 12(4): 695-712. • Gunnar MR (1989) Studies of the human infant's adrenocortical response to potentially stressful events, *New Directions for Child Development* Fall: 3-18.

5. Gunnar MR, et al. (2002) Social regulation of the cortisol levels in early human development, *Psychoneuroendocrinology* Jan-Feb: 199-220. • Ashman SB, et al. (2002) Stress hormone levels of children of depressed mothers. *Development and Psychopathology* Spring: 333-49. • Blunt Bugental D, et al. (2003) The hormonal costs of subtle forms of infant maltreatment, *Hormones and Behaviour* Jan: 237-44.

6. Zubieta JK, et al. (2003) Regulation of Human Affective Responses by Anterior Cingulate and Limbic and µ-Opioid Neurotransmission, *General Psychiatry* Nov; 60(11): 1037-1172. • Panksepp J (1998) *Affective Neuroscience*, Oxford University Press, New York: 250.

7. Eisenberger NI, et al. (2003) Does rejection hurt? An FMRI study of social exclusion, *Science* Oct: 290-92. • Panksepp J. (2003) Neuroscience. Feeling the pain of social loss, *Science* Oct 10; 302(5643): 237-39.

8. Gerhardt S (2004) *Why love matters: How affection shapes a baby's brain*, Brunner-Routledge, Kings Lynn.

9. Heim C, et al. (1997) Persistent changes in corticotrophin-releasing factor systems due to early life stress, *Psychopharmacology Bulletin*: 185-92. • Beatson J, et al. (2003) Predispositions to depression: the role of attachment, *The Australian and New Zealand Journal of Psychiatry*, Apr: 219-25. • Plotsky PM, et al. (1998) Psychoneuroendocrinology of depression. Hypothalamic-pituitary-adrenal axis, *The Psychiatric Clinics of North America* June: 293-307.

10. McEwen BS, et al. (1999) Stress and the aging hippocampus, *Neuroendocrinology* Jan: 49-70. • Bremner JD, et al. (1998) The effects of stress on memory and the hippocampus throughout the life cycle, *Developmental Psychology* Fall; 10(4): 871-85. • Moghaddam B, et al. (1994) Glucocorticoids mediate and the stress induced extracellular accumulation of glutamate, *Brain Research*: 655, 251-54.

11. Bremner JD (2003) Long-term effects of childhood abuse on brain and neurobiology, *Child and Adolescent Psychiatric Clinics of North America* Apr: 271-92. • Rosenblum LA, et al. (1994) Adverse early experiences affect noradrenergic and serotonergic functioning in adult primates, *Biological Psychiatry* Feb 15: 221-27. • Herlenius E, et al. (2001) Neurotransmitters and neuromodulators during early human development, *Early Human Development* Oct: 21-37.

12. Zubieta JK, et al. (2003) Regulation of Human Affective Responses by Anterior Cingulate and Limbic and µ-Opioid Neurotransmission, *General Psychiatry* Nov 60 (11): 1037-1172.

13. Ludington-Hoe SM, et al. (2002) Infant crying: nature, physiologic consequences, and select interventions, *Neonatal Network* Mar 21: 29-36. • Bergman N (2005) More than a cuddle: skin-to-skin contact is key, *The Practising Midwife* Oct; 8(9): 44.

14. Ribble M (1998) Disorganising factors of infant personality, *Americal Journal of Psychiatry*: 459-463. • Uvnas-Moberg K (1998) Oxytocin may mediate the benefits of positive social interaction and emotions, *Psychoneuroendocrinology* Nov: 819-35. • Haley DW, et al. (2003) Infant stress and parent responsiveness: regulation of physiology and behavior during still-face and reunion, *Child Development* Sep-Oct: 1534-46.

15. Caldji C, et al. (2000) The effects of early rearing environment on the development of GABAA and central benzodiazepine receptor levels and novelty-induced fearfulness in the rat, *Neurophsychopharmacology* Mar: 219-29. • Hsu FC, et al. (2003) Repeated neonatal handling with maternal separation permanently alters hippocampal GABAA receptors and behavioural stress responses, *Proceedings of the National Academy of Sciences of the United States of America* Oct 14: 12213-18.

16. Graham YP, et al. (1999) The effects of neonatal stress on brain development: implications for psychopathology, *Development and Psychopathology* Summer: 545-65. • Habib KE, et al. (2001) Neuroendocrinology of Stress, *Endocrinology and Metabolism Clinics of North America* Sep: 695-728; vii-viii. • Levenson RW (2003) Blood, Sweat, and Fears – The Architecture of Emotion, *Annals of the New York Academy of Sciences* 1000: 348-66.

17. Field T (1994) The effects of mother's physical and emotional unavailability on emotion regulation, *Monographs of the Society for Research in Child Development* 59; (2-3): 208-27. • Siniatchkin M, et al. (2003) Migraine and asthma in childhood, *Cephalalgia* Oct; 23(8): 790-802. • Donzella B, et al. (2000) Cortisol and vagal tone responses to competitive challenge in preschoolers, *Developmental Psychobiology* Dec;37(4): 209-20.

18. Stam R, et al. (1997) Trauma and the gut: interactions between stressful experience and intestinal function. • Alfven G (2004) Plasma oxytocin in children with recurrent abdominal pain, *Journal of Pediatric Gastroenterology and Nutrition* May; 38(5): 513-17. • Jarrett ME, et al. (2003) Anxiety and depression are related to autonomic nervous system function in women with irritable bowel syndrome, *Digestive Diseases and Sciences* Feb; 48 (2): 386-94. • Heaton, K (1999) *Your Bowels*, British Medical Association/Dorling Kindersley, London: 34 (s. a. ders.: *Verdauungsbeschwerden*, Dorling Kindersley, Starnberg 2001).

19. Kramer KM, et al. (2003) Developmental effects of oxytocin on stress response, *Physiology & Behavior* Sept; 79(4-5): 775-82. • Carter CS (2003) Developmental consequences of oxytocin, *Physiology & Behavior* Aug; 79(3): 383-97. • Liu D, et al. (1997) Maternal care, hippocampal glucocorticoid receptors, and hypothalamic-pituitary-adrenal responses to stress, *Science* Sept 12; 277(5332): 1659-62.

20. Jackson D (2004) *When Your Baby Cries*, Hodder-Mobius, London: 99.

21. Murray L, Andrews L (2000) *The social baby: Understanding babies' communication from birth*, CP Publishing, Richmond (dt. *Das kommunikative Baby: Kontakt vom ersten Augenblick*, Beust, München 2002).

22. Cacioppo JT, et al. (2002) Loneliness and Health: Potential Mechanisms, *Psychosomatic Medicine* May-June: 407-17.

23. Panksepp J (2003) Neuroscience. Feeling the pain of social loss, *Science* 2003 Oct 10; 302(5643): 237-39.

24. Caldji C, et al. Variations in Maternal Care Alter GABA, Receptor Subunit Expression in Brain Regions Associated with Fear, *Neuropsychopharmacology* (2003) 28: 1950-59.

25. Chugani HT, et al. (2001) Local brain functional activity following early deprivation: a study of postinstitutionalized Romanian orphans, *Neuroimage* Dec: 1290-1301.

26. Paul J, et al. (1986) Positive effects of tactile versus kinaesthetic or vestibular stimulation an neuroendochrine and ODC activity in maternally deprived rat pups, *Life Science*: 2081-7. • Sanchez MM, et al. (2001) Early adverse experience as a developmental risk factor for later psychopathology, *Development and Psychopathology* Summer: 419-49. • Kuhn CM, et al. (1998) Responses to maternal separation, *International Journal of Developmental Neuroscience* Jun-Jul: 261-70.

27. Robertson J, et al. (1969) »John – 17 Months: Nine Days in a Residential Nursery«, 16mm film/video: The Robertson Centre. Accompanied by a printed »Guide to the Film« Series: British Medical Association/ Concord Film Council.

28. Ahnert L, et al. (2004) Transition to child care: associations with infant-mother attachment, infant negative emotion, and cortisol elevations, *Child Development* May-Jun: 639-50. • Watermura SE, et al. (2002) Rising cortisol at childcare; Relations with nap, rest and temperament, *Developmental Psychobiology* Jan: 33-42. • Dettling AC, et al. (1999) Cortisol levels of young children in full-day childcare centres, *Psychoneuroendocrinology* Jun: 519-36.

29. Hertsgaard L, et al. (1995) Adrenocortical responses to the strange situation in infants with disorganized/disorientated attachment relationships, *Child Development* 66: 1100-06. • Gunnar MR (1989) Studies of the human infant's adrenocortical response to potentially stressful events, *New Directions for Child Development* Fall: 3-18.

30. Belsky J (2001); Emanuel Miller lecture. Developmental risks (still) associated with early child care, *Journal of Child Psychology and Psychiatry*, Oct: 845-59. • Belsky J, et al. (1996) Trouble in the second year, *Child Development* Apr: 556-78.

31. Gunnar MR, et al. (1992) The stressfulness of separation among nine-month-old infants: effects of social context variables and infant temperament, *Child Development* Apr: 290-303. • Dettling AC, et al. (2000) Quality of care and temperament determine changes in cortisol concentrations over the day for young children in childcare, *Psychoneuroendocrinology* Nov: 819-36.

32. Harlow HF, et al. (1979) *Primate Perspectives*, John Wiley, New York/London. • Harlow C (1986) *From learning to love*, Praegar Publications, New York.

33. Ladd CO, et al. (1996) Persistent changes in corticotropin-releasing factor neuronal systems induced by maternal deprivation, *Endocrinology* Apr: 1212-18. • Sanchez MM, et al. (2001) Early adverse experience as a developmental risk factor for later psychopathology, *Development and Psychopathology* Summer: 419-49.

34. Bowlby J (1973) *Attachment and Loss, Volume 2: Separation, Anxiety and Anger*, Hogarth Press, London (dt. Trennung: *Psychische Schäden als Folge der Trennung von Mutter und Kind*, Kindler, München 1976). • Bowlby J (1979) *The Making and Breaking of Affectional Bonds*, Tavistock, London (dt. *Das Glück und die Trauer. Herstellung und Lösung affektiver Bindungen*, Klett-Cotta, Stuttgart, 2001). • Bowlby J (1988) *A Secure Base: Clinical Applications of Attachment Theory*, Routledge, London (dt. *Elternbindung und Persönlichkeitsentwicklung. Therapeutische Aspekte der Bindungstheorie*, Dexter, Heidelberg, 1995).

SCHLAF UND SCHLAFENSZEIT

1. Davis KF, et al. (2004) Sleep in infants and young children: part two: common sleep problems, *Journal of Pediatric Health Care* May-Jun; 18(3): 130-7. • Hiscock H, et al. (2004) Problem crying in infancy, *The Medical Journal of Australia* Nov 1; 181(9): 507-12. • Lam P, et al. (2003) Outcomes of infant sleep problems: a longitudinal study of sleep, behavior, and maternal well-being, *Pediatrics* Mar; 111(3): e203-7.

2. Frost J (2005) *Supernanny*, Hodder & Stoughton, London (dt. *Powernanny: Das Beste für Ihr Kind*, Goldmann, München 2005). • Byron T, et al. (2003) *Little Angels*, BBC Worldwide Learning, London.

3. Harrison Y (2004) The relationship between daytime exposure to light and night-time sleep in 6-12 week old infants, *Journal of Sleep Research* Dec; 13(4): 345-52.

4. McKenna JJ, et al. (1993) Infant-parent co-sleeping in an evolutionary perspective:, *Sleep* Apr; 16(3): 263-82. • Field T (1994) The effects of mother's physical and emotional unavailability on emotion regulation, *Monographs of the Society for Research in Child Development* 59; (2-3): 208-27. • Richard C, et al. (1996) Sleeping position, orientation, and proximity in bed sharing infants and mothers, *Sleep* Nov; 19(9): 685-90.

5. McKenna JJ (1986) An anthropological perspective on the sudden infant death syndrome (SIDS). The role of parental breathing cues and speech breathing adaptations, *Medical Anthropology* 10; 9-53. • Bergman N (2005) More than a cuddle: skin-to-skin contact is key, *The Practising Midwife* Oct; 8(9): 44. • Cacioppo JT, et al. (2002) Loneliness and health, *Psychosomatic Medicine* May-June; 64(3): 407-17.

6. Bergman, N (2005) More than a cuddle: skin-to-skin contact is key, *The Practising Midwife* Oct; 8(9): 44. • Jackson D (1999) *Three in a bed: The benefits of sleeping with your baby*, Bloomsbury, London (dt. *Drei in einem Bett. Schlafen mit Kind*, Rowohlt, Reinbek 1991).

7. Kramer KM, et al. (2003) Developmental effects of oxytocin on stress response: single versus repeated exposure, *Physiology and Behaviour* Sept; 79(4-5): 775-82. • Hofer MA (1996) On the nature and consequences of early loss, *Psychosomatic Medicine* Nov-Dec 58(6): 570-81. • Buckley P, et al. (2002) Interaction between bed sharing and other sleep environments during the first six months of life, *Early Human Development* Feb; 66(2): 123-32.

8. Keller M, et al. (2000) Co-sleeping and children independence; challenging the myths; in McKenna J (Ed.) *Safe Sleeping with Baby: Evolutionary, Developmental and Clinical Perspectives*, University of California Press, California. • McKenna J (2000), Cultural influences on infant and childhood sleep biology and the science that studies it: toward a more inclusive paradigm; in Loughlin J, Carroll J, Marcus C (Eds.) *Sleep in Development and Pediatrics*, Marcel Dekker, New York: 99-230. • McKenna J, et al. (2005) Why babies should never sleep alone: A review of the co-sleeping controversy in relation to SIDS, bedsharing and breast feeding, *Paediatric Respiratory Reviews* 6(2): 134-52.

9. Horne J (1985) *New Scientist* Dec 1985; cited in Jackson D (1999) *Three in a bed: The benefits of sleeping with your baby*,

Bloomsbury, London (dt. *Drei in einem Bett. Schlafen mit Kind*, Rowohlt, Reinbek 1991).

10. »Jeanine Young (1998), *Bedsharing with Babies; The Facts*. • Jackson D (1999) *Three in a bed: The benefits of sleeping with your baby*, Bloomsbury, London (dt. *Drei in einem Bett. Schlafen mit Kind*, Rowohlt, Reinbek 1991).

11. Gaultier C (1995) Cardiorespiratory adaptation during sleep in infants and children, *Pediatric Pulmonology* Feb; 19(2): 105-17.

12. Kibel MA, et al. (2000) Should the infant sleep in mother's bed? In *Sixth SIDS International Meeting Auckland New Zealand* Feb 8-11. • Farooqi S (1994) Ethnic differences in infant care practices and in the incidence of sudden infant death syndrome in Birmingham, *Early Human Development* Sep 15; 38(3): 209-13.

13. »Nobody understood my questions; the concept of sudden infant death or cot death was apparently unknown among professionals and lay people in such different places as Peking, Hsi-An, Loyang, Nanking, Shanghai, and Canton. Furthermore I learned that Chinese babies sleep with their mothers ... Ever since then I have held the view that even if it happens during the day, cot death is a disease of babies who spend their nights in an atmosphere of loneliness and that cot death is a disease of societies where the nuclear family has taken over.« Michael Odent, *Lancet* 1986 Jan 25; cited in Jackson D (1999) *Three in a bed: The benefits of sleeping with your baby*, Bloomsbury, London (dt. *Drei in einem Bett. Schlafen mit Kind*, Rowohlt, Reinbek 1991).

14. Davies DP (1985) Cot death in Hong Kong: a rare problem? *Lancet* 2: 1346-48.

15 and 16. Studies cited in Jackson (1999) *Three in a bed: The benefits of sleeping with your baby*, Bloomsbury, London: 106-30 (dt. *Drei in einem Bett. Schlafen mit Kind*, Rowohlt, Reinbek 1991).

17. Bergman N (2005) More than a cuddle: skin-to-skin contact is key, *The Practising Midwife* Oct; 8(9): 44.

18. Latz S, et al. (1999) Co-sleeping in context, *Archives of Pediatrics & Adolescent Medicine* Apr; 153(4): 339-46. • Lozoff B, et al. (1996) Co-sleeping and early childhood sleep problems, *Journal of Developmental and Behavioral Pediatrics* Feb; 17(1): 9-15.

19. Pantley E (2005) *The No-Cry Sleep Solution*, McGraw-Hill, New York: 327.

20. Pantley E (2005) *The No-Cry Sleep Solution*, McGraw-Hill, New York: 9. • Zhong X, et al. (2005) Increased sympathetic and decreased parasympathetic cardiovascular modulation in normal humans with acute sleep deprivation, *Journal of Applied Physiology* Jun; 98(6): 2024-32.

21. »Infants are observed to be ›staring into space with a glazed look‹. The fear or terror involves numbing, avoidance, compliance, mediated by high levels of behaviour-inhibiting cortisol, pain-numbing endogenous opioids, … dissociation is ›the escape where there is no escape‹« Putnam (1997); »a last resort defensive strategy« Dixon (1998). Schore, A (2003) *Affect Regulation and the Repair of the Self*: 66-67, WW. Norton & Co., New York. • Hertsgaard L, et al. (1995) Adrenocortical responses to the strange situation in infants with disorganized/disorientated attachment relationships, *Child Development* 66, 1100-06. • Perry BD, et al. (1995) Childhood trauma, the neurobiology of adaptation, and ›use dependent‹ development of the brain. How ›states‹ become ›traits.‹ *Infant Mental Health Journal* 16: 271-91.

22. Post RM, et al. (1994) Recurrent affective disorder: Roots in developmental neurobiology and illness progression based on changes in gene expression, *Development and Psychopathology* 6: 781-813. • Levine S, et al. (1993) Temporal and social factors influencing behavioral and hormonal responses to separation in mother and infant squirrel monkeys, *Psychoneuroendocrinology* 18(4): 297-306. • Silove D, et al. (1996) Is early separation anxiety a risk factor for adult panic disorder? A critical view, May-June; 37(3): 167-79.

23. Bremner JD, Innis RB, Southwick SM, et al. (2000) Decreased benzodiazepine receptor binding in prefrontal cortex in combat-related posttraumatic stress disorder, *The American Journal of Psychiatry* Jul; 157 (7): 1120-6. • Adamec RE, et al. (1997) Blockade of CCK (B) but not CCK (A) receptors before and after the stress of predator exposure prevents lasting increases in anxiety-like behavior, *Behavioral Neuroscience* Apr; 111(2): 435-49. • Adamec R (1994) Modelling anxiety disorders following chemical exposures, *Toxicology and Industrial Health* Jul-Oct; 10(4-5): 391-420.

24. Ziabreva I, et al. (2003) Mother's voice »buffers« separation-induced receptor changes in the prefrontal cortex of Octodon degus, *Neuroscience* 119(2): 433-41. • Ziabreva I, et al. (2003) Separation-induced receptor changes in the hippocampus and amygdala of Octodon degus: influence of maternal vocalizations, *Journal of Neuroscience* Jun 15; 23(12): 5329-36.

25. Pantley, E (2005) *The no-cry sleep solution*, McGraw-Hill, New York: 327.

26. Field T, et al. (1996) Preschool Children's Sleep and Wake Behavior: Effects of massage therapy, *Early Child Development and Care* 120: 39-44. • Field T, Hernandez-Reif M (2001) Sleep problems in infants decrease following massage therapy, *Early Child Development and Care* 168: 95-104.

DIE CHEMIE DES SCHÖNEN LEBENS

1. »Each of us has his or her own … finest drugstore available at the cheapest cost – to produce all the drugs we ever need to run our body-mind.« Pert, CB (1997) *Molecules of Emotion*, Simon & Schuster, London: 271

2. Mahler, M (1968) *On Human Symbiosis and the Vicissitudes of Individuation*, International Universities Press, New York (dt. *Symbiose und Individuation*, Klett-Cotta, Stuttgart 1979).

3. McCarthy MM, et al. (1997) Central nervous system actions of oxytocin and modulation of behavior in humans, *Molecular Medicine Today* 3(6): 269-75 • Uvnas-Moberg K (1997) Physiological and endocrine effects of social contact, *Annals of the New York Academy of Sciences* 15; 807: 146-63 • Zubieta JK, et al. Regulation of Human Affective Responses by Anterior Cingulate and Limbic and μ-Opioid Neurotransmission, *General Psychiatry* Nov, 60(11): 1037-1172.

4. Heim C, et al. (2001) The role of childhood trauma in the neurobiology of mood and anxiety disorders: preclinical and clinical studies, *Biological Psychiatry* 15; 49(12): 1023-39.

5. Uvnas-Moberg K, et al. (2005) Oxytocin, a mediator of anti-stress, well being, social interaction, growth and healing, *Zeitschrift fur Psychosomatische Medizin und Psychotherapie* 51(1): 57-80 • Kramer KM, et al. (2003) Developmental effects of oxytocin on stress response:, *Physiology & Behavior* 79(4-5): 775-82 • Carter CS (2003) Developmental consequences of oxytocin, *Physiology & Behavior* 79(3): 383-97.

6. Plotsky PM, Thrivikraman KV, Meaney MJ (1993) Central and feedback regulation of hypothalamic corticotrophin-releasing factor secretion, *Ciba Foundation Symposium*: 172: 59-75.

7. Bowlby, J (1979) *The Making and Breaking of Affectional Bonds*, Tavistock, London (dt. *Das Glück und die Trauer. Herstellung und Lösung affektiver Bindungen*, Klett-Cotta, Stuttgart 2001).

8. Liu D, et al. (1997) Maternal care, hippocampal glucocorticoid receptors, and hypothalamic-pituitary-adrenal responses to stress. *Science* 277 (5332): 1659-62 • Caldji C, et al. (2003) Variations in Maternal Care Alter GABAA Receptor Subunit Expression in Brain Regions associated with Fear, *Neuropsychopharmacology* 28: 1950-59 • Scantamburlo G, et al. (2001) Role of the neurohypophysis in psychological stress, *Encephale* May-June 27(3): 245-59.

9. Francis DD, et al. (2002) Naturally occurring differences in maternal care are associated with the expression of oxytocin and vasopressin receptors. *Journal of Neuroendocrinology* 14: 349-53. • Flemming AS, et al. (1999) Neurobiology of mother-infant interactions; experience and central nervous system plasticity across development and generations, *Neuroscience and Biobehavioral Reviews* May: 673-685

10. Panksepp J (2004) *Personal communication*.

11. Depue RA, et al. (1994) Dopamine and the structure of personality: relation of agonist-induced dopamine activity to positive emotionality, *Journal of Personality and Social Psychology* 66(4): 762-775. • Panksepp J (1998) *Affective Neuroscience*, Oxford University Press, New York: 144 •

Damasio A (1996) *Descartes' Error*, Papermac, London: 183 (dt. *Descartes' Irrtum. Fühlen, Denken und das menschliche Gehirn*, List, Berlin 2004).

12. Aitken KJ, et al. (1997) Self/other organisation in human psychological development, *Development and Psychopathology* 9: 653-77 • Trevarthen C (1993) The Self born in intersubjectivity: The psychology of an infant communicating; cited in Neisser, U (Ed.) *The Perceived Self: ecological and interpersonal sources of self knowledge*, Press Syndicate of the University of Cambridge: 123 (1995).

13. Schore, A (1994) *Affect Regulation and the Origins of the Self – The Neurobiology of Emotional Development*, Lawrence Erlbaum Associates, New Jersey.

14. Schore, A (1997) Early organization of the nonlinear right brain and development of a predisposition to psychiatric disorders, *Development and Psychopathology* 9: 595-631; 603 • Schore, A (1996) The experience-dependent maturation of a regulatory system in the orbital prefrontal cortex and the origin of development psychopathology, *Development and Psychopathology* 8: 59-87

15. Beebe B, et al. (1988) The Contribution of Mother-Infant Mutual Influence to the Origins of Self- and Object Representations, *Psychoanalytic Psychology* 5(4): 305-337.

16. »Everyone looks for that sparkle in friends and lovers to ›make things happen‹. Most of all everybody is looking for energy within themselves: the motivation and drive to get up and do something …« Brown, B (1999), *Soul Without Shame: A Guide to Liberating Yourself from the Judge Within*, Shambhala Publications Inc, USA: 157.

17. Panksepp, J (1998) *Affective Neuroscience*, Oxford University Press, New York: 144.• »And when the brain's Seeking system is highly activated it helps … [people] to move their bodies effortlessly in search of the things they need, crave and desire.« Panksepp J, op.cit.: 53.

18. Depue RA, et al. (1999) Neurobiology of the structure of personality: dopamine, facilitation of incentive motivation, and extraversion, *The Behavioral and Brain Sciences* 22(3): 491-517 • Panksepp J (1998)

Affective Neuroscience, Oxford University Press, New York: 144.

19. Belz EE, et al. (2003) Environmental enrichment lowers stress-responsive hormones in singly housed male and female rats, *Pharmacology, Biochemistry, and Behavior*: 481-86. • Green TA, et al. (2003) Environmental enrichment decreases nicotine-induced hyperactivity in rats, *Psychopharmacology*: 235-41.

20. »In an experiment with rats, some of the rats were given an enriched environment with climbing tubes and running wheels, novel food and lots of social interaction. Two months later the rats in the enriched environment had an extra 50,000 brain cells in each side of the hippocampus [one of the memory and learning centers in the brain].« Fred Gage Salk, Institute for Biological Studies in La Jolla, California; cited Carper, J (2000) *Your Miracle Brain*, Harper Collins, New York: 31-32.

21. Raine A, et al. (2003) Effects of environmental enrichment at ages 3-5 years on schizotypal personality and antisocial behaviour at ages 17 and 23 years, *The American Journal of Psychiatry*: 1627-35.

22. Morley-Fletcher S, et al. (2003) Environmental enrichment during adolescence reverses the effects of prenatal stress on play behaviour and HPA axis reactivity in rats, *European Journal of Neuroscience* 18(12): 3367-74.

23. Murray, J (2001) TV Violence and Brainmapping in Children, *Psychiatric Times* XV111 (10).

24. Seib HM, et al. (1998) Cognitive correlates of boredom proneness: the role of private self-consciousness and absorption, *The Journal of Psychology* 132 (6): 642-52.

25. Barbalet JM (1999) Boredom and social meaning, *The British Journal of Sociology* 50(4): 631-46.

26. Bar-Onf ME (1999) Turning off the television, *British Medical Journal* April 24.

27. »People take psychostimulants to give them the very sense of vigorously pursuing courses of action that they would get from a healthy Seeking circuit. Cocaine produces a highly energised state of psychic power and engagement with the world.« Panksepp J (1998) *Affective Neuroscience*, Oxford University Press, New York: 118.

28. Gordon N, et al. (2003) Socially-induced brain »fertilization«: play promotes brain derived neurotrophic factor transcription in the amygdala and dorsolateral frontal cortex in juvenile rats, *Neuroscience Letters* 341(1-24): 17- 20.

29. Panksepp J, et al. (2003) Modeling ADHD-type arousal with unilateral frontal cortex damage in rats and beneficial effects of play therapy, *Brain and Cognition*.

30. Panksepp, J (1993) Rough and Tumble Play: A Fundamental Brain Process. In MacDonald, KB (Ed.) *Parents and Children Playing*, SUNY Press, Albany NY: 147-184. • Ikemoto S, Panksepp J (1992) The effects of early social isolation on the motivation for social play in juvenile rats, *Developmental Psychobiology* May; 25(4): 261-74.

31. Pellegrini A, et al. (1996) The effects of recess timing on children's playground and classroom behaviours, *American Educational Research Journal* 32 (4): 845-64. • Pellegrini A, et al. (1995) A developmental contextualist critique of attention deficit/hyperactivity disorder, *Educational Researcher* 24(1): 13-20.

32. Panksepp J, et al. (2003) Modeling ADHD-type arousal with unilateral frontal cortex damage in rats and beneficial effects of play therapy, *Brain and Cognition*.

33. Beatty WW, et al. (1982) Psychomotor stimulants, social deprivation and play in juvenile rats, *Pharmacology, Biochemistry, and Behavior* Mar; 16(3): 417-22.

34. Bolanos CA, et al. (2003) Methylphenidate treatment during pre- and periadolescence alters behavioral responses to emotional stimuli at adulthood, *Biological Psychiatry* Dec 15; 54(12): 1317-29 • Moll GH, et al. (2001) • Early methylphenidate administration to young rats causes a persistent reduction in the density of striatal dopamine receptors, *Journal of Child and Adolescent Psychopharmacology* Spring, 11(1): 15-24. • Nocjar C, Panksepp J (2002) Chronic intermittent amphetamine pretreatment enhances future appetitive behaviour for drug- and natural- reward: interaction with environmental variables, *Behavioural Brain Research* 128 (2), 22 January: 89-203.

35. Panksepp J, et al. (2003) Modeling ADHD-type arousal with unilateral frontal cortex damage in rats and beneficial effects of play therapy, *Brain and Cognition*.

36. Panksepp, J (1998) *Affective Neuroscience*, Oxford University Press, Oxford: 280.

SCHLECHTES BENEHMEN

1. Zhong X, et al. (2005) Increased sympathetic and decreased parasympathetic cardiovascular modulation in normal humans with acute sleep deprivation, *Journal of Applied Physiology* Jun; 98(6): 2024-32.

2. Alvarez GG, et al. (2004) The impact of daily sleep duration on health, *Progress in Cardiovascular Nursing* Spring; 19(2): 56-59. • Zohar D, et al. (2005) The effects of sleep loss on medical residents' emotional reactions to work events: a cognitive-energy model, Sleep Jan 1; 28(1): 47-54. • Vgontzas AN, et al. (2001) Chronic insomnia is associated with nyctohemeral activation of the hypothalamic-pituitary-adrenal axis: clinical implications, *The Journal of Clinical Endocrinology and Metabolism* Aug; 86(8): 3787-94.

3. »Research by J. Michael Murphy, of the Department of Psychiatry at Harvard Medical School, documents that a school breakfast improves academic performance, psychological well-being, and behavior … A lack of breakfast took a heavy toll emotionally.« Carper J (2000) *Your Miracle Brain*, Harper Collins, New York: 113-14.

4. Teves D, et al. (2004) Activation of human medial prefrontal cortex during autonomic responses to hypoglycemia, *Proceedings of the National Academy of Sciences of the United States of America* Apr 20; 101(16): 6217-21.

5. Richardson AJ, et al. (2005) The Oxford-Durham study: a randomized, controlled trial of dietary supplementation with fatty acids in children with developmental coordination disorder, *Pediatrics* 1115; 1360-66. • Innis SM (2000) The role of dietary n-6 and n-3 fatty acids in the developing brain, *Developmental neuroscience* Sep-Dec; 22(5-6): 474-80 • Wainwright PE (2002) Dietary essential fatty acids and brain function, *The Proceedings of the Nutrition Society* Feb: 61-69.

6. Boris M, et al. (1994) Foods and additives are common causes of the attention deficit hyperactive disorder in children, *Annals of allergy* May; 72 (5): 462-68 • Tuormaa TE (1994) The Adverse Effects of Food Additives on Health With a special emphasis on Childhood Hyperactivity, *Journal of Orthomolecular Medicine* 9(4): 225-43 • Feingold BF (1976) Hyperkinesis and learning disabilities linked to the ingestion of artificial food colours and flavours, *Journal of Learning Disabilities* 9: 19-27.

7. »One in five parents think it is OK to smack a toddler for throwing a tantrum. One in ten parents believe that it is OK to smack a toddler for refusing to get into their buggy. 87 percent of parents in the UK shout at their children.« All National Society for Prevention of Cruelty to Children (NSPCC) United Kingdom 2003.

8. See Stewart I, Jones V (1987) T. A. *Today*, Lifespace, Nottingham (dt. *Die Trennungsanalyse*, Herder, Freiburg 2000).

9. Fromm, E. (1973) *The Anatomy of Human Destructiveness*, Cape, London: 31 (dt. Anatomie der menschlichen Destruktivität, Deutsche Verlags-Anstalt, Stuttgart 1974).

10. Hariri AR, et al. (2000) Modulating emotional responses: effects of a neocortical network on the limbic system, *Neuroreport* Jan 17; 11(1): 43-48.

11. Denham SA, et al. (2000) Prediction of externalizing behavior problems from early to middle childhood, *Development and Psychopathology* Winter; 12(1): 23-45 • Stuewig J, et al. (2005) The relation of child maltreat-ment to shame and guilt among adolescents: psychological routes to depression and delinquency, *Child Maltreatment* Nov; 10(4): 324-36 • Aunola K, et al. (2005) The Role of Parenting Styles in Children's Problem Behavior, *Child Development* Nov-Dec; 76(6): 1144-59.

12. Brody GH, et al. (1982) Contributions of parents and peers to children's moral socialization, *Developmental Review* 2: 31-75. • Haley DW, et al. (2003) Infant stress and parent responsiveness: regulation of physiology and behavior, *Child Development* Sep-Oct; 74(5): 1534-46 • Barbas H, et al. (2003) Serial pathways from primate prefrontal cortex to autonomic areas may influence emotional expression, *Neuroscience* Oct 10; 4(1): 25.

13. »The Seeking system promotes states of eagerness and directed purpose in both humans and animals. The system's dopamine circuits tend to energise and coordinate the functions of many higher brain areas that mediate planning and foresight.« Panksepp J (1998) *Affective Neuroscience*, Oxford University Press, New York: 54.

14. Gunnar MR (1989) Studies of the human infant's adrenocortical response to potentially stressful events, *New Directions for Child Development*, Fall (3-18) • Hertsgaard L, et al. (1995) Adrenocortical responses to the strange situation in infants with disorganized/disorientated attachment relationships, *Child Development* 66: 1100-06.

15. Panksepp J (2003) Neuroscience. Feeling the pain of social loss, *Science* Oct 10; 302(5643): 237-39.

16. Pollak SD (2005) Maternal Regulation of Infant Reactivity, *Developmental Psychology* Summer; 17(3); 735-52.

17. Adamec RE (1991) Partial kindling of the ventral hippocampus: identification of changes in limbic physiology which accompany changes in feline aggression and defense, *Physiology & Behavior* Mar; 49(3): 443-53. • »The mere experience of an emotion without the capacity for [thinking] may tend to ingrain the aroused emotion as an [emotional] disposition in the brain.« Panksepp J (2001) The Long-term Psychobiological Consequences of Infant Emotions – Prescriptions for the Twenty-First Century, *Infant Mental Health Journal* 22 (1-2) Jan-Apr: 145.

ANSTRENGENDE SITUATIONEN

1. Cozolino LJ (2002) *The Neuroscience of Psychotherapy: Building and Rebuilding the Human Remain*, W. W. Norton & Co., London: 76 • Schore AN (1997) Early organisation of the non-linear right brain and development of a predisposition to psychiatric disorders, *Development and Psychopathology* 9, 595-631: 607.

2. Panksepp J (1993) Rough and Tumble Play: A Fundamental Brain Process. In MacDonald KB (Ed.) (1993) *Parents and Children Playing*, SUNY Press, Albany, NY: 147-84 • Pellegrini A, et al. (1996) The effects of recess timing on children's playground and classroom behaviours, *American Educational Research Journal* 32 (4): 845-64.

3. Panksepp, J. (1998) *Affective Neuroscience*, Oxford University Press, Oxford: 54, 145, 149.

4. Spangler G, et al. (1994) Maternal sensitivity as an external organizer for biobehavioral regulation in infancy, *Developmental Psychobiology* Nov; 27(7): 425-37. • Feldman R, et al. (1999) Mother-infant affect synchrony as an antecedent of the emergence of self-control, *Developmental Psychology* Jan; 35(1): 223-31.

5. Uvnas-Moberg K, et al. (2005) Oxytocin, a mediator of anti-stress, well-being, social interaction, growth and healing, *Zeitschrift für Psychosomatische Medizin und Psychotherapie* 51(1): 57-80 • Caldji C, et al. (2003) Variations in Maternal Care Alter GABAA Receptor Subunit Expression in Brain Regions associated with Fear, *Neuropsychopharmacology* 28: 1950-59.

6. Gordon N, et al. (2003) Socially-induced brain ›fertilization‹, *Neuroscience Letters* 341 (1) 24 Apr: 17-20.

7. Zubieta JK, et al. (2003) Regulation of Human Affective Responses by Anterior Cingulate and Limbic and μ-Opioid Neurotransmission, *General Psychiatry* Nov, 60(11): 1037-1172.

8. For other ways to deal with provocation, see Hughes, D (1998) *Building the Bonds of Attachment: Awakening Love in Deeply Troubled Children*, Jason Aronson, New Jersey.

9. Faber A, et al. (1998) *Siblings Without Rivalry*, Collins, New York (dt. *Hilfe, meine Kinder streiten. Ratschläge für erschöpfte Eltern*, Droemer Knaur, München 1988).

10. Newson J, et al. (1970) *Seven Years Old in the Home Environment*, Penguin, UK.

11. Pennebaker JW (1993) Putting stress into words: health, linguistic, and therapeutic implications, *Behaviour Research and Therapy* Jul; 31(6): 539-48.

12. Parker J, et al. (2002) Sibling rivalry, sibling love: What every brother and sister needs their parents to know, Hodder & Stoughton, Chatham.

13. Hariri AR, et al.(2000) Modulating emotional responses: effects of a neocortical network on the limbic system, *Neuroreport* Jan 17; 11(1): 43-48.

14. Moseley J (1996) *Quality Circle Time*, Cambridge LDA.

ALLES ÜBER DISZIPLIN

1. Smith M, et al. (1997) *Research on parental behaviour*, Thomas Coram Research Unit, Institute of Education, University of London.

2. Shea A, et al. (2005) Child maltreatment and HPA axis dysregulation: relationship to major depressive disorder and post traumatic stress disorder in females, *Psychoneuroendocrinology* Feb; 30(2): 162-78.

3. Teicher M (2002) Scars That Won't Heal, *Scientific American* March. • Teicher MH, Andersen SL, Polcari A, et al. (2003) The neurobiological consequences of early stress and childhood maltreatment, *Neuroscience and Biobehavioral Reviews* Jan-Mar; 27(1-2): 33-44. • Teicher M, Anderson S, Polcari A (2002) Developmental neurobiology of childhood stress and trauma, *The Psychiatric Clinics of North America* 25: 297-426.

4. Van der Kolk B (1989) »The Compulsion to Repeat the Trauma: Re-enactment, Revictimization, and Masochism.« *Psychiatric Clinics of North America* 12: 389-411 • Gilligan J (1996) *Violence: Our Deadly Epidemic and Its Causes*, G. P. Putnam & Sons, New York: 93 • »Each generation begins anew with fresh, eager, trusting faces of babies, ready to love and create a new world. And each generation of parents … dominates its children until they become emotionally crippled adults who repeat in nearly exact detail the social violence and domination that existed in previous decades. Should a minority of parents … begin to provide somewhat more secure, loving early years that allow a bit more freedom and independence, history soon begins to move in surprising new directions and society changes in innovative ways.« De Mause L (2002) *The Emotional Life of Nations*, Karnac Books, New York: 97 (dt. *Das emotionale Leben der Nationen*, Drava, Klagenfurt 2005).

5. Oliner S, et al. (1988) *The Altruistic Personality: Rescuers of Jews in Nazi Europe*, The Free Press, New York.

6. Raine A, et al. (1998) Reduced prefrontal and increased subcortical brain functioning assessed using positron emission tomography in predatory and affective murderers, *Behavioural Sciences and the Law* 16: 319-32.

7. Troy M, et al. (1987) Victimisation Among Preschoolers: Role of Attachment Relationship History, *Journal of American Academy of Child and Adolescent Psychiatry* 26: 166-72.

8. »The mere experience of an emotion without the capacity for [thinking] may tend to ingrain the aroused emotion as an [emotional] disposition in the brain.« Panksepp J (2001) The Long-term Psychobiological Consequences of Infant Emotions – Prescriptions for the Twenty-First Century, *Infant Mental Health Journal* 22 (1-2) Jan-Apr: 145.

9. Hoffman ML (1994) Discipline and internalization, *Developmental Psychology* 30: 26-28.

10. Cline F, et al. (1990) *Parenting with Love and Logic*, Pinon Press, Colorado Springs.

11. Brody GH, et al. (1982) Contributions of parents and peers to children's moral socialization, *Developmental Review* 2: 31-75.

12. Weninger O (1998) *Time-In Parenting Strategies*, esf Publishers, New York.

13. Frost J (2005) *Supernanny*, Hodder & Stoughton, London (dt. *Powernanny: Das Beste für ihr Kind*, Goldmann, München 2005); s. a. Byron T, Baveystock S (2003) *Little Angels*, BBC Worldwide Learning, London.

14. Hariri AR, et al. (2000) Modulating emotional responses: effects of a neocortical network on the limbic system, *Neuroreport* Jan 17; 11(1): 43-48. • Pennebaker JW (1993) Putting stress into words: health, linguistic, and therapeutic implications, *Behaviour Research and Therapy* Jul; 31(6): 539-48. • Fossati P, Hevenor et al. (2003) In search of the emotional self: an FMRI study using positive and negative emotional words, *The American Journal of Psychiatry* Nov; 160(11): 1938-45.

15. Philips, A (1999) *Saying No*, Faber & Faber, London (dt. *Eltern müssen Nein sagen. Richtig Grenzen setzen*, vgs, Köln 2001).

DIE CHEMIE DER LIEBE

1. Nelson EE, Panksepp J (1998). Brain substrates of infant-mother attachment: contributions of opioids, oxytocin, and norepinephrine, *Neuroscience and Biobehavioral Reviews* May; 22(3): 437-52 • Panksepp, J. (1998) *Affective Neuroscience: The Foundations of Human and Animal Emotions*, Oxford University Press, Oxford: 249.

2. Panksepp, J. (1998) op cit.: 237.

3. Panksepp, J. (1998) op cit.: 257 • Kalin NH, ET AL. (1995) Opiate systems in mother and infant primates coordinate intimate contact during reunion, *Psychoneuroendocrinology* 20(7): 735-42.

4. Panksepp, J. (1998) op cit.: 293.

5. Carter CS (1998) Neuroendocrine perspectives on social attachment and love, *Psychoneuroendocrinology* Nov; 23(8): 779-881. • Insel TR (1992) Oxytocin: A neuropeptide for affiliation, *Psychoneuroendocrinology* 17: 3-35.

6. Panksepp J, et al. (1999) Opiates and play dominance in juvenile rats, *Behavioral Neuroscience* Jun; 99(3): 441-53.

7. McCarthy MM (1990) Oxytocin inhibits infanticide in wild female house mice. *Hormones & Behaviour* 24: 365-75.

8. Dawson G, et al. (1999) Infants of depressed mothers exhibit atypical frontal electrical brain activity during interactions with mother and with a familiar nondepressed adult, *Child Development* Sep-Oct; 70(5): 1058-66. • Dawson G, et al. (1999) Frontal brain electrical activity in infants of depressed and non-depressed mothers; relation to variations in infant behaviour, *Development and Psychopathology* Summer; 11(3): 589-605.

9. For CARE system see Panksepp J (1998) Chapter 13, *Love and the Social Bond in Affective Neuroscience*, Oxford University Press, New York.

10. Aitken KJ, et al. (1997) Self/other organisation in human psychological development, *Development and Psychopathology* 9: 653-77 • Trevarthen C, et al. (2001) Infant intersubjectivity: research, theory, and clinical applications, *Journal of Child Psychology and Psychiatry, and Allied Disciplines* Jan; 42(1): 3-48. • Trevarthen C (1993) The Self born in intersubjectivity: The psychology of an infant communicating; cited in Neisser, U (Ed.) *The Perceived Self: ecological and interpersonal sources of self knowledge*, Press Syndicate of the University of Cambridge, Cambridge: 123.

11. Orbach, S (2004) *The Body in Clinical Practice*, Part One: There's no such thing as a body; Part Two: When Touch comes to Therapy. John Bowlby Memorial Lecture in Touch, Attachment and the body. Ed. Kate White, Karnac Books, London.

12. See Montagu A (1971) *Touching: The Human Significance of the Skin*, Harper and Row, London. • Prescott JW (1971) Early somatosensor deprivation as an ontogenetic process in the abnormal development of brain and behaviour, *Proceedings of the Second Conference on Experimental Medicine and Surgery in Primates* (Eds. Goldsmith EI, Mody-Janokowski J, Basel: Karger: 356-75).

13. Adapted from Winnicott DW (1971) *Playing and Reality*, Penguin/Basic, Middx./New York (dt. *Vom Spiel zur Kreativität*, Klett-Cotta, Stuttgart 1995). Winnicott was a famous child psychoanalyst.

14. Jernberg AM, Booth PB (2001) *Theraplay: Helping parents and children build better relationships through attachment-based play*, Jossey-Bass, San Francisco.

15. Schore A (2003) *Affect Regulation and the Repair of the Self*, WW Norton & Co., New York: 158-174. • Schore A (1996) The experience-dependent maturation of a regulatory system in the orbital prefrontal cortex and the origin of development psychopathology, *Development and Psychopathology* 8: 59-87. • Main M, et al. (1982) Avoidance of the attachment figure in infancy. Descriptions and interpretations. In CM Parkes and Journal of Stevenson- Hinde (Eds) *The place of attachment in human behaviour*, New York Basic Books: 31-59.

16. These diagnostic categories of child led play and parent led play have been adapted from Sue Jenner's parent-child play. Jenner S (1999) *The parent-child game*, Bloomsbury, London.

17. The concept of the parent who becomes the child's favourite toy, by rising to the bait of a child's provocative behaviour, comes from Glasser H, Easley J (1999) *Transforming the Difficult Child*, Nurtured Heart, New York.

18. Hughes D (2005) *Working with Troubled Children*, Lecture Centre for Child Mental Health London, citing Buber M (1987) I and Thou, T and T Clark, Edinburgh (zitiert Buber *Ich und Du*, Schneider, Heidelberg 1983).

19. Panksepp J (1998) *Affective Neuroscience: The Foundations of Human and Animal Emotions*, Oxford University Press, Oxford: 260.

20. Tronick, EZ (1989) Interactive Repair, Emotions and emotional communication in infants, *The American Psychologist* Feb; 44(2): 112-9. • Butovskaya ML, et al. (2005) The hormonal basis of reconciliation in humans, *Journal of Physiological Anthropology and Applied Human Science* Jul; 24(4): 333-37.

21. See Hughes, D (1998) *Building the Bonds of Attachment: Awakening Love in Deeply Troubled Children*, Jason Aronson, New Jersey,

22. Fairbairn WRD (1940) Schizoid Factors in the Personality, *Psychoanalytic Studies of the Personality* (1952), Tavistock/Routledge, London: 27. • Fromm, E (1973) *Anatomy of Human Destructiveness*, Cape, London (dt. *Anatomie der menschlichen Destruktivität*, Deutsche Verlags-Anstalt, Stuttgart 1974).

23. Field T (1994) The effects of mother's physical and emotional unavailability on emotion regulation, *Monographs of the Society for Research in Child Development* 59; (2-3): 208-27. • Haley DW, et al. (2003) Infant stress and parent responsiveness: regulation of physiology and behavior during still-face and reunion, *Child Development* Sep-Oct; 74(5): 1534-46.

24. Panksepp J (1998) *Affective Neuroscience*, Oxford University Press, Oxford: 255.

25. Zubieta JK, et al. (2003) Regulation of human affective responses by anterior cingulate and limbic and µ-opioid neurotransmission, *General Psychiatry* Nov 60 (11): 1037-1172.

26. Panksepp J (1998) *Affective Neuroscience*, Oxford University Press, Oxford: 276.

27. Goodall J (1990) *Through a Window: Thirty Years with the Chimpanzees of Gombe*, Weidenfeld and Nicolson, London (dt. *Ein Herz für Schimpansen. Meine dreißig Jahre am Gome-Strom*, Rowohlt, Reinbek 1996)

28. Glover J (2001) *Humanity: A moral history of the twentieth century*, Pimlico, London.

29. Armstrong-Perlman EM (1991) The Allure of the Bad Object, *Free Associations* 2 (3)23: 343-56.

30. Weninger O (1989) *Children's Phantasies: The Shaping of Relationships*, Karnac Books, London. • Weninger O (1993) *View from the Cradle: Children's Emotions in Everyday Life*, Karnac Books, London.

31. Eisenberger NI, et al. (2003) Does rejection hurt? An FMRI study of social exclusion, *Science* Oct 10;302(5643): 290-92.

32. Jay Vaughan Family Futures Consortium, London. Personal communication 2004.

33. Hughes D (1998) *Building the Bonds of Attachment*, Jason Aronson, New Jersey.

DIE SOZIALE INTELLIGENZ IHRES KINDES

1. Steele M, et al. (2002) Maternal predictors of children's social cognition: an attachment perspective, *Journal of Child Psychology and Psychiatry, and Allied Disciplines* Oct; 43(7): 861-72.

2. Cozolino LJ (2002) *The Neuroscience of Psychotherapy: Building and Rebuilding the Human Remain*, WW Norton & Co., London: 76.

3. Bar-On R, et al. (2003) Exploring the neurological substrate of emotional and social intelligence, *Brain* Aug; 126(8): 1790-800.

4. Critchley HD, et al. (2000) The functional neuroanatomy of social behaviour: changes in cerebral blood flow when people with autistic disorder process facial expressions, *Brain* Nov; 123 (11): 2203-12. • McKelvey JR, et al. (1995) Right-hemisphere dysfunction in Asperger's syndrome, *Journal of Child Neurology* Jul; 10(4): 310-14. • McAlonan GM, et al. (2002) Brain anatomy and sensorimotor gating in Asperger's syndrome, *Brain* Jul; 125(Pt 7): 1594-606.

5. Rosenblum LA, et al. (1994) Adverse early experiences affect noradrenergic and serotonergic functioning in adult primates, *Biological Psychiatry* Feb 15; 35(4): 221-7. • Dolan M, et al. (2002) Serotonergic and cognitive impairment in impulsive aggressive personality disorder offenders. Are there implications for treatment? *Psychological Medicine* 32: 105-17. • »Serotonin supplementation can decrease aggression in animals that have become irritable because of long- term social isolation. In general reduced brain serotonin activity also tends to increase impulsive and acting out forms of behaviour in humans.« Panksepp J (1998) *Affective Neuroscience: The Foundations of Human and Animal Emotions*, Oxford University Press, Oxford: 202.

6. Kotulak R (1996) *Inside the Brain: Revolutionary Discoveries of How the Mind Works*, Andrews and McMeel, Kansas City: 85. • Panksepp J (1998) *Affective Neuroscience*, Oxford University Press, Oxford: 202. • »We know that children who have come from angry or violent backgrounds often show lower levels of serotonin.« Institute of Juvenile Research, Chicago; cited by Kotulak R (1996), op. cit.: 85.

7. Murray L, et al. (2000) *The social baby: Understanding babies' communication from birth*, CP Publishing, Richmond (dt. *Das kommunikative Baby. Kontakt vom ersten Augenblick*, Beust, München 2002).

8. Bar-on, ME (1999) Turning off the television, *British Medical Journal* 24; 318(7191): 1152.

9. Stern DN (1985) *The Interpersonal World of the Infant*, Basic Books, New York. • Stern DN (1990) *Diary of a Baby – What Your Child Sees, Feels, and Experiences*, Basic Books, New York (dt. *Die Lebenserfahrung des Säuglings*, Klett-Cotta, Stuttgart 1994).

10. Kanner L (1943) Autistic disturbance of affective contact, *Nervous Child* 2: 217-350.

11. The Mifne Center, PO Box 112 Rosh Pinna 12000, Israel. www.mifne-autism.com Director: Hanna Alonim.

12. De Bellis MD, et al. (2000) N-Acetylaspartate Concentration in the Anterior Cingulate of Maltreated Children and Adolescents With PTSD, *The American Journal of Psychiatry* 157 July: 1175-77. • Devinsky O, et al. (1995) Contributions of anterior cingulate cortex to behaviour, *Brain* Feb; 118 (Pt 1): 279-306. • Posner MI, et al. (1998) Attention, self-regulation and consciousness, *Philosophical Transactions of the Royal Society of London. Series B, Biological Sciences* Nov 29; 353(1377): 1915-27.

13. Blair RJ, et al. (2001) A selective impairment in the processing of sad and fearful expressions in children with psychopathic tendencies, *Journal of Abnormal Child Psychology* Dec 29 (6): 491-8. • Blair RJ (1995) A cognitive developmental approach to mortality: investigating the psychopath, *Cognition* Oct 57 (1): 1-29. • Pollak SD, et al. (2000) Recognizing emotion in faces: developmental effects of child abuse and neglect, *Developmental Psychology* Sep; 36(5): 679-88.

14. Panksepp J (1998) *Affective Neuroscience*, Oxford University Press, Oxford: 250.

15. Teicher MH, et al. (1997) Preliminary evidence for abnormal cortical development in physically and sexually abused children using EEG coherence and MRI, *Annals of the New York Academy of Sciences* 821: 160-75. • Teicher MH, et al. (2003) The neurobiological consequences of early stress and childhood maltreatment, *Neuroscience and Biobehavioral Reviews* Jan-Mar; 27(1-2): 33-44. • »We are finding that verbal abuse is devastating ... These changes [to the brain] are devastating ...« »An underdeveloped corpus callosum inhibits communication between one hemisphere and the other. As a result children could end up ›residing‹ in one hemisphere rather than moving rapidly and easily from one to the other.« Teicher M (2000) Damage Linked to Child Abuse and Neglect, *Cerebrum*: Fall.

16. Teicher M (2002) Scars That Won't Heal, *Scientific American* March. • De Bellis MD, et al. (2002). Brain structures in pediatric maltreatment-related posttraumatic stress disorder: a sociodemographically matched study, *Biological Psychiatry* Dec 1; 52(11): 1066-78. • De Bellis, MD, et al. (2000) N-Acetylaspartate Concentration in the Anterior Cingulate of Maltreated Children and Adolescents With PTSD, *The American Journal of Psychiatry* 157 Jul: 1175-77.

17. Siegel DJ (1999) *The Developing Mind*, The Guildford Press, New York (dt. *Wie wir werden, die wir sind. Neurobiologische Grundlagen subjektiven Erlebens und die Entwicklung des Menschen in Beziehungen*, Junfermann, Paderborn 2006).

18. van Goozen SH, et al. (2004) Evidence of fearlessness in behaviourally disordered children: a study on startle reflex modulation, *Journal of Child Psychology and Psychiatry, and Allied Disciplines* May; 45(4): 884-92. • Blair RJ (2001) Neurocognitive models of aggression, the antisocial personality disorders, and psychopathy, *Journal of Neurology, Neurosurgery, and Psychiatry* Dec; 71(6): 727-31.

19. Troy M, et al. (1987) Victimisation Among Preschoolers: Role of Attachment Relationship History, Journal of American Academy of Child and Adolescent Psychiatry 26: 166-72.

20. Blair RJ, et al. (2005) Deafness to fear in boys with psychopathic tendencies, *Journal of Child Psychology and Psychiatry, and Allied Disciplines* Mar; 46(3): 327-36.

21. Singer T, et al. (1994) Empathy for pain involves the affective but not sensory components of pain, *Science* (303) Feb.

22. Teicher MH, et al. (2003) The neurobiological consequences of early stress and childhood maltreatment, *Neuroscience and Biobehavioral Reviews* Jan-Mar; 27(1-2): 33-44. • Teicher MH, et al. (1996) Neurophysiological mechanisms of stress response in children. In Pfeffer CR (Ed.) *Severe stress and mental disturbances in children*, American Psychiatric Press, Washington, DC: 59-84. • Teicher M, et al. (2002) Developmental neurobiology of childhood stress and trauma, *The Psychiatric Clinics of North America* 25: 297-426.

23. Caldji C, et al. (2003) Variations in maternal care alter GABAA receptor subunit expression in brain regions associated with fear, *Neuropsychopharmacology* 28: 1950-59.

24. Schore A (2005) Attachment, Affect Regulation and the Right Brain: Linking Developmental Neuroscience to Pediatrics, *Pediatrics in Review* 26 (6) June.

25. Teicher M (2002) Scars That Won't Heal, *Scientific American* March.; Straus MA, et al. (1980) *Behind Closed Doors: Violence in the American Family*, Anchor Books, Garden City, NJ.

26. Schore A (2003) *Affect Dysregulation and Disorders of the Self*, WW Norton & Co., New York: 26.

27. Weinberg I, *Neurosci Biobehav Rev.* 2000 Dec; 24(8): 799-815. • Sierra M, et al. (2002) Autonomic response in depersonalisation disorder, Sep; 59 (9): 833-8. • Lowen A (1975) Bioenergetics, Penguin, London (dt. *Bioenergetik. Therapie der Seele durch Arbeit mit dem Körper*, Rowohlt, Reinbek 2002).

ACHTEN SIE AUF SICH SELBST

1. de Weerth C, et al. (2003) Prenatal maternal cortisol levels and infant behavior during the first 5 months, *Early Human Development* Nov: 139-51. • Deminiere JM, et al. (1992) Increased locomotor response to novelty and propensity to intravenous amphetamine self-administration in adult offspring of stressed mothers, *Brain Research* Jul 17; 586(1): 135-39. • Watterberg KL (2004) Adrenocortical function and dysfunction in the fetus and neonate, *Seminars in Neonatology* Feb: 13-21.

2. Field T, et al. (1999) Pregnant women benefit from massage therapy, *Journal of Psychosomatic Obstetrics and Gynecology*: 31-38.

3. Williams MT, et al. (1999) Stress during pregnancy alters the offspring hypothalamic, pituitary, adrenal, and testicular response to isolation on the day of weaning. *Neurotoxicology and Teratology* Nov-Dec; 21(6): 653-59. • Panksepp J (1998) *Affective Neuroscience: The Foundations of Human and Animal Emotions*, Oxford University Press, Oxford: 237.

4. Floyd RL et al (2005) Recognition and Prevention of Fetal Alcohol Syndrome, *Obstetrics and Gynecology* Nov 106 (5):

1059-64. • Bookstein FL et al (2005) Preliminary evidence that prenatal alcohol damage may be visible in averaged ultrasound images of the neonatal human corpus callosum, *Alcohol* Jul 36 (3): 151-60.

5. Wakschlag LS et al (1997) Maternal smoking during pregnancy and the risk of conduct disorder in boys, *Archives of General Psychiatry* July: 670-76. • Ferguson DM, et al. (1998) Maternal smoking during pregnancy and psychiatric adjustment in late adolescence, *Archives of General Psychiatry* Aug: 721-27.

6. M'bailara K, et al (2005) Baby blues: characterization and influence of psychosocial factors, *Encephale* May-June: 331-36. • Halligan SL, et al. (2004). Exposure to postnatal depression predicts elevated cortisol in adolescent offspring, *Biological Psychiatry* Feb15: 376-81.

7. Heinrichs M et al (2001). Effects of suckling on hypothalamic-pituitary-adrenal axis responses to psychosocial stress in postpartum lactating women, *The Journal of Clinical Endocrinology and Metabolism* Oct: 4798-804.

8. Study conducted at Harvard Medical School and the USDA Human Nutrition Research Center at Tufts University, showing that more than one out of every four depressed patients was deficient in vitamins B6 and B12, and that in many cases symptoms were relieved with vitamin B6 supplements (in doses as low as 10 milligrams a day). Cited in Somer E (1999) *Food and Mood*, Henry Holt, New York.

9. Prasad C (1998). Food, mood and health: a neurobiological outlook, *Brazilian Journal of Medical and Biological Research* Dec: 1517-27.

10. Neki NS, et al. (2004) How brain influences neuro-cardiovascular dysfunction, *The Journal of the Association of Physicians of India*, Mar: 223-30. • Wainwright PE (2002) Dietary essential fatty acids and brain function: a developmental perspective on mechanisms, *The Proceedings of the Nutrition Society* Feb: 61-69.

11. »Just about every measure of thinking ability improves after eating a good breakfast – from math scores and creative thinking to speed and efficiency in solving problems, concentration, recall, and accuracy in work performance.« Somer E (1999) *Food and Mood*, Henry Holt, New York: 195.

12. Research by J. Michael Murphy, of the Department of Psychiatry at Harvard Medical School; cited in Carper J (2000) *Your Miracle Brain*, Harper Collins, New York: 113-14.

13. Benton D (2002) Selenium intake, mood and other aspects of psychological functioning, *Nutritional Neuroscience* Dec: 363-74.

14. Seeman TE, et al. (1996) Impact of social environment characteristics on neuroendocrine regulation, *Psychosomatic Medicine* Sep-Oct; 58 (5): 459-71. • Carter CS (1998) Neuroendocrine perspectives on social attachment and love, *Psychoneuroendocrinology* Nov; 23(8): 779-818.

15. Szabo A et al (1993) Psychophysiological profiles in response to various challenges during recovery from acute aerobic exercise, *International Journal of Psychophysiology*. May: 285-92.

16. Uvnas-Moberg, K (2003) *The Oxytocin Factor*, Da Capo Press, Cambridge, MA.

17. Sahasi G, et al. (1989). Effectiveness of yogic techniques in the management of anxiety, *Journal of Personality and Clinical Studies* 5: 51-55.

18. Takahashi T, et al. (2005) Changes in EEG and autonomic nervous activity during meditation and their association with personality traits, *International Journal of Psychophysiology* Feb: 199-207. • Blackwell B, et al. (1976). Transcendental meditation in hypertension. Individual response patterns, *Lancet* 1: 223-26.

19. House JS, et al. (1988) Social relationships and health, *Science* Jul 29 241 (4865): 540-45.

20. Arborelius L, et al. (1999) The role of corticotrophin-releasing factor in depression and anxiety disorders, *The Journal of Endocrinology* Jan; 160 (1): 1-12. • Kathol RG, et al. (1989) Pathophysiology of HPA axis abnormalities in patients with major depression: an update, *The American Journal of Psychiatry* Mar; 146(3): 311-17.

21. Hibbs ED, et al (1992) Parental expressed emotion and psychophysiological reactivity in disturbed and normal children, *The British Journal of Psychiatry* Apr; 160: 504-10. • Ashman SB, et al (2002) Stress hormone levels of children of depressed mothers, *Development and Psychopathology* Spring; 14(2): 333-49.

22. Rottenberg J, et al. (2003) Vagal rebound during resolution of tearful crying among depressed and nondepressed individuals, *Psychophysiology* Jan: 1-6. • Ishii H, et al. (2003) Does being easily moved to tears as a response to psychological stress reflect response to treatment and the general prognosis in patients with rheumatoid arthritis? *Clinical and Experimental Rheumatology* Sep-Oct: 611-16.

23. Phelps JL, et al. (1998) Earned security, daily stress, and parenting: a comparison of five alternative models, *Development and Psychopathology* Winter: 21-38.

Die ausführliche Zusammenstellung aller Referenzen, die Darstellung von Studien und Angaben zu weiterführender Literatur finden Sie über die Links auf www.dk.com/scienceofparenting.

Nützliche Adressen

Achtung
Der Verlag übernimmt keine Verantwortung für die Inhalte der Publikationen und Websites der unten aufgeführten Vereinigungen und Institutionen. Die Auflistung stellt lediglich eine Auswahl dar; eine Empfehlung ist damit nicht verbunden.

Bundesinitiative Großeltern
von Trennung und Scheidung betroffener Kinder
www.grosseltern-initiative.de
E-Mail: info@grosseltern-initiative.de

Bundeskonferenz für Erziehungsberatung e. V. (bke)
www.bke-elternberatung.de
Online-Beratung für Eltern bei Problemen mit ihren Kindern

Bundeskonferenz für Erziehungsberatung e. V. (bke)
www.bke-jugendberatung.de
Online-Beratung für Kinder und Jugendliche bei Problemen mit Eltern, Freunden oder Schule

Deutsche Gesellschaft für Systemische Therapie und Familientherapie (DGSF)
Pohlmanstraße 13
50735 Köln
Tel.: 0221/61 31 33
Fax: 0221/977 21 94
www.dgsf.org
E-Mail: info@dgsf.org

Deutsche Liga für das Kind
Charlottenstraße 65
10117 Berlin
Tel.: 030/28 59 99 70
Fax: 030/28 59 99 71
www.liga-kind.de
E-Mail: post@liga-kind.de

Deutscher Kinderschutzbund e. V. (DKSB)
Hinüberstraße 8
30175 Hannover
Tel.: 0511/304 85-0
Fax: 0511/304 85-49
www.kinderschutzbund.de
E-Mail: info@dksb.de
Die Website des DKSB bietet eine themenbezogene Linkliste zu weiterer Hilfestellung an.

Kidnet
www.kidnet.de/02_kartei/index.php
Adressen von Entbindungskliniken, Vereinen, Stillgruppen, Mutter-Kind-Kursen u. v. m.

Klinik und Poliklinik für Psychiatrie und Psychotherapie
Universitätsklinikum Hamburg-Eppendorf
Martinistraße 52
20246 Hamburg
Tel.: 040/428 03-3232
www.uke.uni-hamburg.de/kliniken/psychiatrie
E-Mail: info@uke.uni-hamburg.de
Psychotherapeutische Behandlung zur Traumabewältigung

Österreichische Plattform für Alleinerziehende
Carnerigasse 34
A-8010 Graz
Tel./Fax: 0041/316/67 53 44
www.alleinerziehende.org
E-Mail: oepa@gmx.at

Österreichischer Kinderschutzbund
Obere Augartenstraße 26–28
A-1020 Wien
Tel.: 0043/1/332 50 01
Fax: 0043/1/334 30 82
www.kinderschutz.at

Psychotherapie-Informations-Dienst
Oberer Lindweg 2
53129 Bonn
Tel.: 0228/74 66 99
Fax: 0228/64 10 23
www.psychotherapiesuche.de
E-Mail: wd-pid@t-online.de

Schweizerischer Kinderschutzbund
Hirschengraben 8
CH-3001 Bern
Tel.: 0041/31/398 10 10
Fax: 0041/31/398 10 11
www.kinderschutz.ch
E-Mail: info@kinderschutz.ch

Schweizerischer Verband alleinerziehender Mütter und Väter
Postfach 334
CH-3000 Bern 6
Tel.: 0041/31/351 77 71
Fax: 0041/31/351 77 76
www.svamv.ch
E-Mail: info@svamv.ch

Starke Väter
40190 Düsseldorf
Tel.: 0211/86 18-50
Fax: 0211/861 85-4444
www.vaeter-nrw.de
E-Mail: info@mgffi.nrw.de

Webite des Familienministeriums des Landes Nordrhein-Westfalen

Stiftung Kidsmobbing
www.kidsmobbing.de
Stiftung zur Bekämpfung von Gewalt gegen Kinder und Jugendliche mit dem Ziel, psychosomatische Beschwerden und Beeinträchtigungen der Persönlichkeitsentwicklung zu vermeiden.

Trostreich
Selbsthilfeinitiative für Familien mit Schreibabys
Schulstraße 10
27446 Deinstedt
Tel.: 04284/395
Fax: 0721/151 33 77 72
www.trostreich.de
E-Mail: info@trostreich.de

Verband alleinerziehender Mütter und Väter e. V. (VAMV)
Hasenheide 70
10967 Berlin
Tel.: 030/69 59 78-6
Fax: 030/69 59 78-77
www.vamv.de
E-Mail: kontakt@vamv-bundesverband.de

Verband berufstätiger Mütter
Heinrichstraße 3
50999 Köln
Tel.: 0221/32 65 79
www.berufstaetige-muetter.de
E-Mail: info@berufstaetige-muetter.de

Wiener Gesellschaft für psychotherapeutische Versorgung
Tel.: 0043/1/968 80 25
www.psychotherapie-wien.at
E-Mail: wgpv@psychotherapie-wicn.at

www.kidspsy.ch
Die Website bietet eine umfangreiche Linkliste für hilfesuchende Kinder, Jugendliche, Eltern und Erzieher.

www.trennungskinder.de
Website mit weiterführenden Informationen und Links

Zentrum für Psychotherapie
Scheuchzerstraße 8
CH-8006 Zürich
Tel.: 0041/1/350-77 77
www.zept.ch
E-Mail: info@zept.ch

Register

A

Ablenkungstechniken 48, 61, 124–127, 138f.
Acetylcholin 210, 259
ACTH (adrenocorticotropes Hormon) 40f., 79
Adenosin 257
ADHS (Aufmerksamkeitsdefizit-Hyperaktivitätsstörung) 105f., 108, 137
Adrenalin 44, 87, 90f., 113f., 202, 236, 255, 257, 259
Adrenocorticotropes Hormon (ACTH) 40f., 79
Alarmsysteme 22–25, 27ff., 67
  s. a. Amygdala; emotionale Systeme (z. B. Wut-System)
Albträume 125
Alkohol 44, 72, 247ff., 259
Alkoholembryopathie 248
Amygdala 27ff., 36, 44, 231, 234ff.
Anatomie des Gehirns s. Gehirnstruktur
Anerkennungshunger 118, 166, 202ff.
Anregungshunger 117, 132, 139ff., 166, 175 s. a. Langeweile
Anspannung 30, 42f., 80, 143f.
Anterior-zingulärer Gyrus 22, 191, 228, 236
Antifurcht-Chemikalien 27f.
Anziehen, Probleme mit dem Verhalten 25, 120, 125f.
Ärger s. Streit; Wut-System; Wutausbrüche
Asperger-Syndrom s. Autismus
Atemtechniken 46
Aufmerksamkeitsdefizit-Hyperaktivitätsstörung (ADHS) 105f., 108, 137
Aufmerksamkeit suchendes Verhalten 118, 165ff., 202ff.
Aufräumen 101, 144f.
Aufsichtsperson 52–59
Augenkontakt 92f., 226
Auseinanderbrechen der Familie 208–211
Ausflüge, Vermeidung von Langeweile 141ff., 175
Auskupplungsstrategie 150
Auslöser
  für emotionale Reaktionen s. spezielle Systeme (z. B. Wut-System)
  für Fantasie 96–101
  für schlechtes Benehmen 113–19, 132f.
Autismus 225–228
autonomes Nervensystem 44f., 90, 113, 143
Autoregulation 258
Autoreisen 141ff., 205
Autositze 120
Autowaschanlagenspiel 203

B

Babysitter und Aufsichtspersonen 57f.
BDNF (brain-derived neurotrophic factor) 104
Bedrohungen s. Alarmsysteme
Befehle
  von Eltern (Kritik und Befehle) 101, 160f., 171, 200f., 239
  von Kindern 130ff.
Begrüßungen und Verabschiedungen 197 s. a. Trennung
Belohnung und Lob, Technik 82, 144, 150, 165, 168–171, 239
Beratung und Therapie 32, 210f., 240, 265–268
Besitz, Gefühl für 147
Bewusstsein, eigenes 224f.
Beziehung zu anderen 219ff., 228f., 232f.
Beziehung, (interaktive) Reparatur 205ff., 227
Beziehungen reparieren 205ff., 227
Beziehungsmomente, intensive 202f., 215
Bindung 53, 72, 188, 190, 203, 249
  Fürsorge-System 190f., 214, 228ff., 265
Bindungsstoffe 186, 190, 208
  s. a. spezielle Botenstoffe (z. B. Oxytocin)
Biochemische Dysregulation 251, 258, 262
Blauer Fleck 196
Blutzuckerspiegel (Glukose) 41, 113f., 255, 257, 259
Botenstoffe 86, 251–257
  s. a. spezielle Botenstoffe (z. B. Oxytocin)
Botenstoffe des Gehirns 25f., 86, 251–7
  s. a. spezielle Botenstoffe (z. B. Oxytocin)
Brain-derived neurotrophic factor (BDNF) 104
B-Vitamine 252f.

C

Cafés und Restaurants 137, 139, 175, 206
Cerebellum 19, 222, 248
Cerebrum 117
Circle Time 156
Co-Enzym Q10 256
Computerspiele 100, 161
Corpus callosum 19, 231f., 237, 240
Cortex 18f.
Corticotropin releasing factor (CRF) 41, 68, 210
Co-Sleeping 66, 68, 70–77, 83
  bei asiatischen Völkern 73ff.
CRF (Corticotropin releasing factor) 41, 68, 210

D

Daumenlutschen 46f.
Depressionen 10, 28, 30, 31, 42f., 53, 58, 265
  postnatale Depression 249, 265
DHA (Docosahexaensäure) 114, 253ff., 259
Disziplin 159, 181, 204, 233
  Einschüchterung 239
  Grenzen und Regeln 30, 136, 145, 150, 156, 164–168, 179–180, 185, 206
  Nein sagen 130, 148, 164
  Schritt-für-Schritt-Disziplinierung 179f.
  s. a. spezielle Techniken (z. B. Wahl und Konsequenz)

Docosahexaensäure (DHA) 114, 253ff., 259
Dominanz s. Kontrolle und Dominanz
Dopamin
  Aktivierung 48, 58, 67, 125, 148, 203, 236, 249, 257, 261
  ENTDECKERDRANG 95
  FÜRSORGE-SYSTEM 191
  geringe oder reduzierte Werte 48f., 108, 114, 148, 200, 205, 210, 258f.
  Optimalwerte 43, 91f., 95, 101, 150, 196, 225, 253
  unreife Systeme 136–139
Dorsolateralregion 22
Draußen spielen 98f.
Drüsen
  Hirnanhangdrüse 19, 40f., 79, 87, 191
  Hypothalamus 19, 27, 40f., 87, 191
  Nebennieren 40f., 79, 87, 113, 255, 259
  Thalamus 19
Dunkelheitsangst 68
Dysregulation, biochemische 251, 258, 262

E

Egoismus 151
Eicosapentaensäure (EHA) 255
Eigenes Bewusstsein 224f.
Einkaufen 140f., 148f.
Eins-zu-eins-Zeiten 92f., 179f., 192, 207, 214, 224, 226
Eiweiß 253ff.
Emotionale Entwicklung
  Auswirkung der Erziehung 22–25, 203ff., 251, 264
  psychische Stärke 188f., 196
  s. a. spezielle Emotionen (z. B. Freude) und emotionale Systeme (z. B. WUT-SYSTEM)
  starke Gefühle 29f., 32, 118f., 155, 242, 267
Emotionale Unterstützung für Eltern 30, 48f., 245, 258–269
Emotionaler Schmerz 203ff., 212, 220, 230, 232
  Erziehung der Eltern 39, 263ff.
  Schmerzzentren und -schaltkreise 38, 52, 174, 242
Emotionales Auftanken 86, 258–269
Emotionales Gehirn s. Säugerhirn

Empathie 151, 219f., 228ff., 232f.
Endorphine 87, 259
Energie
  motorische Impulse von Kindern 67, 105f., 136–139, 141ff.
  Reaktion der Eltern auf starke Gefühle 29f., 32, 92, 267
  Tonlage der Stimme 29f., 92, 154, 165, 167, 207
ENTDECKERDRANG 19, 94f.
  Ablenkungstechniken 124f., 138f.
  Aktivierung 61, 96–101, 141ff., 148, 203
  zunichte machen 101f.
Entscheidungen treffen s. Wahl und Konsequenz-Technik
Enttäuschung 132
E-Nummern 114f.
EPA (Eicosapentaensäure) 255
Ereignishunger 117
Erfahrungsabhängige genetische Systeme 184, 241
Erfüllung 94
Ergänzungspräparate 256
Erhaltungsrückzug 79
Erkennen eines Gesichtes 224, 226
Ernährung s. Nahrungsmittel und Ernährung
Erregung 241f., 251
  s. a. Übererregung
Erwachsene, Ausgleich für Eltern 261ff., 268
Erziehung, Auswirkung auf die Gehirnfunktionen und -systeme 8ff., 19, 24, 31
  typischer Tag 250f.
  s. a. spezielle Aspekte der Erziehung (z. B. Disziplin); spezielle Gehirnfunktionen und Systeme (z. B. WUT-SYSTEM)
Essstörungen 120, 122, 143f.
Evolution, Gehirn 16ff., 21, 36, 50

F

familiäre/häusliche/elterliche Gewalt 153ff., 162f.
Familienrat 156
Familienregeln 166ff., 181
Federspiel 197
Fernsehen 95, 100f., 163, 226
Fettsäuren 114, 249, 253ff.

Fischöl 108, 114, 253ff.
Fliegen s. Freude
Formungsprozess s. Gehirnformung
Freisetzungsfaktoren 41, 68, 210
Freude 26, 90ff., 242
Freundschaft
  Freundschaft, Fähigkeit zur 242
  Gesellschaft Erwachsener für Eltern 261ff., 268
Frieden, lieben in 184ff., 188f., 215
Frühstück 113, 254f.
Frustration 132, 147f.
Furchtentfachung 235
FURCHT-SYSTEM 24, 30, 50, 68, 76, 152, 160, 234, 239
  Auslöser 25, 49, 81, 119, 122, 143, 174
FÜRSORGE-SYSTEM 119, 190f., 214, 228ff., 265

G

GABA (Gammaaminobuttersäure) 44, 52, 237, 253, 259
Gebrochenes Herz, Kinder 208–211, 215
Gefügigkeit 43, 121, 136
Gegnerische Kräfte 210
Gehirn-Darm-Studien 45
Gehirnentwicklung in der Kindheit 20–25, 28, 30, 104, 116f., 227f.
Gehirnformung 9, 20, 22, 31, 42f., 90, 121, 125, 160–163, 194
Gehirnhälften 22
  s. a. linke und rechte Gehirnhälfte
Gehirnpfade (Netzwerke) 11, 25, 28, 122, 137, 155, 174, 222f., 229, 242
  Top-Down 29, 32, 222
Gehirnstruktur 18f., 22
  emotional s. Säugergehirn
  Evolution 16ff., 21, 36, 50
  limbisches System s. Säugergehirn
  Neocortex s. Großhirn
  Rationales Gehirn s. Großhirn
  Stirnlappen s. Großhirn
  Zellen s. Gehirnzellen
  s. a. spezielle Teile des Gehirns (z. B. Corpus callosum)
Gehirnzellen 20ff., 96, 227f.
Gehorsamkeit trainieren 136f.
Genetische Systeme, erfahrungsabhängige 184, 241
Geruch der Mutter 82

Geschwister
    Geschwisterrivalität 212ff., 241
    Spielsachen teilen 126, 145ff., 151
    streiten 142, 152–156, 212f., 241
Gesichtsausdruck 144, 153
Geteilte Aufmerksamkeit 224f.
Getränke 256f.
    s. a. Alkohol
Gewalt
    familiäre/elterliche/häusliche 153f., 162f.
    fernsehen 100, 163
    Streit zwischen Kindern 142, 152–156, 160, 212f., 239, 241
    s. a. Tyrannei; schlagen
    Ursachen 123, 161f.
Gleichgültige Eltern 192, 207, 209, 214, 228f., 233
Gleichgültigkeit, elterliche 192, 207, 209, 214, 228f., 233
Glutamat-System 39, 48, 68, 117, 148, 208, 246
Grausamkeit 229, 232
    s. a. tyrannisieren; Gewalt
Grenzen und Regeln 30, 136, 145, 150, 156, 164–168, 179f., 185, 206
Großhirn
    Anatomie und Struktur 18f., 22, 117, 222
    Auswirkung von Tyrannei 235ff.
    Corpus callosum 19, 231f., 237, 240
    Entwicklung in der Kindheit 20–25, 28, 30, 104, 116f., 137
    Evolution 16ff., 21, 36, 50
    Funktionen und Fähigkeiten 18, 22, 27., 147, 171, 222, 224, 266
    linke und rechte Gehirnhälfte 230ff., 242, 266
    soziale Intelligenz 222ff., 231
    verminderte Aktivierung 162, 189
    Wutausbrüche 128, 141, 147–8

H

Haltbar gemachte Nahrungsmittel 114f.
Halten
    Haltetechnik 126, 177ff.
    s. a. körperliche Zuwendung
Häusliche/familiäre/elterliche Gewalt 153f., 162f.
Herausforderndes Verhalten
    s. schlechtes Benehmen

Herumlaufen 137ff., 143, 150
Herumspringen 137ff., 143
Herumtollen 104–109, 198f.
Hippocampus 42f., 96, 236
Hirnanhangdrüse 19, 40f., 79, 87, 191
Hirnstamm 19, 196, 236, 248
Hormone 86–89, 113f.
    s. a. spezielle Hormone (z. B. Melatonin); Stresshormone
Humor 131, 150
Hunger (physisch) 113f., 116
Hunger (psychisch) 117f., 140f.
Hyperaktivität 105f., 108, 113, 115, 137
Hypoglykämie 113f., 255, 257, 259
Hypothalamus 19, 27, 40f., 87, 191

I

Ich will nicht 136
Ignorieren
    Kind ignoriert Eltern 150
    schlechtes Benehmen 130f., 133, 165f., 181
    schlecht essen 144
Impulsivität 223
    s. a. primitive Impulse
Inspiration durch die Umgebung 96–99
Instinkte s. spezielle emotionale Reaktionen/Systeme (z. B. WUT-SYSTEM)
Insulin 114, 255
Intensive Beziehungsmomente 193–199, 202f., 215
Intensive Gefühle s. starke Gefühle
Interaktive Beziehungsreparatur 205ff., 227
Interaktive Regulation 258, 261ff., 265
Interaktives (herumtoben) Spiel 104–109, 198f.
Isolation 48, 263f.

J

Jähzorn 121, 125, 128–133, 171

K

Kamillentee 256
Kampf-oder-Flucht-Reaktion 17, 19, 27, 44, 88, 161, 189, 234, 241
Kinder verziehen 37, 60, 117, 127
Kindgeführtes Spiel 199ff., 215
Klammern 60–63, 80, 184
Knuddeln s. körperliche Zuwendung
Kochen, zusammen 198

Koffein 257
Kohlenhydrate 67, 254ff.
Kommen, wenn gerufen 150
Kommunikation von Angesicht zu Angesicht 92f., 192, 194, 197f., 224, 226, 243
Kommunikation
    Beziehungen zu anderen 219f., 228f.
    Eins-zu-eins-Zeiten 92f., 179f., 192, 207, 214, 224, 226
    FORSCHERDRANG, Aktivierung 101
    Geschwisterkampf 155
    intensive Beziehungsmomente 193–199, 202f., 215
    interaktive (Beziehungs-)Reparatur 205ff., 227
    Kommunikation mit Babys 92f., 192, 224, 226
    soziales Gehirn, Entwicklung 224ff., 228f.
    Time-In-Techniken 155, 172f., 181
    über schlechtes Benehmen sprechen 112
    Umgang mit Jähzorn 130ff, 171
    Wahl- und Konsequenz-Technik 125f., 145, 148f., 166, 167ff., 171, 181
    s. a. Sprache; Zuhören; körperliche Zuneigung; Beruhigen und Trösten
Kontrolle und Dominanz
    Beziehungsprobleme 219
    Jähzorn 121, 125, 128–133, 171
    Kritik und Befehle 101, 160f., 171, 200f., 239
    Schlafenszeit 80
    schreiende Babys 39
    Unterordnung/Dominanz 160f., 171, 174
Kooperatives Spiel 144f., 148
Körperkontakt
    s. körperliche Zuwendung
Körperliche Zuneigung
    Beaufsichtigung 54, 57ff.
    Co-Sleeping 66, 68, 70–77, 83
    herumtoben 104–109, 198f.
    klammern 60–63, 80
    körperliches Spiel 104–109, 196–199
    körperlicher Trost 30, 46f., 89, 124f.
    Mangel in Schulen 54
    Stimulation der Botenstoffe 88f.

Verbindung halten 86
zu wenig Berührung in der Kindheit 193
Körperlicher Abstand zu anderen 223
Kortisonfreisetzung
　gleichgültige Eltern 207
　gestresste Eltern 253, 255, 259
　hungrige Kinder 113
　Langzeitwerte, hohe 87
　schreien 40f., 79, 122, 177
　Schwangerschaft 48, 246f.
　Trennungen und Aufsichtspersonen 54f., 57ff.
Krankenhaus, Eltern im 53
Kreatives Spiel 96–101, 144f.
Kritik und Befehle 101, 160f.,171, 200f., 239
Kuckuck 196ff., 224
Kummer 25, 29, 32, 177, 203ff., 220, 230, 232
　Stressausbrüche 121, 122–128, 131ff.
　s. a. schreien, emotionaler Schmerz; Trennung

L

Langeweile 48, 101f., 132, 139–143, 150, 152, 175
Lass-uns-Zeiten 196
Lebenserhaltende Funktionen, Reptiliengehirn 19
Lehrer s. Schulen und Lehrer
Liebe 183–189, 192, 207, 214
　FÜRSORGESYSTEM 190f., 214, 228ff., 265
　in Frieden lieben 184ff., 188f., 215
　Liebe kann zornig gemacht werden 209ff.
　unter Qualen lieben 185f., 209, 215
Limbisches System s. Säugergehirn
Linke und rechte Gehirnhälfte 230ff., 242, 266
　Corpus callosum 19, 231f., 237, 240
Linkshirndominanz 232
Lob- und Belohnungstechnik 82, 144, 150, 165, 168–171, 239
Locus cereleus 196
Lust 19, 24

M

Magischer Stein (Technik) 214
Manipulation s. Kontrolle und Dominanz; Verziehen von Kindern
Massage 46f., 82, 246f., 260, 265, 269
Medikamente und Drogen 247, 257
Meditation 260f.
Melatonin 66f., 69
Mensch, Gehirngrößen 17, 21
Methylphenidat 108
Mitgefühl und Betroffenheit 228ff., 232f.
Mittagessen 255
Mörder und Verbrecher 162, 211
Motivation 168–171
　s. a. Lob und Belohnung
Motorische Impulse 67, 105f., 136–139, 141ff.
Müdigkeit und Schlafentzug
　bei Eltern 247, 253
　bei Kindern 113, 116

N

Nahrungsmittel und Ernährung
　alkoholische Getränke 256, 257
　Botenstoffe, Produktion 252–257
　Cafés und Restaurants 137, 139, 175, 206
　der Eltern 252–7
　Eiweiß 253ff.
　Ergänzungspräparate 256
　Fischöl 108, 114, 253–5
　haltbar gemachte Nahrungsmittel 114f.
　Hunger 113–14, 116
　Kohlenhydrate 67, 254ff.
　Mahlzeiten und Snacks 113, 254, 255
　Stillen 249
　Süßigkeiten und Schokolade 67, 114, 255
　Verhaltensstörungen 113ff.
　Vitamine und Mineralien 252f., 256f.
　vor dem Schlafengehen 67, 69
　Wutanfall und Konflikt 120, 122, 143f.
　zusammen kochen 198
　Zusätze 114f.
Nahrungsmittelzusätze 114f.
Nebennieren 40f., 79, 87, 113, 255, 259
Nein sagen
　Eltern 130, 148, 164, 167, 178
　Kind sagt: Ich will nicht 136
　Kind spricht noch nicht 37
Neo-Cortex s. Großhirn
Nervensystem s. autonomes Nervensystem; Gehirnstruktur
Netzwerke s. Gehirnpfade
Neugier 94f.
　s. a. ENTDECKERDRANG
Neuron s. Gehirnzellen
Niacin 259
Niedriger Blutzuckerspiegel 113f., 255, 257, 259
Noradrenalin
　elterlicher Stress 257, 259, 261
　hohe Werte 68, 87, 196, 236
　unreife Systeme 43, 136, 137
　verminderte Werte 114, 210

O

Öffentlichkeit
　kommen, wenn gerufen 150
　schlechtes Benehmen in der 137–143, 148f., 175, 206
Omega-3-Fettsäuren 114, 253ff.
Opioide 86–89, 186–189, 191, 196
　Abfall 38, 82, 126, 146, 205, 208f., 212
　Aktivierung durch Menschen 53, 58, 61, 67f., 79, 80, 104, 119, 125, 150, 190, 200, 202, 211, 214, 225, 261
　Aktivierung durch Orte und Objekte 82, 139, 145
　blockierte Freisetzung 49, 72
　optimale Werte 91f.
　Schwangerschaft 246
　unreife Systeme 43
Optimale Erregung 241
Orbitofrontalbereich 22, 222
Östrogen 77, 247
Oxytocin 46f., 86–89, 186–189, 191, 260
　Aktivierung 46f., 53, 61f., 66f., 71, 79f., 125, 142, 190, 211, 214, 249, 259, 261, 268
　geringe Werte 72, 210, 259

P

Parasympathisches Nervensystem 44
Parientallappen 222f.
Petzen 151, 155
Pfade s. Gehirnpfade
Plötzlicher Kindstod 73ff.
Postnatale Depression 249, 265
Posttraumatische Belastungsstörung 238
Präfrontaler Cortex 191
Primitive Impulse 18f., 24
　Kampf-oder-Flucht-Reaktion 17, 19, 27, 44, 88, 161, 189, 234, 241

motorische Impulses 67, 105f., 136–139, 141ff.
Probleme 226ff., 235ff.
Serotoninspiegel 223
streiten 152
territoriale Impulse 146
s. a. Gehirnformung
Prolactin 186, 188f., 191, 208, 214
Provokantes Annäherungsverhalten
s. Aufmerksamkeit suchendes Verhalten
Pruning, Gehirnzellen 20, 227f.
Psychische Stärke 188, 196
Psychischer Hunger 117f., 140f.
Puppen 199, 213f.
Qualen, lieben unter 185f., 209, 215

R

Rationales Gehirn s. Großhirn
Rauchen 72, 249, 259
Rechtshirn s. linkes und rechtes Gehirn
Regeln und Grenzen 30, 136, 145, 150, 156, 164–168, 179f., 185, 206
Reisen 120, 141ff., 175
Reptiliengehirn 16–19, 191, 229, 236
s. a. primitive Impulse; spezielle emotionale Systeme (z. B. WUT-SYSTEM)
Restaurants und Cafés 137, 139, 175, 206
Ritalin 108
Ritual, Schlafenszeit 66f.
s. a. Schlaf
Rituale 66f., 98, 118
Rumänische Weisenkinder 52, 222

S

Sachliche Reaktion auf schlechtes Benehmen 165f.
Saugen 46f.
Säugergehirn 16f.
Alarmsysteme 24f., 27ff.
Bindung 188f., 191, 208, 228
Funktion 18f., 191
Schreien und Trennung 36, 43f., 50, 53, 58, 60
Struktur und Sitz 18f., 22, 191
Unreife 116
s. a. primitive Impulse; spezielle emotionale Systeme (z.B. WUT-SYSTEM)
Schaukeln 47

Schimpfwörter 151
Schlaf 66–69, 78, 82
Co-Sleeping 66, 68, 70–77, 83
Eltern 76f., 247, 253, 256f.
kein Schlaf 113, 116, 247, 253
Schlaftraining 43, 65, 78–83
Schläfchen während des Tages 82
Schläfenlappen 52
Schlagen 116f., 160, s. a. streiten
Schlechtes Benehmen 111–119, 136, 159, 202f., 211
s. a. Disziplin; Wutausbrüche, Jähzorn
Schmerz s. emotionaler Schmerz
Schnuller 46f.
Schokolade und Süßigkeiten 67, 114, 255
Schreien 36–45
andauerndes Schreien 35, 38–43
Ausdruck starker Gefühle 119, 204
Beruhigen und Trösten 37, 44–49
innerliches Weinen 54, 122, 126
körperlicher Trost 30, 46f., 89
Schlaftraining 78ff., 83
Schreien – Ausdruck von Gefühlen 35, 38, 40, 60, 78, 83
schwer zu tröstende Babys 48f.
s. a. Wutanfälle
Schritt-für-Schritt-Disziplinierung 179f.
Schulen und Lehrer 10, 52, 54–57, 61, 101, 102f., 210, 211, 238f., 265
Schwangerschaft 48, 246–249, 269
Schwer zu beruhigende Babys 48f.
Selbstwertgefühl 192, 241f.
Selen 256
Serotonin
Aktivierung 67, 108, 114, 249, 252, 254
niedrige und reduzierte Werte 43, 48, 115, 210, 253, 257ff.
optimale Werte 223, 256
Snacks 255
Sonnenlicht 257, 259f.
Soziale Intelligenz und Entwicklung
Sozialer Fähigkeiten 172, 217–221, 224–229, 231, 242f.
Spiel
Aktivitäten von Angesicht zu Angesicht 197f.
Auswirkung elterlicher Disziplin 163
draußen spielen 98f.
elterndominiert 200f.
Eltern lernen wie 107f.

herumtoben 104–14, 198f.
intensive Beziehungsmomente 196–119, 202, 215
Jähzorn 131f.
Kampf- und Kriegsspiele 239
kindgeführt 199f., 201, 215
Kommunikation durch Spiel 225f., 243
kooperatives Spiel 144f., 148
kreatives Spiel 96f., 144f.
Langeweile vorbeugen 138–143, 150, 175
Puppen 199, 213f.
Spiele verlieren 147f.
spielerischer Unterricht 103
SPIELTRIEB 104, 108, 119, 144, 265
strukturierte Aktivitäten 101, 140f.
s. a. Spielsachen
Spiele verlieren 147f.
Spielsachen teilen 126, 145ff., 151
Spielwarenläden 148f.
Spielzeug 97, 99ff., 126, 145ff., 151, 161, 202 s. a. Spiel
Sprache
Disziplinierung von Kindern unter fünf 167
elterliche Reaktion auf starke Gefühle 29, 32, 226, 232, 267
Linkshirnaktivität 230ff.
Verbinden von Gedanken und Gefühlen 225, 232
Worte zum Nachdenken und Vorwürfe 171, 174
Sprechen s. Kommunikation; Sprache
Starke Gefühle 29f., 32, 68, 118f., 155, 242
Rechtshirn-Aktivität 230f., 266
Time In-Technik 155, 172f., 181
Statistiken
Anzahl der Gehirnzellen 20f., 96
Depression 10
Fernsehen 101, 226
Gefängnisinsaßen 211
Gehirn-Darm-Studien 45
Kindertagesstätten, Studien 54
Plötzlicher Kindstod 73ff.
Schlaf 66
schlagen 116, 160
Schulverweis 10
tyrannisieren 10, 160, 234, 238
Sterne und Sticker 82, 144, 168, 170

Stille Treppe oder stiller Stuhl 172f.
Stillen 249
Stilles Weinen 54, 122, 126
Stimme, Ton der 29f., 82, 92, 154, 165, 167, 207
Stimulierendes Umfeld 96–99
Stirnlappen s. Großhirn
Streiten 142, 152–156, 160, 189, 212f., 239, 241
Stress und Stressregulation 26–32, 42–3, 79, 87–8
    Auswirkungen der Tyrannei 234, 236, 238
    elterlicher Stress 48f., 67, 69, 119, 144, 145, 207, 250f., 258–269
    postiver Stress 26, 92
    Schwangerschaft 48, 246f., 269
    Stress-Inokulation 5
    Ursache der Tyrannei 160–164
    s. a. schreien; Anregungshunger
Stresshormone 27, 38, 40f., 58, 79, 87f., 113f., 246
    s. a. spezielle Hormone (z. B. Adrenalin)
Stressreaktionssystem 40, 52
Strukturhunger 118, 140f., 167
Strukturierte Aktivitäten 101, 140f.
Supermarkt, Einkaufen im 140f.
Süßigkeiten und Schokolade 67, 114, 255
Süßstoff, künstlicher 115
Sympathisches Nervensystem 44

T
Tageslicht 257, 259f.
Tagesstätten 54–57
Taschengeld 148f., 171
territoriale Impulses 146
Testosteron 77, 247
Thalamus 19
Therapie und Beratung 32, 210f., 240, 265–268
Thermale Synchronisation 70
Time-In-Technik 155, 172f., 181
Time-Out-Technik 126, 131, 155,172f., 174f., 204
Top-Down-Pfade 29, 32, 222
Trauer 126, 132, 208–211
Trauerreaktion 53, 208–211
Trennungen 37, 50–63, 75, 79f., 81
Trennungsangst 24f., 49f., 76, 81, 119, 122, 148, 174, 208
    Verhinderung 62, 68, 77, 78, 125
Trösten
    Beruhigung der Eltern 46
    Körperliche Beruhigung 30, 46f., 89, 124f.
    schreien 37, 44–49
    schwer zu beruhigende Babys 48f.
    starke Gefühle 29f., 32, 68, 118f., 155, 267
    Wutausbrüche 122–127
Tryptophan 115, 252, 255f. 259
Tyrannisieren 153, 156, 160–163, 229, 235
    Jähzorn 121, 125, 128–132, 133
    Langzeitauswirkungen 22, 234–237, 243
    Schutz gegen Einschüchterung 238–243
    Statistiken 10, 160, 234, 238
    s. a. streiten; Gewalt
Tyrosin 253ff.

U
Übererregung 44–5, 68, 88, 143, 153, 241
Überrollen im Schlaf 72f.
Übungen 259
Unabhängigkeit, vorzeitige 60–62
Unartigkeit s. schlechtes Benehmen
Unordnung 101, 144f.
Untere Gehirnbereiche s. Säugergehirn; Reptiliengehirn
Untererregung 241f.
Unterstimulation s. Langeweile; Anregungshunger
Unterwerfung/Dominanz 160, 161, 171, 174

V
Vagusnerv und Vagotonus 44, 45, 262
Vasopressin 146
Vasotocin 229
Ventral-tegmental-Bereich 191
Ventromedial-Bereich 22, 222, 223
Verabschiedungen und Begrüßungen 197 s. a. Trennung
Verbindung halten 86
Verbindungen, Gehirnzellen 21, 22
    s. a. Gehirnpfade
Verbrecher und Mörder 162, 211
Verhandeln
    Kindern bei Verhandlungen unterstützen 147, 220
    Wann man nicht verhandeln sollte 130, 148f., 150
Vermis cerebelli 236
Vernetzung s. Gehirnpfade; Verbindungen
Versteckspiel 196f.
Vitamine und Mineralien 252f., 256, 257
Vorwürfe und Worte zum Nachdenken 171, 174

W
Wachstumshormon 78
Wahl und Konsequenz 125, 126, 145, 148f., 166, 167ff., 171,181
Wasseraufnahme 256
Willen, Durchsetzung 136
Worte zum Nachdenken und Vorwürfe 171, 174
Wutausbrüche 111, 120f., 132, 147f.
    Jähzorn 121, 125, 128–133, 171
    Stressausbrüche 121, 122–128, 131–133
Wut-System 24f., 30, 148, 156, 200, 205
    der Eltern 49, 144f., 251
    überreaktiv 152, 160f., 174, 234
    Wutausbrüche 119, 120, 122, 125f., 128, 171

Y
Yoga 260f., 269

Z
Zielsetzung 11f., 94
Zingulärer Gyrus 19, 22, 191, 228, 236
Zuckeraufnahme 114, 255
Zugreisen 141–143
Zuhören
    Time-In-Technik 155, 172f., 181
    Zuhören, mangelnde Fähigkeit 150, 228
    Zuhören, Eltern 159, 226
Zurückweisung, Angst vor 189

Dank

Während der acht Jahre des Schreibens und Recherchierens für dieses Buch unterstützten mich einige großartige Köpfe und Herzen. Ich möchte meinen Dank besonders an folgende Personen richten:
Professor Jaak Panksepp, der über viele Jahre den Text dieses Buches korrigierte und auf freundlichste Art sicherstellte, dass ich die Ergebnisse seiner Forschungen, die für das emotionale Wohlbefinden von Kindern so wichtig sind, korrekt wiedergab.
Elaine Duigenan, eine außerordentlich talentierte Fotografin, die viele der Fotografien dieses Buches machte. Elaine hat die Gabe, sich vollständig in die Erlebniswelt eines Kindes hineinzuversetzen und die gesamte Gefühlspalette auf eindrucksvolle Weise in ihren Fotografien einzufangen.
Professor Allan Schore, University of California in Los Angeles, David Geffen School of Medicine. In seinen zahlreichen Büchern verarbeitete er eine beeindruckende Menge wissenschaftlicher Untersuchungen über das Gehirn im Zusammenhang mit der Interaktion zwischen Eltern und Kind und integrierte sie auf brillante Weise in die Psychopathologie und Psychotherapie. Zu Beginn meiner Reise erhielt ich einige wichtige Nachhilfestunden von ihm, und dieses Buch ist zu einen großen Teil seinen bahnbrechenden psychoneurobiologischen Modellen zu verdanken.
Eleonore Armstrong Perlman von der Guild of Psychotherapists. Ich danke ihr für ihre unschätzbare Hilfe bei dem Kapitel »Die Chemie der Liebe« und für ihre herausragende Empathie für das Leid von Kindern. Sie half mir, für die Kinder zu sprechen.
Dr. Dan Hughes (Autor von »Building the Bonds of Attachment«), der von Zeit zu Zeit aus den Zeilen dieses Buches spricht. Ich habe so viel durch ihn gewonnen, persönlich und fachlich. Es ist immer wieder eine zutiefst bewegende Erfahrung, ihm zuzusehen, wie er durch sein neurowissenschaftlich basiertes »PACE«-Modell (Spiel, Akzeptanz, Neugier und Empathie) Zugang zu Kindern findet.
Sue Fish, eine Hauptbegründerin der integrativen Psychotherapie für Kinder in England. Ihre Fähigkeiten zu intensiven Beziehungsmomenten sowohl mit Kindern als auch mit Erwachsenen belegen all die Studien in diesem Buch über die positiven Langzeitwirkungen menschlicher Wärme, gemeinsamen Spielens, von Mitgefühl und Berührung des Gehirns.
Den Mitgliedern des Centre for Child Mental Health: Charlotte Emmett, Ruth Bonner und nicht zuletzt Eleanor Cole, deren Mitarbeit an diesem Buch ein »dopaminreiches« Zusammensein bedeutete – statt einsames Arbeiten! Brett Kahr, Senior Clinical Research Fellow in Psychotherapy and Mental Health, und **Sir Richard Bowlby**, Vorsitzender des Centre for Child Mental Health, die beide durch die Verbreitung der neuesten Untersuchungen zur geistigen Gesundheit von Kindern unsere Arbeit bereichern und inspirieren.
Außerdem danke ich meiner Mutter Muriel Sunderland, deren Liebe zu Wissen, Psychologie und Pädagogik meine eigene inspirierte.
Danke auch dem Goring Hotel London, dessen Mitarbeiter während meiner vielen Schreibaufenthalte in dieser bereichernden Umgebung die beste englische Art von Charme und Finesse im Umfeld an den Tag legten und **Esther Ripley**, Lektorin bei Dorling Kindersley, für ihren scharfen Verstand. Die Entstehung eines Buches wie dieses ist unbeschreiblich komplex. Anne Fisher und Jo Grey danke ich für ihre gestalterische Fachkenntnis; **Graeme Blench** (Co-Direktor, Centre for Child Mental Health) für seine unendliche persönliche und fachliche Unterstützung.

Dank des Verlages

Der Verlag Dorling Kindersley dankt:
Sue Bosanko für die Registererstellung und Katie John für Korrekturlesen und Verlagsassistenz.

Illustrationen: Joanna Cameron

Wir danken den Kindern und Eltern, die sich als Modelle für die Fotografien zur Verfügung stellten. Alle Namen wurden geändert, und die Bildunterschriften, Zitate und Fallgeschichten in diesem Buch sind nicht auf die in den Fotografien dargestellten Kinder und Erwachsenen bezogen.

Bildnachweis
Der Verlag dankt folgenden Personen und Institutionen für die freundliche Erlaubnis, ihre Fotografien zu verwenden:
(o = oben, u= untern, m = Mitte, l = links, r = rechts)

Umschlag vorne und Rücken: Corbis/Barbara Peacock. Umschlag hinten: Elaine Duigenan (mo). Klappe hinten: Newidstudios.
Alamy Images: Finn Roberts 36ml; 140; Aflo Foto Agency 259; Banana-Stock 235; Andy Bischop 250; blickwinkel 223; Photick – Image and Click 209; Brandon Cole Marine Photography 229; Paul Doyle 212; Elvele Images 237ur; Fotofacade 152; John T. Fowler 148; Garry Gay 40ul; Tim Graham 267; Image Source 232; image 100 204; Christina Kennedy 213; Motoring Picture Library 247; Photofusion Picture Library 153; Medical-on-Line 254; Pegaz 154; cbp-photo 99; Photo Network 123u; John Powell Photographer 124, 166; Bubbles Photolibrary 234; RubberBall 233; Profimedia CZ s.r.o. 147; thislife pictures 120um, 260; Westend61 219, 266-267; Janine Wiedel Photolibrary 210, 211; Brand X Pictures 214; University of Southern California: Susan Lynch, Brain and Creativity Institute, University of Southern California/Dr. Antonio Damasio, Professor of Psychology, Neuroscience and Neurology, and Director, Institute for the Neurological Study of Emotion, Decision-Making and Creativity, University of Southern California 24; Corbis: 75, 158, 188, 189, 194-195; Patrick Bennett 230; Hal Beral 17mlu; Rolf Bruderer 256-257; Jim Craigmyle 102u; Groupy Didier 20ml; Kevin Dodge 220; Pat Doyle 224; Laura Dwight 120ur, 170; Jim Erickson 126ol; Tom Galliher 18ul; Françoise Gervais 240; John Henley 30o, 238; Gavriel Jecan 70; Ronnie Kaufman 190; Michael Keller 254; LWA-Sharie Kennedy 242; Tim Kiusalaas 244; Bob London 25or; Simon Marcus 168o; Roy McMahon 175; Gideon Mendel 160; Bill Miles 78ml; Jeffry W. Myers 74; Tim Pannell 268; JLP/Jose L. Pelaez 225; Jose Luis Pelaez, Inc. 207; Gavin Kingcome Photography 89; ROB & SAS 2-3, 181; George Shelley 8u; Ariel Skelley 9u; Tom Stewart 32o; LWA-Dann Tardif 180, 185or; Kennan Ward 17mu, 88; Larry Williams 198ul; Jennie Woodcock; Reflections Photolibrary 163; Claude Woodruff 4-5, 14ul; Grace/zefa 157; K. Mitchell/zefa 199; LWA-Dann Tardi/zefa 23o; Pete Leonhard/zefa 145; Tom O'Leary/zefa 197; Virgo/zefa 136; Elaine Duigenan: 10, 11o, 12u, 17mru, 19o, 25o, 26, 29, 31o, 34, 37, 42, 43o, 46, 51, 55o, 59, 60ol, 84, 86, 90, 92, 93, 96, 97, 98, 100, 103, 105, 106, 108, 112, 115, 116, 118, 119, 120, 121, 122, 129, 130, 131, 133, 134, 137, 138, 139, 141, 142, 145, 146, 149, 151, 161, 164, 169, 173, 176, 177, 178, 182, 184ml, 187, 192, 198um, 198ur, 200-201, 202, 203, 205, 215, 226, 227, 227ul, 227ur, 239, 251, 253, 258; Getty Images: Walther Bear 132ml; The Image Bank 236ul; Uwe Krejci 13u; Elyse Lewin 14ul; Ghislain & Marie David de Lossy 110; Gavin Kingcome Photography 1m, 89; Yellow Dog Productions 95; Harry Sheridan 89; Jerome Tisne 11; Jane Goodall: 50; Onur Guentuerkuen: 7o; H.F. Harlow: 58; Royalty Free Images: Alamy Images 49or; Corbis 129mr; Science Photo Library: AJ PHOTO / HOP AMERICAIN 236mr; Scott Camazine 41; Scott Camazine & Sue Trainor 231, 237om; CNRI 117; Sovereign, ISM 104; Sidney Moulds 40mro; Harry T. Chugani, M.D. Children's Hospital of Michigan, Wayne State University, Detroit, Michigan, USA: 52l; Zefa Visual Media: P. Leonard 122

Alle weiteren Abbildungen © Dorling Kindersley
Weitere Informationen: www.dkimages.com